머나먼 세월호 1

머나먼 세월호 1

세월호특조위와 함께한 시간

권영빈 지음

일러두기

1. 세월호참사 특별조사위원회의 활동과 관련된 기록은 위원회의 옛 "임시 홈페이지"
   (http://www.416commission.kr/)와 '사회적 참사 특별조사위원회' 홈페이지 자료실의
   〈4·16세월호참사〉항목의 〈세월호 특조위〉(http://socialdisasterscommission.go.kr/
   Library/416sewol/spcommittee/List.jsp) 항목에서 볼 수 있다.

2. 안건 의결 등과 관련하여 인용의 출처를 별도로 밝히지 않은 것은 모두 회의록이다.

3. 이 책에서 다른 글을 인용할 때는 출판사의 원칙과 다르더라도 원문의 표기와 띄어쓰
   기를 그대로 따랐다. 분명한 잘못이라고 생각하는 경우에는 "[– 인용자]"로 표시하
   고 바로잡은 내용을 덧붙였다.

차 례

『머나먼 세월호 1』을 내며

'4·16세월호참사 특별조사위원회'("세월호특조위")가 강제해산 당한 뒤 2017년 4월에『머나먼 세월호 – 세월호특조위와 함께한 시간』을 출간했으니 벌써 5년이 지났다. 그동안 '세월호 선체조사위원회'가 출범했다가 활동을 마쳤고, "제2의 세월호특조위"라고 기대(?)를 모았던 '사회적 참사 특별조사위원회' 활동도 조만간 마무리될 것이다. 2014년 4월 16일 세월호 참사가 발생하고 무려 8년이 지났지만 아직도 진상규명은 이루어지지 않았다. 앞으로도 시간이 좀 더 필요한 듯하다.

2017년 4월 도서출판 펄침에서『머나먼 세월호』를 내고 뜨거운 관심 속에 2쇄를 찍는 성과를 얻었지만, 출판사 자체 사정으로 현재 그 책은 절판이다. 그 책을 읽어 보고 싶다는 이야기를 몇 차례 들었으나, '세월호 선체조사위원회'와 '사회적 참사 특별조사위원회'의 활동이 계속되면서 다시 출간할 여력이 없었다.

2022년 봄, 세월호 선체조사위원회 심인환 보좌관과의 공저로 『머나먼 세월호 2 – 열린안: 침몰 원인에 대한 과학적 접근』을 출간했다. 이 책도 한 달 만에 2쇄를 찍어야 했으니, 세월호 침몰의 진실이 규명되기를 바라는 국민들의 관심과 기대가 무척 크다는 것을 확인한 셈이다. '침몰 원인'은 '희생자 구조 방기'와 더불어 세월호 참사 진상규명의 양대 축을 이루는 문제다.

『머나먼 세월호 2』를 출간한 박종철출판사에서 최근『머나먼 세월호』재출간을 결정했다. 세월호특조위 활동의 공식적인 종합보고서가 없으니 세월호특조위 활동에 대한 기록을 남기는 것이 의미 있다고 판단한 것이다. 무척 감사한 일이다.

『머나먼 세월호 2』가 있으니 책 제목은『머나먼 세월호 1』로 바꾸기로 했다. 바뀐 출판사의 편집 원칙에 따라 수정된 곳이 있고 본문에 있던 자료 일부를 부록으로 옮기기도 했지만, 기존의『머나먼 세월호』의 기본적인 내용은 고치지 않는 게 온당해 보인다. 세월호특조위의 강제해산 이후 세월호 참사 진상규명활동이 다양한 영역에서 다양한 방식으로 계속 이어졌고 아직도 이어지고 있으니, 세월호특조위 활동에 대해서는『머나먼 세월호』를 출간하던 그 시점의 관점으로 다시 보면 충분하다고 생각하기 때문이다.

다만, 세월호특조위 이후에 '세월호 선체조사위원회', '사회적 참사 특별조사위원회', 검찰의 세월호 특별수사단, '4·16세월호참사 증거자료의 조작·편집 의혹 사건 진상규명을 위한 특별검사' 등의 활동이 있었으나, 기대만큼 큰 성과를 남기지는 못했다는 것을 언급해 둔다. 사회적 참사 특별조사위원회는 이제 더는 "제2의 세월호특조위"로 불리지 않는다는 것도 기억해 두면 좋겠다.

『머나먼 세월호』의 재출간은 그 자체로 의미가 있다. 아직도 세월호 참사 진상규명의 과제가 남아 있는 상황에서 한걸음 더 나아가기 위해서는 세월호특조위 활동에 대해서도 차분하게 돌아볼 필요가 있다. 『머나먼 세월호 1』과 『머나먼 세월호 2』로 세월호특조위, 선체조사위원회 활동을 점검하는 것은 향후에도 계속될 세월호 참사 진상규명에 도움이 될 것이다.

박종철출판사에 다시 한 번 고마움을 전하고, 당시의 추천사를 다시 사용하도록 허락해 준 '4·16 가족협의회' 전명선 위원장님(현 4·16민주시민교육원장)과 『서울신문』의 문소영 부장님(현 논설위원)께도 감사드린다.

2022년 6월
전 '4·16세월호참사 특별조사위원회' 진상규명소위원회 위원장
권영빈

추천사

전명선

2-7반 찬호 아빠

'4·16 세월호 참사 진상규명 및 안전사회 건설을 위한 피해자 가족 협의회' 운영위원장

잊을 수 없는 4월 16일이 어김없이 돌아왔습니다. '3년 탈상'이란 말도 있으니 이제 잘 해결되지 않겠느냐는 위로와 기대도 함께 들려옵니다. 하지만 우리 세월호 가족들에게는 1,097번째의 똑같은 '4월 16일'입니다. 세월호 참사의 진실은 아무것도 밝혀진 것이 없기 때문입니다.

그해 4월이 지나고 맞은 7월을 기억해 봅니다. 우리 세월호 가족들은 난생 처음 서명지를 들고 전국을 돌며 "세월호 진상규명 특별법 제정 서명"이라는 어깨띠를 둘렀습니다. 우리 아이들이 영문도 모른 채 억울하게 죽어 간 이유를 밝혀내야 했기 때문입니다. 자식 잃은 우리 부모들은 하루 종일 뜨거운 뙤약볕 아래서 육체적 고통도 잊은 채 "특별법 제정"을 외쳤습니다.

수백만의 국민이 같이 아파했고 서명에 동참해 주었습니다. 그리고 세월호 가족들과 수천 명의 국민은 수백만 명 분의 서명지를 들고 국회 안으로 행진해 들어갔습니다. 이런 광경은 국회 역사상

처음이라고 했습니다. 세월호 가족들이 흘린 피눈물과 땀, 이와 함께했던 국민들의 성원과 공감의 위력이 정부와 국회를 흔들어 놓았습니다. 이렇게 해서 제정된 특별법이었습니다. 저는 감히 "국민법"이라고 부르고 싶습니다. 이 법에 따라 세월호참사 특별조사위원회가 구성되었고, 정부는 특별조사위원회의 조사에 협조하고 예산과 인력을 제공해야 했습니다.

그러나 이듬해에 우리는 박근혜 정부와 여당인 새누리당이 특별조사위원회를 "세금 도둑"이라고 매도하는 현실을 목격했습니다. 정부·여당은 특별조사위원회를 인정하지 않았고, 이 위원회가 없어지기를 바란 것입니다. 2016년 세월호 가족과 국민은 특별법 개정을 국회에 요구하여 정부의 위법적 행태와 진실 은폐 시도를 막으려고 했지만, 새누리당의 반대로 무력화되었습니다. 그리고 박근혜 정부는 2016년 9월 30일을 마지막으로 특별조사위원회의 활동을 강제로 종료시켜 버렸습니다. 마치 '반민특위'를 해산할 때처럼 말입니다.

2016년 10월 1일, 광화문에서 세월호 가족들의 '4·16가족협의회'와 국민들의 '4·16연대'가 함께 선언했습니다. "국민의 힘으로 진상규명을 할 것이며, 다시 특별법을 제정해서라도 진실규명을 포기하지 않을 것이다." 우리는 여전히 그대로이며 포기하지 않고 있습니다. 박근혜 정부에 의해 강제해산 당한 특별조사위원회의 조사관들도 계속 모임을 가지며 진상조사를 이어 가려 하고 있습니다. 모두 그대로입니다. 세월호 참사의 진상규명과 안전한 사회 건설을 염원하는 우리 4·16가족들과 국민들의 의지는 아무도 꺾을 수 없었습니다.

이러한 모든 과정이 바로 이 책에 생생한 기록으로 담겨 있습니다. 권영빈 진상규명소위원회 위원장의 경험은 국민들이 만들어 낸 특별법이 어떻게 국정 농단의 주범인 정부·여당에 의해 왜곡되고 농락당하며 위헌적, 위법적으로 사라지게 되었는지를 보여 줍니다. 이와 동시에 이 책은 정부와 국회가 어떻게 협력해야 진상규명이 가능한지, 그리고 우리는 진상규명을 위해 어떻게 해야 하는지를 이야기하고 있습니다.

작년 여름 뜨거운 뙤약볕 아래서 단식을 하며 특별조사위원회를 지키려고 했던 이석태 위원장, 권영빈 진상규명소위원장, 박종운 안전사회소위원장을 비롯한 위원님들과 조사관님들을 잊을 수 없습니다. 잊을 수 없는 날들로 채워진 지난 3년을 우리는 생생하게 기억합니다. 그 '기억'을 담아 낸 이 책은 그래서 더욱 소중합니다. 우리 모두 기억해야 할 역사입니다. 감사합니다.

2017년 4월

추천사

문소영

《서울신문》 사회2부 부장

2017년 3월 23일, 세월호가 떠올랐다. 1,073일 만이다. 본 인양을 시작한 지 만 하루도 안 되어 수면 위로 모습을 드러낸 것이다. 이렇게 쉬운 것에 왜 3년이나 걸렸을까 싶다. "진실은 침몰하지 않는다. 어둠은 빛을 이길 수 없다." 믿음이 현실화되고 있다.

2014년 4월 16일 세월호가 침몰하는 모습을 실시간으로 지켜보며 절망했던 사람들은 세월호 인양을 실시간으로 지켜보며 희망을 노래한다. 인양된 세월호에서 9명의 미수습자가 모두 수습되고, 선체조사를 통해 세월호 참사의 원인이 규명되길 바란다. 이 참사의 책임자들은 처벌받아야 한다. 그리고 우리 사회는 생명을 존중하고 보호하는 안전한 공동체로 거듭나야 한다.

2014년 세월호 참사 이후 '세월호특별조사위원회'가 출범했지만, 돌아보면 박근혜 정부에서 '세월호 참사'의 진상규명은 어려운 일이었다. 정부·여당의 고의적인 방해로 특조위는 많은 제약을 받았다. 당시 여당은 세월호 참사를 두고 "교통사고"라고 하거나 유족들을 '보상금'과 관련시켜 욕했다. 이들은 특조위를 "세금 도둑"이라고 매도했다. 박근혜 전 대통령의 '7시간 행적'을 조사한다고 불온한 정치세력으로 폄하했다.

"대통령 박근혜를 파면한다." 헌법재판소의 탄핵 심판 이후 정부가 세월호 인양을 결정하고 13일 만에 인양에 성공하자, 사람들은 그럴 줄 알았다는 표정이다.

특조위는 '강제해산' 당하다시피 하여 백서도 내지 못했다. 이 아쉬움을 특조위의 진상규명소위원장이었던 권영빈 변호사가 자신의 경험이 배어 있는 보고서 형태의 책으로 담는다고 한다. '세월호 진상규명활동'의 매듭이라기보다는 또 다른 시작이기를 바란다. 새 정부에서 만약 '제2기 세월호특별조사위원회'가 탄생한다면, 이 책이 큰 도움이 될 것이다.

2017년 4월

서문

이 책은 '4·16세월호참사 특별조사위원회'(이하 '세월호특조위')에서 활동했던 하나의 소위원회 위원장의 기록이다. 필자는 세월호특조위의 상임위원으로서 '진상규명소위원회' 위원장의 중책을 맡아 활동했다. 세월호특조위는 정부·여당의 조직적인 방해로 어렵게 조사활동을 수행하다가 공식적인 "종합보고서"와 "백서"를 작성·발간하지 못한 채 정부에 의해 강제해산 당했다. 물론 특조위가 해산 당하기 전에 급히 작성된 보고서가 하나 있기는 하나, 그것은 정식 요건을 갖춘 본격적인 보고서가 아니었다. 필자는 특조위에 직접 참여했던 사람으로서 특조위의 활동을 기록해야겠다는 책임감을 느꼈다. 누군가는 기록을 남겨야 하기 때문이다. 그래서 2016년 말부터 틈틈이 특조위의 활동 과정을 차분하게 돌아보며 이 책을 썼다.

「4·16세월호참사 진상규명 및 안전사회 건설 등을 위한 특별법」(이하 「세월호 특별법」)은 2015년 1월 1일에 발효되었다. 그러나 특조위는 아직 구성되지 않았고 관련 「시행령」도 마련되지 않은 상태였다. 이석태 특조위 위원장 예정자를 비롯한 5명의 상임위원과 12명의 비상임위원 등 17명의 위원들은 2014년 말부터 '특조위 설립준비단'을 구성했지만, 우여곡절 끝에 5명의 상임위원이 대통령의 임명장을 받은 것은 2015년 3월 5일이었다. 특조위 운영을 위해 정부가 일방적으로 제정한 「시행령」이 발효된 것은 5월 11일이었고, 조사관들의 공개 채용이 끝나고 특조위 예산이 처음 배정된 것은 8월 4일이었다. 최장 1년 6개월로 정해진 특조위 활동이 본격적으로 개시된 것은 특별법 발효 후 7개월이 지난 뒤였던 것이다. 그러나 정부는 발효일을 기준으로 18개월을 계산하여 2016년 7월 1일 특조위 활동을 종료시켰고, 3개월 후 특조위 자체를 해산시켰다.

필자가 야당 추천 상임위원으로서 특조위 진상규명소위원장이 된 것은 오로지 「세월호 특별법」 제정 당시 여야 간의 정치적 합의에 의해서였다. 맡은 일은 주로 전원위원회와 진상규명소위원회 활동, 그리고 진상규명국 소속 조사관들 업무의 지휘·감독이었다. 다른 소위원회로는 안전사회소위원회와 지원소위원회가 있었지만, 필자는 그들의 업무에 대해 충분히 잘 안다고 할 수 없다. 그러나 업무 성격상 진상규명소위원장은 특조위 전체 활동에 대하여 관심을 가질 수밖에 없었다. 또 2015년 여름부터 필자가 특조위 정례브리핑을 담당했던 것도 특조위 전체 활동에 관심을 갖게 된 하나의 계기였다.

특조위 활동은 전원위원회와 각 소위원회 활동의 종합으로 이루어졌는데, 그중에서 진상규명조사활동이 매우 큰 비중을 차지했고 국민들의 관심도 집중되었다. 조사해 달라고 신청 받은 사안의 대다수가 진상규명 사건이었고, 특조위 청문회나 특별검사 임명에 관한 국회 의결 요청 안건도 진상규명소위원장의 업무와 직접적으로 관련되어 있었다. 필자는 진상규명의 주무 소위원장으로 활동하면서, 조사 과정의 독립성·객관성·투명성을 유지하려고 힘썼다. 세월호 참사의 원인과 인명구조 실패 원인을 객관적·과학적으로 조사함으로써 세월호 참사와 관련하여 제기된 국민적 의혹을 해소하고 국민의 신뢰를 회복하는 것이 특조위의 가장 중요한 과제였기 때문이다. 다만 특조위가 강제로 종료되면서 애초의 목표에는 도달하지 못했다.

필자는 가능한 한 객관적으로 이 책을 서술하려 했는데, 진상규명소위원장으로서의 활동에 대해서도 마찬가지였다. 본문에서 '필자' 또는 '나'라는 표현을 쓰지 않은 것도 그 때문이다. 날짜와 숫자, 인명과 지명 등은 당시 특조위의 공식 홈페이지, 중간점검보고서, 각종 보도자료 및 정례브리핑 자료 등에서 일일이 확인하여 최대한 정확하게 기록했다. 진상규명소위원장의 입장에서 주로 서술했지만, 특조위 전체 활동을 다루는 경우들도 있다. 그러나 내용의 객관성을 고려해서 특조위 활동과 관련된 개개인의 인물평이나 에피소드는 다루지 않았다. 다만 필자의 주관적 판단이나 평가가 들어간 대목들이 없지 않을 것이다. 그와 관련하여 비판이 제기된다면 그것은 필자가 오롯이 감당해야 할 몫이다.

세월호특조위의 활동 전반을 정리한 책으로는 이것이 아마 최초일 것이다. 필자가 특조위 활동 과정에서 겪은 일들은 여기에 쓴 것 외에도 많지만, 그런 것은 다른 분들의 기록을 통해서 새롭게 알려질 수도 있고 또 다른 기회에 필자가 경험담을 이야기할 수도 있을 것이다. 이 책이 장차 새로 구성되어야 할 '2기 특조위'의 출범과 활동에 보탬이 되었으면 좋겠다. 그리고 인양된 세월호 선체에서 하루빨리 미수습자 9명을 수습하고 철저한 후속 조사로 세월호 참사의 진상이 남김없이 규명되어, 진상규명과 책임자 처벌을 위해 헌신해 온 세월호 유가족들이 마음의 상처를 치유 받고 예전의 일상으로 돌아갈 수 있기를 바란다.

끝으로 졸고를 어엿한 책으로 만들어 주신 도서출판 펼침과 주변 관계자들, 그리고 추천의 글을 주신 '4·16 가족협의회' 전명선 운영위원장님과 《서울신문》의 문소영 부장님께 감사드린다. 아울러 특조위 활동을 하는 동안 필자를 격려하고 따뜻하게 응원해 준 아내 마명숙과 두 딸 예강, 희현에게도 고마움과 깊은 사랑을 전한다.

2017년 3월

전 '4·16세월호참사 특별조사위원회' 진상규명소위원장
권영빈

1 세월호와 특조위 — 기억과 진실을 위한 그 처절한 싸움

2014년 4월 15일 밤 9시경, 제주행 카페리 여객선 세월호가 인천항을 출발했다. 제주로 수학여행을 떠나는 안산 단원고 2학년 학생 325명과 교사 14명, 일반 승객 104명, 승무원 33명 등 도합 476명이 타고 있었다. 원래 저녁 6시 30분에 출항할 예정이었으나, 짙은 안개로 시정주의보視程注意報가 발효된 탓에 출항하지 못하고 대기하다가 8시 35분경 주의보가 해제되자 출항허가를 받고 두 시간 반이나 늦게 떠난 것이다.

이튿날인 2014년 4월 16일 아침 8시 48분경, 전남 진도군 병풍도 북방 1.8마일(약 2.9킬로미터) 해상의 '맹골수로孟骨水路'를 빠져나온 세월호가 침로를 변경하던 중 잠깐 사이에 선체가 약 30도나 기울어졌다. 복원력을 상실한 세월호는 아래쪽부터 침수되면서 선체가 더 급격히 기울어져, 결국 10시 31분경 선수船首의 일부만 남기고 침몰했다.

처음에는 단순한 여객선 사고였다. 먼 바다도 아닌 연안이었고, 헬기, 해경 경비정, 인근의 어선 등이 출동하여 쓰러진 배에 접근해 있었다. 그러나 해경은 먼저 빠져나온 승무원들만 구조하고 배 안에 있던 승객들을 적극 구조하지 않았다. 맨 먼저 탈출한 승무원 23명

외에 단원고 학생 75명, 교사 3명, 일반 승객 71명 등이 스스로 탈출하여 모두 172명이 생존하였으나, 빠져나오지 못한 304명은 배와 함께 바다로 가라앉았다. 해경 등 구조요원이 침몰 전에 구조해 낸 사람은 단 한 명도 없었다. 단순해 보였던 해상 사고가 정부의 구조 실패로 인해 대형 참사가 되고 말았다. 이후 잠수사들이 투입되어 200일 넘게 수중 선체 수색을 벌여 희생자 대다수의 시신을 수습했으나, '미수습자 9명'은 천 일이 훨씬 지나도록 발견되지 않고 있다.

대형 재난 상황에서 국가의 부재를 목도하면서, 국가에 대한 국민들의 믿음이 무너졌다. 나만 열심히 노력하면 잘 살 수 있다는 희망도 함께 꺾였다. 세월호 참사는 많은 국민의 가슴에 지워지지 않을 화인火印처럼 남게 되었다. (2015년 1월 1일 한 언론사가 광복 70년을 맞아 실시한 특별 여론조사에서, 광복 이후 일어난 가장 중요한 역사적 사건을 묻는 질문에 대한 답변으로 한국전쟁이 1위였고 근소한 차이로 세월호 참사가 2위로 꼽혔다.) 그러나 시간이 가면서, 큰 좌절과 깊은 절망으로부터 국민들은 새로운 깨달음과 결의를 얻었다. 세월호 이전과 이후는 달라야 한다는 것이다.

참사의 아픔을 딛고 세월호 이후 달라진 세상을 만들기 위한 노력의 일환으로, 국회에서 2014년 11월 7일 「4·16세월호참사 진상규명 및 안전사회 건설 등을 위한 특별법」이 제정되었다. 그리고 이 법에 근거하여 '4·16세월호참사 특별조사위원회'가 만들어졌다. 그러나 특조위의 출범과 운영 과정은 험난하기만 했다.

2016년에 사망한 청와대 전 민정수석 김영한의 업무 수첩(이른바 "김영한 비망록")이 그해 말에 공개되었는데, 2014년 6월부터 2015년 1월까지의 업무를 기록한 이 비망록에 따르면 청와대는 「세월호 특별법」이 국난을 초래하는 근원이라 생각했고 특조위가 좌익들의 집합소라 생각했다. 청와대의 이런 인식은 여당이던 당시 새누리당과 해양수산부 등 정부기관 내에서 상당 부분 공유된 것이 분명하다. 정부와 여당은 특조위 출범 단계에서부터 특조위의 정상적인 활동이 불가능하도록 집요한 방해 행위를 멈추지 않았다.

　정부·여당의 방해는 일일이 열거할 수 없을 정도였다. 특조위 위원 임명부터 시행령 제정, 예산배정까지 어느 것 하나 특조위가 원하는 시기에 원하는 내용대로 이루어진 것이 없다. 정부가 밀어붙인 「특조위 시행령」은 특조위 활동을 무력화하기 위한 내용들로 채워졌다. 대표적으로, 특조위 핵심 직위인 행정지원실장과 조사1과장을 파견공무원이 맡게 했다. 정부가 배정한 특조위 예산은 특조위 활동의 최대치를 보장하기 위한 것이 아니라 특조위 활동을 축소하기 위한 것이었다. 정부는 특조위가 요청한 192.8억 원에 대해 그 절반도 안 되는 89억 원만 책정했다. 그것도 「세월호 특별법」이 시행되고 7개월이나 지난 2015년 8월 4일에야 배정했다. 이렇게 삭감된 예산으로는 세월호 침몰과 관련한 정밀한 과학적 조사가 어려웠다. 이뿐만 아니라 정부는 2015년 8월에 선발되어 인사 검증까지 완료된 진상규명국장을 특조위가 끝날 때까지도 임명하지 않았다. 조사관들 중에서도 가장 중요한 직위가 진상규명국장이었는데도 말이다.

　2015년 8월 4일 특조위가 본격 출범한 다음에도 특조위의 조사 활동은 순탄하지 않았다. 우선 정부 부처들이 특조위의 세월호 참사 관련 자료수집 요청에 협조하지 않았다. 청와대와 국정원 등은 참사 당일 대통령 행적과 관련한 자료를 하나도 제출하지 않았다. 검찰은 세월호 참사 당시 대통령 행적 보도로 기소되었던 『산케이신문』서울 지국장의 수사 및 재판 기록을 특조위에 제공하지 않았다. 세월호 참사에 책임이 있는 해양수산부는 세월호 인양 관련 자료 제공에 매우 인색했다. 특조위가 해양수산부로부터 받은 인양 관련 자료는 절반도 되지 않을 것으로 추측된다.

조사대상자들의 비협조는 더 말할 것도 없었다. 특조위가 선정한 조사대상자들은 세월호 참사와 관련되어 있거나 참사에 책임을 져야 할 사람들이다. 그런데도 출석을 요청하면 갖가지 이유를 대면서 시간을 끌었다. 공무원인 조사대상자 한 명을 조사하는 데 한두 달이 걸리는 게 다반사였다. 심지어 어떤 정부 부처에 대해서는 조사대상자의 신원을 특정하지 못해서 조사를 시작하지도 못한 경우까지 있었다.

세월호특조위의 조사활동은 방해 세력과의 악전고투 속에서 진행되었다. 그것은 세월호의 진실을 위한 실로 지난한 싸움이었다. 거기에다가 특조위 내부에서는 여당 추천 위원들과 파견공무원들이 특조위 업무를 처리하는 데 소극적인 태도를 보이는 경우도 많았다.

법률에 의해 탄생한 국가기구로서 조사 권한이 있음에도 그 권한을 제대로 행사할 수 없었던 특조위. 특조위의 이러한 한계를 여실히 보여 주는, 같은 날 벌어진 장면 두 가지.

- 2015년 11월 19일 오전 8시 30분 서거차도西巨次島

세월호특조위 진상규명소위원장과 조사관들은 당일 새벽 3시 40분쯤 진도 팽목항彭木港을 출항했다. 세월호 참사 진상규명을 위해 수중에 있는 세월호의 현재 선체 상태를 확인하고 촬영하기 위한 일정. 임차한 낚싯배 두 대에는 미수습자 가족, 세월호 유가족, 기자들과 함께 수중촬영을 위한 잠수사 일행도 승선했다. 새벽 5시쯤 동거차도東巨次島에서 약 1.5킬로미터 떨어져 있는 세월호 인양 작업 현장에 도착했으나, 파도가 높아서 잠수할 수 있는 상태가 아니었다. 다음 물때에 다시 오기로 하고 잠시 서거차도에 피항할 수밖에 없었다.

● 2015년 11월 19일 오전 10시 30분 서울 여의도 국회 정론관

세월호특조위 여당 추천 위원 5명이 긴급 기자회견을 진행하고 있었다. 그들은 특조위가 "진상조사에는 관심이 없고 오직 대통령의 행적 조사 등 엉뚱한 짓거리에만 골몰하는 결의를 한다면" "전원 총사퇴도 불사하겠다"라고 했다. 그런데 그들의 기자회견 직전, 《머니투데이》의 박다해 기자가 해양수산부가 작성한 것으로 추정되는 「세월호 특조위 관련 현안 대응방안」이라는 제목의 문건을 폭로했다. 이 문건에는 "여당추천위원 전원 사퇴의사 표명", "위원회 운영을 비판하는 성명서 발표", "해수부-특조위 여당추천위원간 협조 · 소통채널 강화", "'부위원장(사무처장) – 여당추천위원 및 파견공무원' 간 소통 강화" 등 노골적으로 특조위의 활동에 개입하려는 내용이 들어 있었다. 이들의 사퇴 기자회견은 위 문건의 내용과 정확히 일치했다.

2 세월호 행보는 그 자체로 길이 된다 —
범국민 서명운동과 「세월호 특별법」 제정

2014년 11월 7일. 국회본회의에서 드디어 「4·16세월호참사 진상규명 및 안전사회 건설 등을 위한 특별법」이 통과되었다. 이 법은 며칠 뒤인 11월 19일에 공포되고, 해를 바꾸어 2015년 1월 1일 시행되었다.

2014년 4월 16일 발생한 세월호 참사가 우리 사회에 던진 충격은 실로 엄청난 것이었다. 받아들이기 어려운 현실을 목도한 세월호 유가족들과 국민들은 도대체 왜 이런 참사가 발생했는지 밝혀지기를 원했다. 이런 대형 재난이 또다시 발생하지 않도록 예방할 수 있는 방안이 마련되기를 바랐다. 그리고 참사의 아픔을 극복하고 안전한 사회로 나아가기 위해서는 무엇을 어떻게 할지 함께 모색해야 한다는 광범위한 공감대가 형성됐다.

국민들은 각자의 영역에서 세월호 참사를 기억하기 위한 실천을 시작했다. 그런 움직임 중에서 하나의 거대한 물줄기를 형성한 것이 특별법 제정을 위한 범국민 서명운동이었다. 서명운동은 2014년 5월 초순부터 시작되었다. 전국 각지에서 자발적으로 시작된 서명운동은 폭발적인 호응을 받으면서 진행되었다. 매우 짧은 기간에 엄청난 수의 국민이 서명운동에 동참했다. 2014년 7월 15일, 세월호 유가족들은 국회에서 국회의장에게 '철저한 진상규명, 책임자 처벌, 안전한 나라를 위한 특별법 제정 등 촉구 천만인 서명' 1차 수합분收合分 350만 1,266명의 서명을 전달했다. 범국민 서명운동은 국회의장에게 서명이 전달된 후에도 계속되었다. 지금도 계속되고 있는 서명운동에 참가한 국민은 특별법이 제정될 시점에 이미 600만 명을 넘어섰다. 그리하여 유사 이래 하나의 법 제정 촉구를 위해 가장 많은 서명이 모였다는 기록을 남기게 되었다.

범국민 서명운동이 진행되는 동안 국회에서도 특별법 제정을 위한 시도가 있었다. '세월호 사고 희생자 · 실종자 · 생존자 및 가족 대책위원회'는 2014년 7월 2일 대한변호사협회가 개최한 특별법 제정을 위한 공청회에 참여하고, 7월 9일 입법청원안을 마련한 다음, 입법 투쟁을 시작했다. 특별법 제정 과정에서 가장 큰 쟁점은 새로 만들어질 위원회에 수사권과 기소권을 부여할 것인지 말지의 문제였다. 수사권과 기소권을 가진 위원회를 만들기란 쉽지 않은 일이었다. 완강하게 반대하는 세력들이 있었다. 특히 정부 · 여당은 새로운 위원회가 수사권과 기소권을 가질 경우 "사법체계 근간을 흔들 수" 있다고 주장했다. 결국 새로운 위원회의 수사권과 기소권을 인정하지 않는 대신에 국회가 위원회의 요청에 따라 특별검사 임명을 2회 의결하는 것으로 정리되었다. 국회 입법 과정에서 세 차례에 걸쳐 여야 간 합의가 있었고, 그 합의안이 가족대책위에서 두 번에 걸쳐 부결되기도 했다.

우여곡절 끝에 10월 31일 특별법 제정 협상이 국회에서 타결되었다. 그리고 2014년 11월 6일 국회 농림축산식품해양수산위원회 전체 회의에 「4·16세월호참사 진상규명 및 안전사회 건설 등을 위한 특별법」안이 상정되었다.

국회는 특별법 제정 이유를 다음과 같이 밝히고 있다.

2014년 4월 16일 전라남도 진도군 조도면 부근 해상에서 여객선 세월호가 침몰하여 승선자 중 304명이 사망·실종되는 참사가 발생함에 따라, 4·16세월호참사의 발생원인·수습과정·후속조치 등의 사실관계와 책임소재 등의 진상을 밝히고, 피해자를 지원하며, 재해·재난의 예방과 대응방안을 수립하여 안전한 사회를 건설·확립하여야 할 필요성이 제기됨.
이에 4·16세월호참사 특별조사위원회의 구성과 운영, 4·16세월호참사 특별조사위원회의 진상규명활동 및 청문회, 특별검사 임명을 위한 국회 의결 요청 등에 대하여 규정하려는 것임.

3 세월호특조위 위원 인선

　세월호특조위는 상임위원 5명을 포함하여 총 17명의 위원으로 구성된다. 특별법 제6조 제2항에 따르면, 위원은 "국회가 선출하는 10명(상임위원 2명을 포함한다), 대법원장이 지명하는 2명(상임위원 1명을 포함한다), 대한변호사협회장이 지명하는 2명(상임위원 1명을 포함한다), 제50조 제5항에 따라 희생자가족대표회의에서 선출하는 3명(상임위원 1명을 포함한다)을 대통령이 임명한다. 이 경우 국회가 선출하는 10명은 대통령이 소속되거나 소속되었던 정당의 교섭단체가 5명(상임위원 1명을 포함한다)을 추천하고, 그 외 교섭단체와 비교섭단체가 5명(상임위원 1명을 포함한다)을 추천한다." 결국, 세월호 유가족 추천 상임위원 1명과 비상임위원 2명, 여당 추천 상임위원 1명과 비상임위원 4명, 야당 추천 상임위원 1명과 비상임위원 4명, 대한변호사협회장 지명 상임위원 1명과 비상임위원 1명, 대법원장 지명 상임위원 1명과 비상임위원 1명이다.

　위원장, 부위원장, 진상규명소위원회 위원장을 누구로 할 것인지에 대해서는 법률에서 따로 규정하지 않았다. 그리하여 위원장은 유가족 추천 상임위원이, 부위원장 겸 사무처장은 여당 추천 상임위원이, 진상규명소위원장은 야당 추천 상임위원이 맡기로 약속되었다.

특별법이 공포된 이후, 선출 또는 추천 기관마다 상임위원과 비상임위원 대상자를 찾아 그 명단을 발표했다. 세월호 유가족들은 2014년 12월 6일 이석태 변호사를 상임위원으로, 이호중 교수와 장완익 변호사를 비상임위원으로 선출했다. 대한변호사협회장은 12월 11일 박종운 변호사를 상임위원으로, 신현호 변호사를 비상임위원으로 지명했다. 대법원장은 12월 17일 김선혜 연세대 로스쿨 교수를 상임위원으로, 이상철 변호사를 비상임위원으로 지명했다. 그리고 여당인 새누리당은 12월 11일 조대환 변호사를 상임위원으로, 고영주 변호사, 석동현 변호사, 차기환 변호사, 황전원 전 한국교원단체총연합회 대변인을 비상임위원으로 추천했다. 야당인 새정치민주연합은 12월 16일에 권영빈 변호사를 상임위원으로, 김서중 교수, 김진 변호사, 류희인 전 국가안전보장회의 사무차장, 최일숙 변호사를 비상임위원으로 추천했다. 여야가 추천한 10명은 12월 29일 국회 본회의에서 최종 선출되었다.

2014년 12월 29일, 국회에서 여야 추천 위원 10명이 선출됨으로써 세월호특조위 17명의 위원에 대한 선출 또는 지명이 완료되었다. 세월호 유가족 추천 이석태 변호사는 위원장 예정자, 여당 추천 조대환 변호사는 부위원장 예정자, 야당 추천 권영빈 변호사는 진상규명소위원회 위원장 예정자 신분이었으며, 나머지 비상임위원은 위원 예정자 신분이었다가 2015년 3월 5일 상임위원 5명이 국무총리로부터 대통령의 임명장을 전해 받은 뒤부터 정식으로 특조위 위원이 되었다.

세월호특조위가 다섯 군데 기관에서 선출 또는 지명된 위원들로 구성된 것은 민주주의사회에서 다양성이 존중되어야 한다는 정신을 반영한 것이다. 다양한 영역에서 추천받은 위원들이 합의하는 과정에서 민주주의가 실현되고 세월호 참사를 슬기롭게 극복하기 위한 국민적 통합을 이루어 낼 수 있다. 이렇게 특조위 위원 인선 과정에서 다양성을 존중하더라도, 위원들은 세월호특조위가 특별법 정신에 걸맞게 세월호 참사 진상규명과 안전한 사회 건설을 위해 노력한다는 목표와 정신을 공유하는 것을 잊으면 안 된다. 위원 구성이 이렇게 다양한 가운데 대통령이나 정부 추천 위원이 한 명도 없다는 사실 또한 주목해야 한다. 세월호 참사 진상규명을 위한 조사대상 기관과 조사대상자가 주로 정부 부처이고 공무원이라는 점을 고려해서 세월호특조위에 정부가 영향력을 행사할 수 없도록 했던 것이다.

그런데 매우 안타깝게도, 여당 추천 위원에 대해서는 선출 당시에 '진상조사를 방해하기 위한 돌격대'라는 의심 어린 비판이 있었다. 실제로 여당 추천 위원들은 특조위 출범 준비 과정과 특조위 출범 후 활동 과정에서 "세월호특조위는 해체되어야 한다"든지 "세월호특조위가 참사 당시 청와대의 업무 대응 적정성 등을 조사하면 사퇴하겠다"라고 말하면서 집단행동에 나서기도 했다. 이런 모습은 특별법 취지에 위배되는 것으로서 특조위 구성원의 행위로 적절하다고 보기는 어려웠다.

「세월호 특별법」은 특조위의 정치적 중립성과 독립성을 강조하는 규정을 두었지만, 위원회 자체의 순수성을 확보하기 위한 별도의 규정을 두지는 않았다. 일부 위원이 위원회 내부에서 전체 위원회의 뜻에 반하는 행위를 할 것이라고 전혀 예상하지 못했던 결과로 보인다. 그러나 정치적 중립성과 독립성을 갖는 위원회라 하더라도, 내부에서 그 활동을 적극적으로 방해하는 위원을 스스로 제명함으로써 위원회의 순수성을 담보할 수 있는 제도적 장치를 마련하는 것은 필요하고 또 가능하다고 생각된다. 물론, 그것이 남용되는 것을 막기 위해 재적위원 2/3 이상 또는 3/4 이상이라는 가중된 의결 요건을 전제로 말이다. 참고로, 헌법과 「국회법」은 국회의원에 대한 징계의 종류 중에 제명을 규정하고 있다. 국회의원 개개인이 헌법적 기관임에도 어떤 행위에 대해서는 제명될 수 있는 것이다.

4 세월호특조위 임시 사무실 출근

「세월호 특별법」 발효를 며칠 앞둔 2014년 12월 중순경, 이석태 위원장 예정자는 해양수산부가 서울지방조달청 건물 10층에 마련한 세월호특조위 임시 사무실로 출근을 시작했다.

2014년 12월에 해양수산부는 「4·16세월호참사 특별조사위원회 사무처설립준비단 구성·운영 계획(안)」을 일찌감치 만들었다. 해양수산부는 특조위 임시 사무실을 마련한 것에 그치지 않고, 앞으로 설립될 특조위의 기본 구조를 짜는 작업을 책임지려고 했다. 특조위에 대한 정부의 통제를 쉽게 하려는 목적이 있었을 것이다. 해양수산부의 구상은 특조위 설립 준비에는 이석태 위원장 예정자와 조대환 부위원장 예정자에게 동등한 권한을 주되 향후 설립될 특조위의 조직구조, 운영, 예산안 등은 부위원장이 겸임하는 사무처장 주도로 파견공무원들이 만드는 것이었다. 아마도 해양수산부가 처음에 의도한 대로 설립 준비 활동이 진행되었다면, 특조위는 걸음마 단계에서 좌초하고 말았을 것이다.

이석태 위원장 예정자는 해양수산부의 의도와 다르게 특조위 설립 준비를 시작했다. 우선, 2014년 12월 17일, 파견공무원과 민간 지원 인력이 1:1의 비율로 참여하는 민관합동 '4·16세월호참사 특

특조위 설립준비단 현판
(출처: 세월호특조위
임시 홈페이지)

별조사위원회 설립준비단'을 구성하여, 단장은 위원장 예정자, 부단장은 부위원장 예정자가 맡았다. 그리고 민간 지원 인력 10명은 위원장 예정자가 7명, 부위원장 예정자가 3명 추천했는데, 위원장 예정자가 추천한 인력은 대부분 과거에 특조위와 유사한 위원회 활동 경험이 있는 자발적 참여자들이었다. 그다음으로 위원장 예정자는 나머지 상임위원 예정자 3명에게 출범 준비 단계부터 상시 출근하도록 요청했다. 그 결과, 5명의 상임위원 예정자가 설립 준비에 필요한 주요한 사항에 관하여 협의해서 일을 처리할 수 있도록 상근 시스템이 만들어졌다.

2014년 12월 말부터 상임위원 예정자들은 임시 사무실에 상근하면서 설립준비단의 일원으로서 특조위 설립 준비를 본격적으로 시작했다. 위원장 예정자는 준비 활동을 비롯하여 여러 현안에 대해 국민과 언론에 공개하는 창구가 필요하다고 판단했다. 박종운 상임위원 예정자를 설립준비단 대변인으로 지명했다. 박종운 상임위원 예정자는 세월호 참사 직후부터 대한변호사협회 '세월호 참사 공익법률지원단'의 일원으로서 세월호 유가족들에 대한 법률적 조력을 위해 노력해 왔던 사람이다. 또한 특별법안을 제안하기도 하고 국회의 특별법 제정 과정에 직접 참여했기 때문에 설립준비단의 대변인으로 적격이었다.

설립준비단은 「특별법」 부칙 제2조를 근거로 하여 설치되었으며, ① 법 시행을 위한 대통령령 및 위원회 규칙 등 법령 제정 ② 사무처 등 위원회 조직·인사와 예산 확보 ③ 사무실 설치 ④ 위원회 활동 및 업무 지원 등을 주요 업무로 삼았다.

설립준비단의 첫 번째 과제는 상임위원 예정자 모임을 공식적인 회의체로 만드는 것이었다. 상임위원 예정자 회의는 일주일에 1회 이상 정기적으로 열고 가능하면 회의에서 전원이 합의한 안건만 집행하기로 하였다. 2014년 12월 24일, 제1차 세월호특조위 상임위원 예정자 회의가 열렸다. 제1차 회의에서는 특별법 제정 및 위원회 구성 현황, 설립준비단 구성·운영, 위원회 사무처 직제(안) 검토, 위원회 사무실 위치 검토, 전원위원회와 상임위원회 및 소위원회 운영 방안 등에 관해 논의했다.

두 번째 과제는 설립준비단의 가장 중요한 업무로서, 특별법 및 관련 규정에 부합하는 위원회 시행령안과 직제안을 마련하고 예산안을 편성하는 것이었다. 위원회 정원은 상임위원을 제외한 120명으로 하여, 진상규명국, 안전사회국, 피해자지원국을 만들고 파견공무원과 별정직공무원을 각 50명과 70명으로 채우기로 하고, 각 국의 1년 업무 계획의 대강을 수립했다. 시행령안은 위와 같은 직제안이 뒷받침될 수 있도록 준비되었다. 위원회 1년 예산은 인건비 등 일반수용비需用費는 대부분 법정되어 있어 그에 따르고, 진상조사가 실질적으로 이루어질 수 있도록 사업비 예산을 꼼꼼하게 챙겼다. 대략 240억 원의 예산안을 마련했다. 사업비 예산은 객관적이고 과학적인 방법의 진상규명을 위해 필요했는데, 주로 정밀과학조사와 디지털포렌식digital forensic 사업에 사용할 계획이었다.

한편, 해양수산부를 중심으로 파견된 공무원들은 설립준비단의 업무를 행정적으로 지원하면서 위원회 본 사무실을 마련하는 데 집중했다.

　설립준비단은 초기에는 특조위가 곧바로 출범할 것으로 기대했다. 위원 임명식도 금방 열릴 것이고 특조위 현판식도 할 수 있을 거라 생각했다. 정부·여당을 비롯해서 국민들의 전폭적인 지원 속에 특조위가 출범할 것이라는 희망에 부풀기도 했다. 그리고 무엇보다도 특조위가 어떠한 제약도 받지 않고 철저한 진상규명조사활동을 해 나갈 수 있기를 기대했다. 그래서 2015년 1월 중순 위원회를 출범해서 1년 안에 활동을 마무리할 수 있도록 최선을 다하자는 내부 분위기가 있었다. 그러나 그런 기대는 환상에 불과했다는 것이 금방 드러났다.

5 특조위 설립준비단 활동과 "세금 도둑" 누명

2015년 1월 1일부터 「세월호 특별법」이 시행되었다. 특별법의 효력이 발생한 것이다. 그렇지만 위원회가 출범하기 위해서 해결해야 할 과제는 해결되지 않고 그대로 남아 있었다. 위원 예정자들에 대한 임명장 수여, 시행령 확정, 별정직 조사관 채용, 예산배정 등등. 위원회가 구성되어야 세월호 참사 진상규명조사활동을 시작할 수 있는데, 위원회가 언제 구성될지 예측하기 어려웠다.

위원회 설립 준비 상황을 공유하고 설립에 속도를 내기 위해서 위원 예정자들이 만났다. 2015년 1월 13일, 위원 예정자 상견례 겸 제1차 간담회를 가졌다. 이날 위원 예정자들은 3개 소위원회 위원 구성에 대해 합의했다. 진상규명소위원회는 정원 7명에 권영빈, 고영주, 김서중, 김진, 장완익, 차기환, 황전원 위원 예정자, 안전사회소위원회는 정원 5명에 박종운, 석동현, 류희인, 이상철, 이호중 위원 예정자, 지원소위원회는 정원 3명에 김선혜, 신현호, 최일숙 위원 예정자가 참여하기로 정했다. 이때까지만 해도 임명장 받기 전에 위원 예정자들이 서로 인사하자는 취지의 모임이었다. 위원 예정자들 모두 가벼운 마음으로 만났고, 기념사진을 촬영했다.

설립준비단 활동이 왕성해지려고 하는 시점에 국회에서 엄청난

2015년 1월 13일 세월호참사 특별조사위원회 위원 예정자 상견례 겸 제1차 간담회(출처: 세월호특조위 임시 홈페이지). 뒷줄 왼쪽부터 장완익, 이상철, 김서중, 황전원, 석동현, 고영주, 차기환, 최일숙, 김진, 류희인, 신현호 위원. 앞줄 왼쪽부터 박종운 상임위원, 조대환 부위원장, 이석태 위원장, 김선혜 상임위원, 권영빈 상임위원.

발언이 나왔다. 도저히 「4·16세월호참사 진상규명 및 안전사회 건설 등을 위한 특별법」을 만든 여당의 책임 있는 인사의 발언이라고 생각하기 어려웠다. 2015년 1월 16일, 김재원 전 의원이 새누리당 원내현안대책회의에서 다음과 같이 발언했다. "저는 이 조직(세월호특조위)를 만들려고 구상한 분은 아마 공직자가 아니라 세금 도둑이라고 확신합니다." 김재원 전 의원은 당시 새누리당 원내수석부대표였다.

도대체 세월호특조위는 어떻게 만들어졌는가? 세월호 참사 직후 2014년 5월 19일 박근혜 당시 대통령은 대국민담화를 발표하면서 "여야와 민간이 참여하는 진상조사위원회를 포함한 특별법을 만들 것"을 제안한다고 했다. 그러므로 김재원 전 의원의 "세금 도둑" 발언은 박근혜 대통령을 향해야 하는 게 맞을 것이다.

현실은 그렇지 않았다. 김재원 전 의원의 "세금 도둑" 발언은 특조위 설립준비단을 향한 것이었다. 국민의 뜻을 모아 세월호특조위를 만들었으니 이번 기회에 세월호 참사를 극복하고 안전한 대한민국을 건설하는 데 정부·여당도 아낌없이 지원할 거라는 믿음이 순식간에 깨져 버렸다.

설립준비단은 2015년 1월 중 특조위가 출범하도록 준비하고 있었다. 당시에는 1월 14일에 위원 임명장 수여식이 있을 거라는 이야기가 있었다. 이에 따라 2015년 1월 13일 특조위 위원 예정자 제1차 간담회를 개최했고, 임명장 받은 후에 제2차 간담회를 개최하자는 계획을 세웠다. 그러나 임명장 수여 일정이 잡히지 않았다. 왜 임명장 준다는 말이 없는지 궁금한 상태로 설립 준비에 열중하고 있었는데, "세금 도둑" 발언이 나온 것이다.

설립준비단은 매우 큰 충격에 휩싸였다. 정신이 번쩍 들었다. 김재원 전 의원이 그동안 파견공무원으로부터 특조위 설립준비단 내부 정보를 수집하고 있었다는 사실도 새롭게 드러났다. 불법적인 행위였다. 김재원 전 의원은 그렇게 수집한 내부 정보를 바탕으로 사실을 왜곡하면서 특조위 설립 준비 자체에 적대적인 태도를 드러낸 것이었다. 특조위 출범에 제동을 걸겠다는 정부·여당의 시도가 본격화된 것이었다.

"세금 도둑" 발언 이후, 특조위 설립 준비는 삐걱거리기 시작했다. 여당 원내수석부대표의 발언은 특조위에 좋지 않은 방향으로 영향을 미쳤다. 우선, 여당 추천 황전원 비상임위원 예정자는 2015년 1월 18일부터 20일까지 3일 연속으로 국회 정론관에서 기자회견을 열었다. 설립준비단의 예산 요구 내역을 공개하라는 주장에서 시작해서 설립준비단을 해체하라는 주장까지 이어졌다. 그리고 1월 22일 조대환 부위원장 예정자는 이석태 위원장 예정자의 지휘도 받지 않고 독단적으로 해양수산부와 행정자치부 소속 파견공무원을 원대복귀시켰다. 조대환 부위원장 예정자가 추천한 민간위원 3명도 출근하지 않았다. 설립준비단에는 파견공무원 없이 민간위원 7명만 남게 되었다. 이로써 설립 준비 자체에 심대한 지장이 초래되었다.

"세금 도둑" 발언으로 한동안 휘청거렸던 특조위 설립준비단은 정신을 차리고 조직을 재정비했다. 설립 준비를 위해 다시금 박차를 가했다. 먼저, 설립준비단은 특조위 시행령과 직제, 예산안을 논의하기 위하여 2015년 1월 21일부터 2월 12일까지 사이에 위원 예정자 제2차, 3차, 4차 간담회를 개최했다. 제3차와 제4차 간담회에서, 권영빈 상임위원 예정자가 그동안 설립준비단에서 준비해 온 직제 및 예산안을 설명하고, 조대환 부위원장 예정자가 수정안을 설명했다. 이후 진행된 위원들의 토론에서는 특조위 설립 준비에 대한 다수 위원 예정자들의 입장과 여당 추천 위원 예정자들의 입장 차이가 두드러지게 드러났다. 간담회에서 토론을 진행한 결과, 여당 추천 위원 예정자들의 반대에도 불구하고 정원은 상임위원 제외 120명으로, 직제는 1실 1관 3국 14과로, 예산은 출범 지연으로 인한 감소분을 반영하여 조정된 198억 원으로 결정되었다. 또한 각 소위원회 위원장의 소관 부서 업무에 대한 지휘·감독 권한을 시행령에 명시하기로 했다. 당시 이에 반대하는 의견은 정원을 초기에는 60명으로 하다가 점차 늘려가되 파견공무원 비율을 70%로 하고 예산은 최대한 삭감하자는 입장이었으며, 각 소위원회 위원장의 업무 지휘·감독 권한은 삭제되어야 한다는 것이었다. 여당 추천 위원 예정자들은 간담회 중 표결에 앞서 전원 퇴장하는 볼썽사나운 모습을 보이기도 했다.

특조위 활동기간은 겨우 1년, 또는 연장할 경우 1년 6개월 정도로 매우 짧았다. 이렇게 짧은 활동기간 동안 특별법 제3조에 따른 "4·16 세월호참사의 진상을 규명하고 안전사회 건설과 관련된 제도를 개선하며 피해자 지원대책을 점검하는 업무 등"을 수행하려면, 특조위가 제대로 활동할 수 있도록 전폭적인 지원이 필요했다. 위원 예정자들 간담회에서 정식으로 의결한 내용은 그런 필요성을 반영한 것이었다. 따라서 특조위 직제 및 예산안은 다수 위원 예정자가 의결한 내용대로 집행되어야 했다.

여당 추천 위원 예정자들은 간담회 의결 내용에 반대하는 행동을 특조위 외부에서 실행에 옮겼다. 2015년 2월 17일, 여당 추천 위원 예정자들은 조대환, 고영주, 석동현, 차기환, 황전원 명의로 기획재정부, 행정자치부, 해양수산부 장관들에게 「세월호 특별조사위원회 소요 예산 및 사무처 조직 관련 요구사항 송부」라는 문서를 보냈다. 위원 예정자들 간담회에서 기각당한 반대의견을 그대로 옮겨 며칠 전에 작성한 것이었다. 게다가 2월 17일은 특조위의 직제 및 예산과 관련하여 설립준비단이 공식적으로 해당 부처에 공문을 보낸 날이었다. 여당 추천 위원 예정자들이 민주주의적 논의 과정을 거부한 것으로서, 애초 비판받았던 여당 추천 위원들의 특조위 활동 방해가 구체적 행동으로 나타난 것이었다. 나중에 해양수산부는 이때 받은 직제안에 근거해서 정부의 시행령안을 만들고 발표하게 된다.

위원장 예정자는 위원 예정자들 간담회를 진행하는 한편, 설립준비단 활동을 강화하기 위하여 여당 추천 부위원장 예정자가 일방적으로 돌려보낸 파견공무원을 다시 파견해 주도록 요청했다. 해양수산부와 행정자치부는 복귀한 공무원을 다시 파견하는 것은 안 된다고 답변했다. 그 대신에 새로운 공무원 파견이 가능하다고 했다. 그래서 2월 3일부터 해양수산부 소속 파견공무원들이 설립준비단에 결합했고, 곧이어 행정자치부 소속 파견공무원도 특조위 임시 사무실로 출근했다. 그렇지만 여당 추천 위원 예정자들의 반민주적인 행위들이 표면화됨으로써 설립 준비는 또다시 지체되고 말았다.

사실 설립준비단은 2014년 12월 29일 민관합동으로 기획재정부를 방문하여 예산안 협의를 시작했다. 그리고 2015년 1월 5일 역시 민관합동으로 행정자치부를 방문하여 직제 및 시행령 관련 협의를 진행했다. 그 자리에서 행정자치부는 설립준비단이 구상하고 있는 특조위 조직안에 대하여 지원소위원회 산하 지원국 설치의 근거가 없다고 지적하고, 참사에 책임이 있는 해양수산부 소속 파견 직원이 많다는 정도의 의견을 피력했다. 조직 구상에 관한 사소한 몇 가지 의견 차이 이외에 특별히 커다란 의견 대립이 있었던 것은 아니다. 이후에도 몇 차례 기획재정부와 행정자치부를 방문하여 조직 및 시행령과 예산안에 관한 협의를 계속 진행했다. 당연하게도 정부 부처와의 협의 과정은 위원 예정자 간담회에 보고되었다.

2월 17일, 설립준비단은 위원 예정자 간담회에서 의결한 직제 및 시행령, 예산안을 공식적으로 행정자치부, 기획재정부, 해양수산부에 보냈다. 그러나 한동안 정부 부처는 아무런 답변도 하지 않았다. 아무래도 "세금 도둑" 발언 이후 정부 부처가 소극적인 태도로 돌아선 것 아닌가 추측되었다.

6 특조위 제1차 전원위원회 개최 —
조사관 없는 불완전체 위원회로 시작한 특조위

늦었지만, 상임위원 임명장 수여 일정이 정해졌다. 2015년 3월 5일. 그런데 장소가 청와대가 아니라 정부서울청사 의전행사실이었다.

특조위 위원은 상임위원 포함 17명 모두 대통령이 임명한다. 위원장을 포함하여 5명의 상임위원은 정무직공무원이다. 「세월호 특별법」이 그렇게 정했다. 그러니 대통령이 청와대로 상임위원을 불러 임명장을 주면서 격려도 하고 세월호 참사 진상규명에 대한 당부를 통해 대통령의 의지를 보여 주는 것이 상식이고 순리다. 상임위원만 부를지 아니면 비상임위원도 전부 부를지 궁금하기도 했다.

그날 오후 상임위원 5명은 이완구 당시 국무총리로부터 상임위원 임명장을 대신 전달받았다. 공식 일정으로는 임명장 수여식이었지만 실제로는 임명장 '전수'식이었다. 비상임위원 12명의 임명장은 위원장이 별도로 전수하기로 하였다.

당시 대통령은 2015년 3월 1일부터 9일 동안 중동 4개국 해외순방에 나섰다. 상임위원 임명장을 대통령 부재 시에 전달해야 할 이유는 없었다. 얼마 후인 3월 16일에는 청와대 충무실에서 국가인권위원회 야당 추천 상임위원 임명장 수여식이 열렸다.

꼭 그때 국무총리를 통해 임명장을 전달해야 할 급박성도 존재하지 않았다. 청와대에서 위원 인사 관련 안건이 처리된 것은 2월 17일이었고, 3월 5일 임명장 수여식 직후 특조위 출범을 위한 의미 있는 정부의 조치는 아무것도 없었다.

대통령은 상임위원을 청와대로 부르기 싫었던 것 같다. 상임위원과 대면하는 것이 아주 불편했을 것으로 추정된다. 대통령은 상임위원 임명장 '전수'식을 통해 정부·여당과 공무원 사회를 향해 강력한 메시지를 던진 것이다. 대통령은 특조위를 싫어하며 상임위원들을 보고 싶어 하지 않는다는 메시지를 보낸 것이나 다름없었다.

이는 향후 특조위 활동의 어려움을 예고하는 시그널이었다. 그날 이후 특조위가 강제해산 당할 때까지 대통령은 이석태 위원장을 한 번도 대면하지 않았다. 위원장이 중요한 현안에 관하여 대통령의 결단이 필요하다고 해서 만나자고 여러 번 요청했으나, 번번이 거절당했다. 장관급 기관장에 대한 예우가 아니었다.

대통령이 특조위를 싫어하든 말든, 특조위는 출범을 향해 첫걸음을 내딛었다. 임명장을 전달받은 다음 날 상임위원 5인은 안산 정부합동분향소를 방문해서 분향하고 세월호 유가족을 만났다. 안산 분향소 방문을 상임위원 5명의 공식 첫 일정으로 잡은 것은 희생자를 추모하고 유가족을 위로하기 위함인 동시에 진상규명과 안전사회 건설이 특조위 활동의 기본 과제라는 것을 확인하기 위함이었다. 안산 분향소 방문을 마치고 이석태 위원장 예정자, 박종운 상임위원, 권영빈 상임위원 3인은 바로 진도 팽목항으로 내려가 사고 해역을 방문했다. 특조위의 근거가 되는 지점이자 미수습자 9명과 그 가족들이 있는 곳이었다.

2015년 3월 9일, 기다리던 특조위 제1차 전원위원회가 개최되었

특조위 제1차 전원위원회 모습 (출처: 세월호특조위 임시홈페이지)

다. 정식으로 위원장, 부위원장이 선출되었다. 그 이전까지 위원장
예정자와 부위원장 예정자는 여야 간 정치적 합의에 의한 내정이었
는데, 전원위원회 선출로 이석태 위원장과 조대환 부위원장은 예정
자의 꼬리표를 뗐다. 위원장은 비상임위원들에게 임명장을 전달했
다. 이어서 이석태 위원장은 특조위 내 3개 소위원회의 위원장을 지
명했다. 진상규명소위원회 위원장은 권영빈 상임위원, 안전사회소
위원회 위원장은 박종운 상임위원, 지원소위원회 위원장은 김선혜
상임위원이 지명되었다. 그리고 진상규명소위원회, 안전사회소위원
회, 지원소위원회 각각 소위원회 구성을 마쳤다.

　이제 위원들은 정식으로 신분을 갖게 되었지만, 조사관이 한 명
도 없는 불완전체 위원회였다. 따라서 특조위 출범까지 여전히 준비
해야 할 일이 많았다. 이를 반영하여, 전원위원회에서 기존의 설립
준비단을 해체하고 새롭게 '위원회 임시지원단'을 만들었다. 그동
안 설립준비단은 상임위원 예정자 회의와 위원 예정자 간담회를 지

원하는 업무를 수행했다. 아울러 향후 출범할 특조위 시행령과 직제, 예산안의 기초를 다져 놓았다. 이제부터 정식으로 전원위원회가 개최되고 각 소위원회별 준비회의도 개최될 것이었다. 임시지원단은 설립준비단을 대체한 것으로서, 기존 설립준비단의 업무를 승계함과 동시에 전원위원회 회의와 각 소위원회별 준비회의를 지원하는 업무까지 그 임무가 확장되었다. 이에 따라 임시지원단 체계도 기획행정팀과 소위원회지원팀(진상조사반, 안전사회반, 지원반)으로 세분화되었다.

제1차 전원위원회에서, 위원 전원이 안산 정부합동분향소를 방문하여 희생자들에게 애도를 표하고 유가족들을 위로하기로 합의했다. 3월 12일, 위원 전원과 임시지원단 직원들이 안산 분향소를 방문해서 분향하고 유가족들과 간담회를 열었다.

제2차 전원위원회는 3월 26일 개최되어 위원회 규칙 제1호인 「4·16세월호참사 특별조사위원회 규칙의 공포에 관한 규칙」을 의결했다. 이 규칙은 4월 2일 공포되었다.

임시지원단은 특조위 임시 홈페이지를 개설하고 각 소위원회 업무를 지원하는 등 대외적인 활동을 준비해 나갔다. 임시지원단의 업무 지원으로 각 소위원회 준비회의가 열렸다. 그중에서 진상규명소위원회는 3월 26일 소위원회 차원에서 인천항에 정박 중인 청해진해운 소유의 오하마나호를 시찰했다. 아직 특조위가 출범하기 전이라 정식 조사활동이 아니고 말 그대로 '시찰視察'이었다. 세월호와 소위 '쌍둥이 선박'인 오하마나호 현장 시찰을 통해 세월호의 선박 구조 및 조사 필요 사항 등을 확인하고 이해를 높였다. 향후 진상규명조사 활동의 밑거름이 될 것이었다.

7 정부의 엉터리 「특별법 시행령」안 발표

　2015년 3월 중순이 되자, 갑자기 정부에서 특조위 직제와 시행령에 관한 협의를 요청했다. 특조위 임시지원단 직원이 약속 장소에 가 보니 정부 측 협상 실무 대표로 해양수산부 소속 공무원이 나왔다. 놀랍게도, 지난 1월 하순 조대환 부위원장이 위원장의 지시도 받지 않고 독단적으로 돌려보냈던 해양수산부 소속 파견공무원이었다. 정부는 특조위에 대해 형식적으로라도 예의를 갖출 생각이 전혀 없었다는 느낌이 강하게 들었다.

　특조위와 정부가 협상하는 와중에, 특조위 내부 자료가 부당하게 외부로 유출된 사실이 발각되었다. 특조위에 파견된 해양수산부 소속 공무원이 청와대, 새누리당, 해양수산부, 방배경찰서에 임시지원단 업무 추진 상황을 다루는 특조위 내부 문서를 무단으로 유출한 것이다. 특조위 내·외부 동향이 모두 담겨 있는 문서였다. 청와대와 새누리당 관계자에게 특조위 내부 문서가 유출된 것은 특조위의 독립성을 침해하는 중대한 문제다. 특조위 출범을 늦추고 특조위 조직과 예산을 축소하기 위한 정부·여당의 방해 활동이 실체를 드러낸 것이었다. 정부는 특조위와 협상하는 모양새를 갖추기만 할 뿐 실제로는 특조위 활동을 제대로 지원할 생각이 없었던 것이다.

정부의 이런 태도를 보고 설립준비단 내부에서는 정부와 협의할 필요가 없다는 주장도 생겼다. 그렇지만 현실적으로 정부가 추진하고 있는 내용을 확인하고 그에 대해 문제를 제기할 필요가 있다는 판단에서, 정부의 협상 요청이 있으면 그에 대응하기로 했다. 특조위 시행령과 예산안을 특조위 자체적으로 결정하는 것이 「세월호 특별법」의 정신이다. 특별법 제8조는 위원장이 그 소관 사무에 관하여 대통령에게 의안(법률과 대통령령 포함) 제출을 건의할 수 있다고 규정하고 있고, 위원회의 예산 관련 업무를 수행하는 경우 위원장을 「국가재정법」 제6조에 따른 중앙관서의 장으로 본다고 규정하고 있다. 법대로 한다면, 설립준비단이 2월 17일에 정부에 보낸 시행령, 직제, 예산안을 당연히 따라야 한다. 정부는 법률도 무시했다.

　　첫 번째 만남에서 해양수산부는 '위원회로부터 사실상 두 개의 시행령안이 정부에 제출되어 예산 절감 및 작은 정부 구현 차원에서 여당 추천 위원 명의의 의견서를 기본으로 검토 중'이라고 했다. 반면에 특조위는 '설립준비단이 만든 직제와 시행령안을 공식 문서로 보고 검토해야 하고 세월호 문제는 국가에 대한 신뢰를 회복하는 일이므로 정부가 나서서 도와야 한다'라고 주장했다.

　　이후에도 몇 차례 실무협상이 더 진행되었다. 협상 과정에서 해양수산부는 정부 측 협상 가이드라인이 없다고 말했지만, 어떤 식으로든 특조위 조직을 축소하고 예산을 최소한으로 하는 방안을 고집했다. 특조위 설립준비단의 안을 받아들이려는 전향적인 태도는 찾아볼 수 없었다. 그러다가 3월 25일 해양수산부 장관과 특조위 위원장이 긴급하게 만났다. 해양수산부 장관은 '정부합의안이 1실(기획행정실) 3담당관이지만 1실 1국(진상규명국) 2담당관제(안전사회, 지원)으로 하고 3월 27일 입법예고 후 4월 14일 국무회의 의결을 목표로 한다'라고 했다. 이에 대해 특조위 위원장은 '정부 측에서 조직을 줄이려는 이유에 대해 납득하기 힘들다, 특조위 설립준비단이 제출한 안을 존중해 달라, 오늘은 정부안을 충분히 듣고 전원위원회를 통해 의견을 정리해서 나중에 전달하겠다'라고 답변했다. 그리고 3월 26일에는 해양수산부에 "시행령 입법예고 전에 특조위가 그 내용을 검토하여 의견을 제시할 수 있도록 미리 특조위에 송부해 달라"라고 정중하게 공문을 발송하기도 했다. 돌이켜 보면, 해양수산부 장관이 특조위 위원장을 만나자고 요청했던 것은 최후통첩을 위한 것이었다.

해양수산부는 2015년 3월 27일 특조위에 아무 설명도 없이 일방적으로 「특별법 시행령」안 입법예고를 단행했다. 정원을 상임위원 5명 포함하여 90명으로 하고, 파견공무원이 별정직 조사관보다 1명 많고, 특조위 주요 직책을 파견공무원이 담당하고, 안전사회 건설 업무를 해양 사고로 국한하는 등 「세월호 특별법」의 취지에 위반되는 내용으로 채워져 있었다. 정부의 시행령안에 의한 특조위를 한마디로 규정하면, '정부 파견 고위공무원인 기획조정실장이 운영하는 특조위'였다. 만일 입법예고안대로 시행령이 제정된다면 파견공무원인 기획조정실장이 위원회 및 소위원회 업무를 완전 장악하여 위원장 및 각 위원들, 그리고 개별 부서의 권한과 역할을 무력화할 것이 충분히 예상되었다. 특조위로서는 절대로 받아들일 수 없는 안이었다.

이석태 위원장은 일요일인 3월 29일 국회의원회관에서 긴급 기자회견을 열었다. "정부가 예고한 시행령안에 의하면 특조위는 허수아비가 될 수밖에 없다", "당분간 특조위 설립 준비 활동을 전면 중단하고 시행령안 철회에 최선을 다하겠다"라는 입장을 밝히면서 정부의 안을 전면 거부한다고 선언했다. 특조위는 2015년 4월 2일 긴급하게 제3차 전원위원회를 개최하여 해양수산부 입법예고의 시행령안을 철회할 것을 공식적으로 요구했다.

철회 요구의 근거는 다음과 같이 네 가지였다. "법에서 정한 4·16세월호참사 특별조사위원회 업무 범위를 축소하여 법 제정 취지 및 입법 목적에 위배될 수 있고", "기획조정실장이 각 소위원회 업무 수행에 관여할 수 있도록 하여 각 소위원회 위원장의 권한을 침해할 수 있는 문제점을 내포하고 있는 한편", "위원회의 실질적인 조사업무 수행 등에 지장을 초래할 수 있고" "위원회의 독립성을 훼손할 우려 등이 있"다는 것이다.

당연히 세월호 유가족들도 '정부 시행령안이 어렵게 만든 「세월호 특별법」을 유명무실화시키는 것'이라며 반대 입장을 분명히 했다. 뒤이어 시민사회 원로들은 특조위 위원장과의 간담회를 통해 정부 시행령안의 부당성을 지적했다. 시민사회단체들은 항의 성명서를 발표했고, 종교계도 정부 시행령안 폐기를 지지했다. 그야말로 정부 시행령안은 특조위와 세월호 유가족의 반대를 넘어 각계각층의 국민적 분노를 불러일으켰다.

세월호특조위 시행령(안)

① 파견공무원
민간 채용 별정직

• 파견공무원은
행정사무 지원 중심
• 민간 채용 별정직
중심으로 객관적 조사

4·16세월호참사
특별조사위원회
위원장 —— 정책보좌관
부위원장
위원(상임·비상임)

—— 업무
----- 사무

| 사무처 | 진상규명소위원회 | 안전사회소위원회 | 지원소위원회 |
| 사무처장 | 진상규명소위원장 | 안전사회소위원장 | 지원소위원장 |

②

진상규명국
민간

안전사회국
민간

지원국
민간

기획행정담당관
해양수산

| 기획예산팀 | 운영지원팀 | 대외협력팀 |
| 국무조정 | 해양수산 | 행정자치 |

| 조사기획과 | 조사1과 | 조사2과 | 조사3과 |
| 민간 | 민간 | 민간 | 법무 |

| 안전사회기획과 | 안전사회1과 | 안전사회2과 |
| 민간 | 국민안전 | 민간 |

| 지원총괄과 | 지원점검과 | 보고서작성과 |
| 국무조정 | 민간 | 민간 |

• 소위원회 위원장이 관련 국(局)의
고유 업무를 지휘 감독하고,
사무처는 행정사무를 지원

해수부 입법예고 시행령(안)

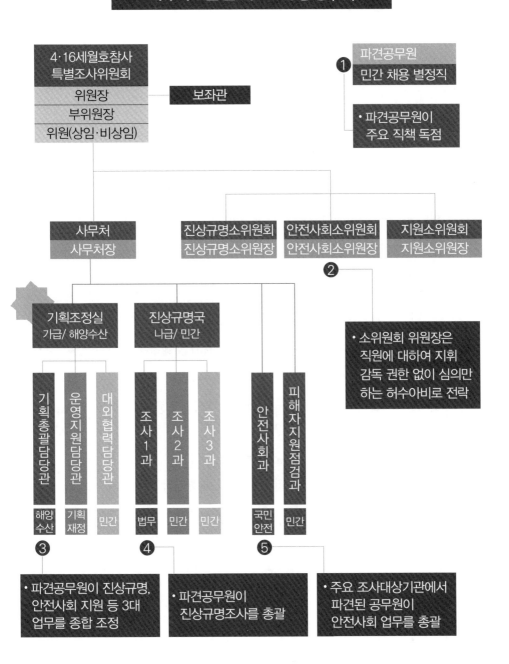

4·16세월호참사 특별조사위원회
위원장
부위원장
위원(상임·비상임)

보좌관

1 파견공무원 민간 채용 별정직

• 파견공무원이 주요 직책 독점

사무처
사무처장

진상규명소위원회
진상규명소위원장

안전사회소위원회
안전사회소위원장

지원소위원회
지원소위원장

2

기획조정실
가급/ 해양수산

진상규명국
나급/ 민간

• 소위원회 위원장은 직원에 대하여 지휘 감독 권한 없이 심의만 하는 허수아비로 전락

기획총괄담당관 — 해양수산
운영지원담당관 — 기획재정
대외협력담당관 — 민간

조사1과 — 법무
조사2과 — 민간
조사3과 — 민간

안전사회과 — 국민안전
피해자지원점검과 — 민간

3 • 파견공무원이 진상규명, 안전사회 지원 등 3대 업무를 종합 조정

4 • 파견공무원이 진상규명조사를 총괄

5 • 주요 조사대상기관에서 파견된 공무원이 안전사회 업무를 총괄

8 장관급 위원장의 광화문광장 노숙 농성

정부 시행령안에 대한 국민적 저항은 강력하고도 광범위했다. 그럼에도 불구하고 정부는 특조위를 파견공무원이 장악한 정부기구로 만들겠다라는 의도를 드러낸 해양수산부의 시행령안을 포기하지 않겠다고 고집을 부렸다. 그러면서도 정부는 시행령 제정과 관련하여 세월호특조위의 의견을 반영할 것이며 이에 대한 협의를 원만히 진행 중이라고 언론에 밝혔다. 국민적 저항에 직면한 정부 측 반응이었을 뿐, 거짓말이었다. 이에 특조위는 국회에서 시행령에 대한 공개적 논의를 위한 토론회를 개최하였으나 정부·여당은 토론회 자체를 거부했다. 그리고는 곧바로 정부 시행령안을 강행하려는 태도를 보였다.

2015년 4월 27일, 광화문광장 분수대 끝자리에 이석태 위원장과 특조위 위원 세 명이 자리를 잡고 앉았다. 대한민국 역사상 처음으로 대통령이 임명한 장관급 기관장이 노숙 농성을 시작한 순간이다.

특조위는 정부 시행령안의 강행을 저지하기 위한 방법을 찾아야 했다. 철저한 진상규명을 원하는 유가족과 국민의 요구에 부응할 필요성도 느꼈다. 정부에 강력한 항의의 의사표시를 전달하면서도 평화적이고 합법적인 방법을 고민했다. 특조위는 정부기구이고 특조위

정부의 시행령 철회를 요구하는 특조위 위원장과 위원들의 광화문광장 농성 (세월호특조위 임시지원단 촬영)

위원장과 상임위원은 정무직공무원인 점을 고려한 것이었다.

노숙 농성을 결정한 특조위 위원장과 위원들은 정부 시행령이 철회되고 대통령이 책임지고 결단할 것을 요구하면서 5월 1일까지는 문제가 해결되기를 촉구했다. 노숙 농성 기간 동안 사회 각계각층에서 지지와 격려의 방문이 이어졌다. 그들의 목소리는 하나였다. 정부 시행령안이 폐기되고 특조위가 제출한 시행령안이 조속히 통과되어야 한다는 것이었다.

정부는 요지부동이었다. 4월 30일, 위원장과 위원들은 대통령을 직접 만나 입장을 전달하기 위하여 청운효자동주민센터 앞에서 청와대로 행진하려고 했다. 위원장과 위원들이 채 발걸음을 떼기도 전에 수백 명의 경찰관이 길목을 가로막으며 인도로 걸어가는 것조차 제지했다. 장관급 기관장이 임명권자인 대통령을 만나겠다고 하는데 청와대는 경찰을 동원해서 그것을 가로막았다. 걸어서 5분 거리의 청와대는 지구 반대편에 있는 것처럼 멀게만 느껴졌다.

위원장이 경찰 병력에 의해 통행조차 차단당한 그 시점에 정부는 차관회의에서 정부 시행령 수정안을 통과시켰다. 정부 시행령안에 대한 특조위, 유가족, 그리고 국민들의 반대가 너무 거세자 이를 무마하기 위해 정부 시행령안의 문구 몇 개를 고친 게 정부 시행령 수정안이었다. "기획조정실장"을 "행정지원실장"으로, "기획총괄담당관"을 "기획행정담당관"으로 명칭을 바꾸고, "기획·조정"을 "협의·조정"으로 업무 내용을 바꾸는 정도에 그쳤다. 특조위의 독립성을 침해하는 문제는 전혀 개선되지 않았다. 위원장의 노숙 농성과 청와대 면담 요청은 정부 시행령안의 부분적인 수정을 가져왔을 뿐, 제대로 된 성과를 낳지 못했다. 며칠 후에 국무회의에서 이런 수정안대로 의결될 상황이었다.

특조위는 다시 사무실로 돌아갈 수밖에 없었다. 5월 3일, 특조위 위원장은 "국무회의에서는 차관회의에서 통과된 정부 시행령 수정안이 아니라 특조위가 제출한 시행령안이 의결되어야 한다"라는 입장을 발표하고 광화문광장 노숙 농성을 끝냈다. 그렇지만 정부의 시행령안은 이후에도 계속 특조위 활동에 질곡으로 작용할 뿐 아니라 특별법을 만든 국회에도 어려운 과제를 던지게 된다.

9 추모식 없이 세월호 참사 1주기를 맞이하다

특조위는 정부청사나 정부 부처 산하기관 건물에 입주하기를 원했다. 마침 공공기관 지방 이전 정책으로 정부청사에 빈 공간이 많이 생기던 때였다. 하지만 특조위는 정부청사의 여유 공간을 확보하지 못했다. 정부의 건물 사용 계획에는 특조위 사무실 관련 내용은 들어 있지 않았다. 민간 건물을 임대할 수밖에 없었다.

특조위 사무실은 업무 특성상 다양한 공간을 확보해야 한다. 정원 120명이 업무를 수행할 수 있는 집무실과 집무 공간, 전원위원회를 위한 대회의실과 소위원회를 위한 회의실, 조사관들의 회의 공간, 비상임위원들의 공동 집무실, 진상조사를 위한 조사실, 조사대상자와 참고인을 위한 대기실, 각종 기록 및 자료를 보관할 자료실 등의 공간이 있어야 한다. 전용면적 약 2,000~2,600㎡(약 600~800평)의 공간이 필요했다. 명동성당 근처에 있는 나라키움 저동빌딩 7층과 9층을 임차했다. 전용면적 2,251㎡(약 681평)이었다. 「정부청사관리규정 시행규칙」에 의하면, "청사취득 및 배정면적기준"이 직급에 따라 법정되어 있다. 특조위는 독립기관으로서 「정부청사관리규정」 적용 대상은 아니지만, 그것을 기준으로 삼을 때 그보다 적은 면적의 사무실과 사무 공간이 배정됐다.

사무실 건물을 결정하는 데는 건물주의 채무 안전성과 함께 대중교통 이용 가능성 등 접근 편의성도 고려했다. 마침 나라키움 저동빌딩은 대한민국 정부 소유이고 한국자산관리공사(캠코)가 위탁관리를 맡고 있어 임차료를 아낄 수 있을 뿐만 아니라 임차료도 사실상 국고에 귀속되는 효과가 있었다. 게다가 가까운 곳에 지하철역이 있었으며 버스 정류장 근처 대로변에 위치하고 있어 접근이 편리했다.

2015년 4월 9일, 특조위는 나라키움 저동빌딩으로 이사했다. 그리고 4월 13일 정식 입주함으로써 서울지방조달청 건물 10층의 임시 사무실 시대를 마감하고 저동 시대를 열게 되었다. 그러나 사무실 입주식이나 현판식을 할 처지는 아니었다. 조사관이 한 명도 없었을 뿐만 아니라 정부의 시행령안 입법예고와 이에 대한 특조위의 전면적인 철회 요구가 부딪히고 있는 어수선한 상황이었다. 시행령 문제 이후에도 예산배정 문제 등으로 특조위 출범이 계속 늦어지면서 특조위는 입주식과 현판식을 할 기회를 놓치고 말았다. 결국 특조위는 현판식을 하지 못하고 활동하다 정부에 의해 강제해산 당했다.

특조위가 본 사무실을 얻어 이사를 준비하는 동안, 어느덧 세월호 참사 1주기가 다가오고 있었다. 「세월호 특별법」이 효력을 발생하고 특조위 설립 준비에 많은 시간이 지났지만, 세월호 참사 1주기를 맞이하기에 너무도 부끄러운 상황이었다. 특조위는 이제 겨우 사무실을 마련했을 뿐이었다. 마음으로는 1주기 추모식에 특조위 명의로 세월호 참사에 관한 작은 조사 결과라도 발표하고 싶었다. 그러나 특조위가 언제 출범할지조차 알 수 없는 것이 현실이었다. 해양수산부가 갑작스럽게 특조위 활동을 통제하려는 정부의 시행령안을 발표함으로써 특조위와 세월호 유가족이 격렬하게 반발하는 상황이 지속되고 있었다.

그 와중에 특조위 차원에서는 참사 1주기를 맞이하여 작지만 의미 있는 행사를 준비했다.

먼저, 2015년 4월 11일 토요일에 위원장을 비롯하여 위원 14명이 진도 팽목항을 방문해 분향소에서 분향하고 미수습자 가족들을 위로했고, 침몰 해역을 방문하여 헌화했다. 그동안 특조위 출범과 관련하여 위원들 사이에 의견 대립이 있었지만, 위원 대부분이 팽목항과 침몰 해역을 함께 방문한 것은 앞으로 협력해서 활동하겠다는 의지를 표현한 것이었다. 위원들은 세월호가 가라앉아 있는 해역에서 세월호 인양의 필요성을 확인하면서 진상규명을 위해 최선을 다하겠다고 약속했다.

그다음으로, 4월 15일 특조위 사무실에서 간략하게 1주기 추모 행사를 가졌다. 특조위 상임위원과 임시지원단 직원들만의 조촐한 추모식이었다. 이 작은 행사조차 본 사무실이 마련되고 대회의실 공간을 확보했기 때문에 가능한 것이었다. 이석태 위원장은 추도사를 통해, 세월호의 아픔을 안전보다는 이윤, 생명보다 돈을 향해 맹목적으로 달려가던 우리 사회의 잘못을 되돌아보는 계기로 삼고 가슴에 새겨야 한다고 강조하면서 세월호의 진실을 밝히는 데 한 치도 물러서지 않겠다고 다짐했다.

한편, 세월호 참사 1주기인 2015년 4월 16일 안산 정부합동분향소에서 유가족, 종교계 대표, 시민 단체, 단원고 학생 등이 참석하는 1주기 합동 추모식이 열릴 예정이었다. 유가족들은 1주기 추모식이 열리기 전까지 정부가 「세월호 특별법 시행령안」을 즉각적으로 폐기하고 세월호 선체 인양을 공식적으로 발표해 달라고 요청했다. 그러나 정부는 시행령안을 철회할 의사가 없음을 밝혔고, 선체 인양에 대해서도 공식적인 입장을 발표하지 않았다. 안타깝게도 유가족들은 추모식을 열지 않기로 결정했다. 세월호 참사 1주기 합동 추모식은 취소되어 열리지 않았다.

아! 1주기 추모식마저 치룰 수 없는 유가족의 참담한 심정이여. 특조위가 죄인인 것처럼 느껴졌다.

10 정부의 세월호 선체 인양 결정

2015년 4월 22일, 마침내 정부가 세월호 인양을 공식 결정했다. 비용이 많이 든다는 구실을 들어 인양을 반대하는 목소리가 그동안 일부 있었다. 그러나 국민 대다수는 세월호 인양을 당연하게 생각했다. 미수습자 9명을 수습하고 참사의 제1의 증거인 세월호 선체를 인양하는 데 돈을 이유로 반대하는 것은 말도 되지 않는다. 미수습자 수습은 인권의 문제인 동시에 피해자 지원의 문제이기도 하다. 또한 세월호 선체는 침몰 원인 및 침몰과 관련된 진상을 규명하는 데 반드시 필요한 증거물이다. 세월호 선체 인양 없이는 세월호 참사 진상규명이 온전하게 이루어질 수 없다.

정부의 세월호 인양 결정에 대한 유가족의 평가는 냉정했다. 2015년 4월 22일 '4·16 세월호 참사 진상규명 및 안전사회 건설을 위한 피해자 가족협의회'는 성명을 통해 이렇게 밝혔다. "그동안 정치적 계산만 하며 선체인양과 실종자 수습을 위한 책임과 의무를 방기하던 정부는 선체인양을 바라는 뜨거운 국민의 여론에 밀려 결국 선체인양을 선언할 수밖에 없었습니다. 국민 여러분께 진심으로 감사를 드립니다."

정부의 세월호 인양 결정에 이르기까지 지난한 과정이 있었다.

세월호 참사 후 실종자 없이 희생자를 모두 수습하기 위한 수색 작업이 계속되었다. 그러다가 수색 작업의 성과가 미진하고 추운 겨울이 다가오자, 2014년 11월 11일 정부는 수색 작업 중단을 선언했다. 그때까지 세월호 희생자 중에서 실종자 9명은 가족의 품으로 돌아오지 못했다. 정부의 수색 중단 선언 직전에 실종자 가족들이 기자회견을 열어 정부에 실종자 수색 작업을 중단해 달라고 요청하는 형식을 취했다. 실종자 가족들은 수색 작업 중단 후 선체 인양을 통해 실종자를 수습하기를 원했던 것이다. 그 후 정부는 선체 인양을 확답하지 않았다. 어찌 이리도 잔인했단 말인가?

세월호 유가족들은 세월호 인양을 촉구하기 위한 대장정을 시작했다. 2015년 1월 26일, 조속한 세월호 선체 인양과 진실규명을 촉구하는 안산-팽목항 세월호 도보행진단이 안산을 출발했다. 유가족들이 행진하는 동안 국민들의 지지와 격려가 이어졌다. 유가족들이 앞장서고 시민들이 동참하는 도보행진단은 무려 19박 20일 동안 450킬로미터를 걸어 2월 14일 최종 목적지인 팽목항에 도착했다. 유가족들은 팽목항에서 세월호 인양 촉구 범국민대회를 열고 이렇게 밝혔다. "온전한 선체 인양을 통한 실종자 완전 수습과 진상규명을 통한 안전사회를 만들기 위해 끝까지 걸어 나가겠다." 세월호 도보행진단은 국민들에게 세월호 선체 인양 필요성을 온몸으로 호소했던 것이다. 그에 화답하여 국민들은 정부가 조속히 세월호 선체 인양을 결정하라고 촉구했다.

2014년 11월 24일에 정부는 선체 인양 가능성을 검토하기 위하여 국내 대학교, 연구 기관, 산업체의 민간 전문가로 구성된 '세월호 선체처리 관련 T/F'를 구성한 바 있다. T/F는 지원팀과 기술검토팀으로 구성하여 운영되었다. 지원팀은 해양수산부, 해양경찰, 해군 등 정부기관 관계자 위주로 구성되었고, 기술검토팀은 학계, 업계, 연구 기관 등의 분야별 민간 전문가로 구성되었다. 이후 2014년 12월부터 2015년 3월까지 민간 전문가 18명이 참여한 현장 조사(3회)와 기술검토 회의(18회)가 실시되었다. 그리고 2015년 3월에 각 분·과별 보고서가 작성되었다. 이를 근거로 정부는 2015년 4월 10일 세월호 선체처리 기술검토 결과의 중간발표를 하게 된다. 이때만 해도 정부는 세월호 인양이 기술적으로 가능하다고 공개하면서도 인양에 대한 공론화 작업을 거쳐 인양 여부를 최종 결정한다고 발표했다. 이에 대해 특조위는 이미 여론이 인양을 지지하고 있고 인양이 기술적으로 가능한 상황에서 공론화를 이유로 인양 착수 시기를 늦추는 것에 반대한다는 입장을 표명했다. 며칠 후인 4월 22일, 정부는 공론화 과정 없이 세월호 인양을 최종적으로 결정했다.

11 「특별법 시행령」 제정과 특조위 조사관 채용

    특조위와 유가족, 시민사회단체가 정부 시행령안의 전면적 철회를 주장하고 저항했다. 특조위 활동을 제대로 할 수 있으려면 「세월호 특별법 시행령」에 1) 업무의 완결성과 신속성을 위한 상근 상임위원의 업무 지휘·감독권 보장, 2) 「특별법」이 정한 업무 범위의 반영, 3) 민간 중심의 조사활동 실시, 4) 행정지원 사무 중심의 공무원 파견 등의 내용이 담겨 있어야 한다. 하지만 정부는 차관회의를 거쳐 2015년 5월 6일 국무회의에서 문구만 일부 수정한 정부 시행령안을 의결하고 만다. 이로써 「특별법 시행령」이 정부 의도대로 확정되었다.

    특조위는 정부 시행령에 대한 반대 입장을 다시 명확히 밝히면서 5월 21일 제6차 전원위원회에서 "시행령 전부개정령(안)"을 의결하고, 이를 대통령에게 제출한다. 「세월호 특별법」 제8조에서는 "위원장은 그 소관 사무에 관하여 대통령에게 의안 제출을 건의할 수 있다"라고 규정하고 있다. 따라서 특조위 위원장은 대통령령인 「특별법 시행령」에 위원장이 원하는 내용을 담아야 한다고 의견을 제출할 수 있다. 그리고 대통령과 정부는 특별법 정신에 따라 특조위 위원장의 의안 제출권을 존중해야 한다. 그러나 대통령과 정부는 특조위가 강제로 해산될 때까지 시행령 전부개정령(안)에 대해서는 어떠한 답변도 하지 않았다.

시행령이 확정되자 특조위에게는 선택이 강요되었다. 계속 정부 시행령을 거부하면서 투쟁 일변도로 나갈 것인가 아니면 정부 시행령대로 특조위를 운영할 것인가. 특조위로서는 두 가지 모두 받아들일 수 없었다. 그래서 '일하면서 싸우자'라는 입장으로 정리했다. 늦게나마 특조위가 출범하기를 바라는 국민들의 바람을 저버릴 수 없었기 때문이다. 한편으로는 특조위 출범을 위해서 정부 시행령에 규정된 대로 직제를 편성하기 시작했고, 다른 한편으로는 정부 의도대로 특조위가 운영되지 않도록 독립적인 특조위 운영 방안을 마련하기로 했다.

특조위 내부적으로 조사관 채용 절차를 준비했다. 그러면서도 특조위 독립성 확보를 위한 투쟁을 시작했다. 정부의 의도대로 특조위가 운영되는 것을 막기 위한 내부 장치를 마련하는 데 집중했다.

먼저 위원장의 결단으로, 정부 시행령에서 파견공무원이 맡기로 되어 있는 행정지원실장, 기획행정담당관, 조사1과장 등 세 직위에 담당 공무원 파견을 요청하지 않기로 내부 방침을 정했다. 위 직책들은 특조위 업무에 영향력을 행사할 수 있는 중요한 자리였다. 위원장과 일부 상임위원은 차라리 위 직책은 공석으로 두는 것이 특조위의 독립적 운영에 도움이 된다고 판단했다. 특조위가 정부에 의해 강제해산 당할 때까지의 경험을 뒤돌아보면 그 판단은 올바른 것이었다.

2015년 5월 21일 제6차 전원위원회에서 특조위 운영을 위한 기본 방침인 「4·16세월호참사 특별조사위원회 운영에 관한 규칙」(「특조위 운영규칙」)을 의결했고, 이 규칙은 6월 4일 공포되어 그날부터 시행되었다. 「특조위 운영규칙」은 특별법 취지에 위반되는 정부 시행령의 문제점을 최소화하고 특별법 취지가 실현될 수 있도록 하는 내용을 담았다. 상임위원인 각 소위원회 위원장이 국·과별 업무를 직접 지휘할 수 있는 근거 규정을 마련하기가 쉽지 않았지만, 당시 상임위원회에서 여러 차례 논의를 거쳐 의견차를 좁혀 나갔고, 마침내 상임위원 5명 모두가 동의하는 규정을 만들어 냈다.

「특조위 운영규칙」 제21조(상임위원 및 사무처의 업무 수행) 제1항은 다음과 같이 규정하고 있다. "위원회의 업무 및 법 제16조 제1항에 따라 각 소위원회에 분담된 업무 수행을 지원하기 위하여, 위원장은 진상규명국 소속 직원은 진상규명소위원회 위원장의 지시에 의하여, 안전사회과 소속 직원은 안전사회소위원회 위원장의 지시에 의하여, 피해자지원점검과 소속 직원은 지원소위원회 위원장의 지시에 의하여 각 업무를 수행하도록 사무처장에 대한 지휘권을 행사할 수 있다." 그 후 특조위는 위 규정에 근거해서 각 소위원회 위원장이 국·과별 업무를 직접 지휘할 수 있었다.

이와 별도로 6월 4일 제7차 전원위원회에서는 특조위 활동기간 6개월 연장을 의결했다. 지금까지 특조위 출범을 방해했던 정부·여당의 태도를 고려할 때 1년의 활동기간 동안 특별법이 정한 업무를 완수하기 어렵다고 판단했기 때문이다. 다른 이유도 있었다. 2015년도 특조위 예산은 예비비로 배정해야 하는데, 예비비는 국회 심의·의결을 거칠 필요 없이 국무회의 심의·의결만 거치면 된다. 정부가 시행령을 처리하는 과정을 지켜보면서 2016년도 특조위 예산은 국회 의결을 거쳐야 한다는 공감대가 형성된 것이다. 특조위로서는 출범도 하지 않은 상태에서 다음 해 예산배정까지 염려할 수밖에 없었다.

특조위는 확정된 정부 시행령에 규정된 직제와 정원에 따라 조사관 채용 절차를 시작했다. 특조위는 조사 기구로서 위원뿐만 아니라 민간 조사관이 있어야 제 기능을 발휘할 수 있게 된다. 2015년 5월 27일, 특조위 임시 홈페이지에 2015년도 별정직공무원 채용 공고를 게시했다. 특조위 출범에 한 발짝 다가가는 느낌이었다.

우여곡절 끝에 특조위 조사관 채용 절차가 시작됐으나, 절차를 진행할수록 심각한 문제의식을 느낄 수밖에 없었다. '특조위를 위한 특조위에 의한 특조위의' 조사관을 뽑겠다는 생각이었는데, 특조위 의지대로 진행되는 건 하나도 없었다. 특별법이 특조위 조사관을 별정직공무원으로 규정했고, 국가공무원 채용을 위해서는 관련 법령에 명시되어 있는 여러 규정을 지켜야 했다. 「국가공무원법」, 「공무원임용시험령」, 「고위공무원단 인사규정」, 「별정직공무원 인사규정」과 인사혁신처의 「국가공무원 복무·징계 관련 예규」 등이 그것이다. 채용에 관련된 이러한 법령들은 일반 정부 부처의 공무원을 뽑는 데는 적합할지라도 특수한 국가기구인 특조위의 조사관을 뽑는 데는 걸림돌로 작용할 수도 있다.

특조위는 조사관 채용 절차를 시작하기 전에 인사혁신처와 협의했다. 인사혁신처와 협의가 끝나지 않으면 채용 절차를 시작할 수 없었고, 협의 내용은 주로 채용의 시기와 절차에 관한 사항이었다. 이러한 특성 때문에, 정부가 인사혁신처를 통해서 조사관 채용 시기와 채용 절차 등에 관해 특조위를 통제하는 것이 가능했다. 채용 기준에 관해서는, 국가공무원 관련 법령에 규정된 일반 기준을 지키면서도 특조위 자체 채용 기준을 보완하는 정도로 협의를 마쳤다.

조사관의 채용 시기와 채용 절차에 관해서는 특조위와 인사혁신처 사이에 큰 이견이 없었다. 특조위는 2015년 5월 27일 조사관 채용 공고를 내면서 채용 절차를 진행했다. 뒤늦게 정부가 다른 경로를 통해서 인사혁신처와 특조위의 협의에 이의를 제기하면서 채용 시기를 조절하려고 했으나, 이미 절차가 상당 부분 진행되어 채용은 예정대로 이루어졌다.

예외가 있다면, 별정직 고위공무원단인 진상규명국장 채용에 대해서는 절차 초기에 정부가 시비를 걸어서, 진행하던 절차를 없었던 것으로 만들 수밖에 없었다. 청와대가 채용 절차 초기에 인사혁신처로부터 보고받지 못하고 있다가 나중에 시작된 고위공무원단 채용 절차에 대해 보고받으면서 특조위 채용 절차가 시작된 것을 뒤늦게 인식하였다고 추측했다. 특조위 조사관 중 진상규명국장만 임명권자가 대통령이고, 고위공무원단 채용 절차를 진행하기 위해서는 사전에 청와대의 승인을 받아야 하기 때문이다.

조사관 채용 절차에 관하여 특조위 내부에서 약간의 논란이 있었다. 채용 절차 중 면접 과정에서 불만을 보인 여당 추천 특조위 부위원장이 약 한 달간 출근하지 않다가 7월 23일 정식으로 면직되었다. 조사관 채용 절차 중 면접은 국가공무원 관련 법령과 2015년 5월 21일 제6차 전원위원회에서 의결한 「4·16세월호참사 특별조사위원회 인사관리에 관한 규칙」에 근거해서 적법하게 진행되었다.

조사관 채용에 관하여 일부 언론의 시비가 있기도 했다. 해양·선박 전문가를 채용하지 않았다거나 합격자 대부분이 시민 단체 출신이라는 주장이 그것이다. 그런 주장은 사실과 다르다. 해양·선박 전문가들은 응시 자체가 저조해서 채용을 못한 것이었고, 전체 합격자 31명 중 시민 단체 출신의 비율은 7명(23%) 정도였고, 특히 4~5급 합격자 11명 중에서는 1명(9%)에 불과했다.

특조위는 대통령 소속이나 국무총리 소속이 아니고 대통령, 국회, 대법원 등으로부터 완전히 독립된 국가기관이다. 더구나 1년 내지 2년이라는 매우 짧은 기간 동안 존속하는 조직이다. 특조위의 조직 특성상, 정치적 중립성과 업무의 독립성 보장은 매우 중요하다. 따라서 특조위 조사관들 역시 일반적인 국가공무원이라기보다는 한시적이며 독립된 국가기관의 조사관이라는 특수성을 보장받을 필요가 있다. 특조위가 조사관을 채용할 때 최대한 조직 특성에 맞는 기준과 절차를 따른다면 특조위에 최적화된 조사관을 채용할 수 있을 것이다. 이를 위해 「국가공무원법」은 준수하면서 나머지 시행령이나 규칙을 배제하는 특별규정을 두는 방법을 생각해 볼 수 있다. 특별법에 '위원회의 직원 중 파견공무원을 제외한 소속 직원의 자격 조건 및 채용 절차 등에 관하여는 「국가공무원법」의 해당 부분을 제외한 나머지 세부 사항을 위원회 규칙으로 정할 수 있다' 라는 취지의 규정을 둔다면 특조위의 자율성이 더 강화될 수 있다.

12 사건 조사 설명회 개최

정부의 시행령이 확정된 후, 특조위는 각 소위원회 차원에서도 임시지원단 소속 직원들의 협조 아래 각자 업무와 관련된 내부 계획을 마련하고 출범을 준비해 나갔다. 그중에서 진상규명소위원회는 5월 중순 이후부터 진상조사 계획을 수립하는 한편, 진상규명조사에 필요한 사항을 규정한 규범을 만드는 작업을 시작했다. 「4·16세월호참사 특별조사위원회 진상규명조사에 관한 규칙」(「특조위 조사규칙」)이 그것이다. 「특조위 조사규칙」은 특조위 전체 차원의 규범이지만, 진상규명조사의 상당 부분을 담당하게 되는 진상규명소위원회 중심으로 준비하기로 했다. 「특조위 조사규칙」을 만드는 동안, 모법인 특별법의 정신을 충분히 살리면서 정부 시행령과 충돌하지 않도록 세심한 주의를 기울였다. 「특조위 조사규칙」은 특조위에서 만든 규칙 중에서 조문 내용과 별표, 서식이 매우 많을 뿐만 아니라 가장 많은 시간과 노력을 들여서 만든 규칙이어서 이 책에 부록으로 담았다.

특조위 내부에서 진상규명조사 흐름도와 「특조위 조사규칙」의 대강이 그려지고 나서, 7월 8일부터 3일 동안 진상규명소위원회 위원장 주최로 '위원회와 유가족의 진상규명 과제 소통의 장'을 마련했다. 행사의 취지는 유가족이 원하는 진상규명 과제에 관한 의견을 수렴하고, 사건 신청 주체·방법 및 조사 흐름을 유가족에게 설명하고, 진상규명소위원회와 4·16가족협의회 진상분과가 소통하는 것이었다. 이 행사에는 진상규명소위원회 소속 비상임위원인 김서중 교수, 장완익 변호사, 김진 변호사도 참석했다.

첫날은 위원장도 참석해서 유가족들과 허심탄회하게 이야기를 나누었다. 3일 동안 많은 이야기가 오갔다. 유가족 40~50명 정도가 참여했다. 유가족들이 강조한 내용을 추려 보면 다음과 같다.

- 특조위의 독립성과 중립성을 강조하는데, 그것이 유가족과 거리를 두는 것이 되어서는 안 된다.
- 유가족들의 마음과 특조위에 바라는 점 등에 대한 소통의 장이 마련되어야 한다.
- 시행령과 예산안에 대해 특조위가 더 능동적으로 대응해야 한다.
- 특조위 방해 활동에 대해 더 적극적으로 대응해야 한다.
- 조사의 대상과 범위에 성역이 없어야 한다.
- 국가와 해경 윗선의 책임 소재를 밝히고 처벌해야 한다.
- 국방부와 청와대 등에 대한 조사에 성역이 없어야 한다.
- 유가족들이 추진하고 있는 수중 세월호 촬영을 같이하자.

특조위 정식 출범 전에 가졌던 소통의 장은 유가족들의 진솔한 생각과 의견을 경청하고 특조위에 대한 기대와 요구를 확인할 수 있는 소중한 자리였다. 향후 특조위가 정식 출범하면 유가족의 기대에 부응할 수 있도록 구체적인 조사 계획과 조사 결과를 내놓아야 한다는 사명감을 재확인하는 계기였다. 이후 특조위 활동 과정이 그때 유가족들의 요구와 기대에 많이 못 미친다는 느낌이 들어 송구스럽다. 특히 당시 특조위가 출범도 하지 못하고 정부·여당과 일부 언론의 특조위에 대한 부당한 공격이 계속되는 상황에서 방어적으로 특조위의 독립성과 중립성을 언급하면서 유가족과의 관계를 더 긴밀하게 하지 못했던 점에 대해서는 아쉬움이 크다.

13 특조위 조사관들의 첫 출근

2015년 7월 3일, 특조위 조사관 1차 채용 합격자 발표가 있었다. 합격자를 대상으로 신원 조회 등 필요한 절차를 진행한 다음, 7월 27일 총 31명의 조사관이 정식으로 출근했다. 드디어 조사관이 특조위의 정식 구성원으로 참여한 것이다. 특조위 조사관의 첫 출근 직전에, 그동안 특조위 출범을 도왔던 임시지원단은 공식적으로 해산되었다. 임시지원단은 매우 헌신적으로 특조위 출범을 위해 노력했다. 그렇지만 예산배정이 이루어지지 않아 적절하게 대우하지 못했다. 그 점에 대해서는 미안한 마음을 금할 수가 없다.

세월호 참사의 특성상, 진상을 규명하고 안전사회 건설을 위한 대책을 마련하기 위해서는 광범위하고도 집중적인 조사가 필요하다. 특조위 출범 초기부터 특별법에 규정된 정원 120명을 채울 필요가 있었다. 그러나 정부는 특조위 활동을 축소하고 방해하는 데만 관심이 있었기 때문에, 정부 시행령에는 1차로 정원을 90명으로 규정했다. 특조위와 시민사회의 비판이 거세지자, 정부는 2차로 2015년 11월 11일 이후에 특조위 정원을 120명으로 해 주겠다고 선심 쓰듯 시행령에 규정했다. 2015년 1월 1일부터 특조위가 출범했다고 주장하면서 활동기간이 끝나가는 시점에 정원을 늘려 주겠다는 게 과연 제정신인지 묻고 싶다. 특조위는 정부의 이러한 부당한 방해 속에서도 더는 조사활동을 지체할 수 없다는 절박한 심정으로 조사관들의 첫 출근을 반겼다.

일반적으로 신규채용 공무원은 교육을 받아야 한다. 「공무원 교육훈련법 시행령」(현 「공무원 인재개발법 시행령」)은 제11조에서 "각급 행정기관의 장은 신규채용된 공무원에 대해서는 해당 직급과 직무분야에 상응하는 기본교육훈련과정을 마치도록 한 후에 보직(補職)하여야 한다"라고 규정하고 있다. 공무원 교육훈련은 "기본교육훈련"과 "전문교육훈련"으로 나뉘고, 사이버교육과 집합교육 등 다양한 방식으로 진행된다. 특조위 조사관 역시 별정직공무원으로서 신규채용자 교육을 받아야 했다.

특조위 조사관에 대한 직무교육은 세월호특조위 신임 공직자로서 갖추어야 할 국가관과 공직관의 확립 및 직무·정책·소통 역량 강화를 통한 공직 적응력 향상을 목표로 삼고 사이버교육과 집합교육을 진행했다.

사이버교육은 개인별로 중앙공무원교육원 사이버교육센터에 접속하여 분야별로 이루어지는 자기주도학습인데, 공직관 함양, 행정·직무 역량, 일반·공통 역량 분야 등을 이수했다.

집합교육은 과천에 있는 중앙공무원교육원에서 3일 동안 국정철학·공직관 함양, 행정·직무 역량, 특조위 내부 교육, 분임 토의 등의 방식으로 진행했다. 신규 파견공무원도 함께 집합교육을 받았다. 먼저 신규임용 공무원의 업무 적응력 제고를 위해 직무교육(인사, 예산, 법제 등) 위주로 편성하여 중점적으로 실시했다. 그리고 조직의 특수성을 명확하게 이해할 수 있도록 특조위가 지향해야 할 방향과 관련 법령 및 소위원회별 담당 업무에 대한 교육을 실시했다. 이 과정에서 세 소위원회 위원장이 강사로 나서 관련 소위원회의 업무 내용과 특성에 대해 직접 설명했다. 마지막으로 특조위가 나아가야 할 방안 등에 대해 분임별로 심도 있는 토론을 마치고 보고서를 작성하고 그 결과를 발표했다.

집합교육을 마친 후 조사관들과 신규 파견공무원들은 안산 분향소와 단원고등학교를 방문했다. 본격적으로 업무를 시작하기에 앞서, 항상 모든 희생자의 넋을 기리고 피해자 한 명 한 명의 현실에 공감하면서 세월호특조위의 업무를 수행하겠다고 결의했다.

14 특조위 예산배정 — 특조위 출범

시행령 확정에 따라 조사관 채용 절차를 마치게 되면, 특조위 출범에 필수적인 예산이 배정되어야 한다. 그때까지 정부예산은 한 푼도 배정되지 않았다. 특조위는 외상과 후불, 아니면 위원장 개인의 카드를 사용하는 등의 방법으로 최소한의 비용을 지출하며 활동했다. 위원장과 상임위원에게 급여가 지급되지 않는 것은 감내할 수 있었다. 그러나 특조위 조사관으로 정식 출근하는 조사관들에게 그 고통을 견디라고 강요할 수는 없었다. 새로 출근하는 조사관들의 급여와 조사활동비 등을 지급하기 위해서 예산배정이 절실한 상황이었다. 그러나 정부는 예산배정을 위한 어떠한 계획도 제시하지 않았다.

어느 정도 시간이 흐르자 정부의 속셈이 드러났다. 정부는 특조위가 정부 시행령에 규정된 행정지원실장 등 특조위 활동에 핵심적인 직위에 공무원 파견을 요청하지 않겠다고 한 것을 트집 잡았다. 파견공무원을 통해 특조위 활동을 장악하고 방해하겠다는 의도를 이루지 못한 정부의 막무가내 행태였다. 기획재정부 장관과 차관은 국회를 비롯해 여러 자리에서, 특조위가 행정지원실장 등 파견공무원을 받지 않으면 예산을 배정할 수 없다는 등, 시행령 직제대로 하면 바로 예산을 주겠다는 등 노골적으로 의도를 드러냈다.

정부는 온갖 방해를 통해, 특조위가 활동하지 못하게 하거나 특조위 활동이 매우 소극적으로 이루어지도록 만들었다. 특조위는 결단할 수밖에 없었다. 정부의 방해 책동에 대한 비타협적 투쟁 기조를 유지하면서 특조위 출범을 늦출 것인지, 아니면 정부의 방해 책동을 특조위 내부에서 최소화하면서 수용할 것인지. 결론은 정부의 요구가 부당하지만 수용하는 것이었다. 정부 시행령 확정 이후 특조위는 2015년 5월 21일 제6차 전원위원회에서 「특조위 운영규칙」을 만들어 업무의 완결성과 신속성을 위한 상근 상임위원의 업무 지휘·감독권이 보장될 수 있도록 했고, 조사관 채용 절차를 진행하면서 파견공무원이 특조위 활동에서 주도적인 역할을 하지 못하도록 몇 가지 조치를 취했다. 물론 이 정도로는 특조위 중요 직책과 관련한 파견공무원들의 부당한 행동을 완전히 통제할 수는 없었다.

2015년 7월 21일, 이석태 위원장은 긴급 기자회견을 열었다. "특별법 진상규명의 핵심 직위인 행정지원실장, 기획행정담당관, 조사1과장의 파견을 해당 부처에 요청하겠"다는 전향적 결단을 밝히고, 다음과 같은 입장을 발표했다.

- 공무원 파견 요청은 법률상 특조위 위원장의 고유한 권한이다.
- 특조위가 행정지원실장 등에 대한 파견 요청을 하지 않아서 예산을 배정할 수 없다는 정부의 태도는 법 위에 군림하겠다는 것이다.
- 세월호 참사의 진상규명에 책임이 있는 특조위 출범을 더는 늦출 수 없어, 행정지원실장 등의 파견을 해당 부처에 요청하겠다.
- 특조위는 왜곡된 시행령으로 인해 정부 간섭이 우려되더라

도 이를 헤쳐 나가면서 진상규명활동을 힘차게 수행해 나가려 한다.

특조위는 기획재정부에 여러 차례 수정·보완된 예산안을 보냈고, 직접 기획재정부 담당자를 찾아가서 예산안에 대해 상세하게 설명해 왔다. 그러나 기획재정부는 특조위의 예산 요청과 설명에 아무런 답변도 하지 않았다. 특조위가 행정지원실장 등에 대한 공무원 파견 요청 입장을 밝힌 이후에도, 기획재정부는 예산과 관련하여 특조위에 연락조차 하지 않았다. 그러다가 2015년 8월 4일 국무회의에서 특조위 2015년도 예비비를 의결했다. 국무회의 의결을 앞두고 특조위가 최종적으로 수정하여 160억 원 예산안을 요청했는데 89억 원을 지급하겠다고 결정했다. 총액 대비 44%나 삭감했는데, 더 심각한 것은 특조위 고유 목적을 위한 사업비 예산의 삭감이었다. 45억 8,000만 원 요구에 69%를 삭감하여 14억 2,000만 원을 배정했다. 3분의 1로 토막이 난 것이다. 그중에서 진상규명 실지조사 사업에 관해서 특조위는 정밀과학조사 사업에 7억 9,400만 원을 요구했으나 1억 2,900만 원이 배정됐고, 디지털포렌식 사업에 4억 500만 원을 요구했으나 2억 6,500만 원이 배정됐다. 정부가 사업을 제멋대로 조각냄으로써 어느 것 하나 제대로 추진하기 곤란한 지경이 되었다. 이런 예산으로는 그냥 감사원, 해양안전심판원, 검찰의 조사 결과를 되풀이할 수밖에 없다.

그렇다 하더라도 정부의 예산배정으로 특조위는 출범이 가능해졌다. 특조위 활동기간에 대한 이런저런 이야기가 있었는데, 특별법은 활동기간에 관하여 다음과 같이 규정하고 있다. "제7조(위원회의 활동기간) ① 위원회는 그 구성을 마친 날부터 1년 이내에 활동을 완료하여야 한다. 다만, 이 기간 이내에 활동을 완료하기 어려운 경우에는 위원회의 의결로 한 차례만 활동기간을 6개월 이내에서 연장할 수 있다. ② 위원회는 제1항 단서에도 불구하고 조사활동 완료 후 제47조에 따른 종합보고서와 백서의 작성 및 발간을 위하여 필요한 경우 위원회의 의결로 한 차례만 활동기간을 추가로 3개월 이내에서 연장할 수 있다."

위원회가 구성되려면, 위원회의 인적·물적 기반이 갖춰져야 한다. 따라서 "그 구성을 마친 날"이라 함은 특조위의 인적·물적 구성이 실질적으로 완료된 때를 의미한다. 조사 기구로서의 특조위의 인적 구성은 위원과 조사관을 의미하고, 특별법과 시행령의 확정으로 위원 임명과 조사관 채용이 이루어졌을 때 인적 구성을 마쳤다고 할 수 있다. 물적 구성은 사무실과 예산 확보를 의미하고, 국무회의에서 예비비가 의결되었을 때 물적 구성을 마쳤다고 할 수 있다. 그러므로 특조위는 2015년 8월 4일 예산배정이 이루어진 날 정식으로 출범하게 되었으니, 이로써 특별법에 규정된 조사활동기간이 시작되었다 할 수 있다. 당연하게도 1년 6개월 동안의 특조위 조사활동기간은 2017년 2월 3일에 종료될 것이었다.

특조위 조사활동기간과 관련하여, 정부에서는 「세월호 특별법」이 시행된 2015년 1월 1일에 위원회가 구성되었다고 주장하고 있다. 고려할 가치가 없는 억지 주장일 뿐이다. 2015년 1월 1일에는 위원장을 비롯한 상임위원이 임명장을 받기 전이었기 때문에 조사 권한이 없었을 뿐만 아니라 위원회 구성 자체가 불가능했기 때문이다. 다른 많은 이유를 제쳐 두더라도 위 한 가지 이유만으로도 위원회 구성 시점에 관한 정부 주장은 엉터리가 분명하다.

15 특조위 정례브리핑

　정부의 비협조와 방해 행태가 계속되었지만, 특조위 출범은 더는 미룰 수 없는 현안이 되었다. 정부는 특조위 예산배정을 미루면서 특조위 활동을 방해하고 싶었겠지만, 이석태 위원장의 전향적 결단으로 특조위 예산배정을 계속 미루기는 어려워졌다.

　이석태 위원장은 특조위 출범을 목전에 둔 상황에서 특조위의 공보 기능을 강화할 필요성을 느꼈다. 정부·여당의 특조위에 대한 공격에 대응할 필요가 있었던 것이다. 일부 언론의 '특조위 흠집 내기' 보도에 적극적으로 대응하여 국민들에게 실상을 제대로 알려야 했다. 위원장은 진상규명소위원회 위원장에게 정례브리핑을 맡도록 지시했다. 특조위 활동 내용 중에서 진상규명 분야에 관해 상대적으로 국민들의 관심이 높다는 사정을 고려한 결정이었다.

　2015년 8월 4일, 진상규명소위원회 위원장은 제1차 정례브리핑을 시작했다. 브리핑 서두에 정례브리핑을 하는 이유 두 가지와 다짐 세 가지를 이야기했다.

　첫째 이유는 기자들과의 정기적 소통을 통해 정확한 정보를 전달하는 것이다. 특조위 내 각종 회의의 계획·과정·결과를 설명하고, 진상규명소위원회, 안전사회소위원회, 지원소위원회를 중심으로 한 주요 활동의 진행 상황을 전한다는 것이다. 둘째 이유는 특조위 활동에 대한 우리 사회의 여러 의견에 대해 특조위의 입장을 명확하게 밝히고 상세한 배경을 설명하는 것이다. 정례브리핑에 임하는 다짐은 거짓 없이 사실에 기반해서 정확히 전하고, 가능한 한 알고 있는 것을 신속히 전하고, 언론사들을 차별하지 않고 통일된 내용을 전하겠다는 것이었다.

첫 번째 정례브리핑에서는, 세월호를 인양하는 목적이 "미수습자 수습"과 "진상규명조사를 위한 증거물 확보"라고 전제하고 세월호특조위는 현재까지 진행된 인양 과정에 대한 전반적인 사항을 점검하는 것에서부터 활동을 시작하고자 한다고 밝혔다. 이어 해양수산부가 인양과 관련된 모든 자료를 제출할 것과 투명하고 신속하게 온전한 선체 인양이 이루어질 수 있도록 작업을 추진해 줄 것을 당부했다.

이후 2016년 6월 28일의 제28차 정례브리핑까지는 정기적으로 진행되었다. 그러나 2016년 7월 1일부터 9월 30일까지 정부가 특조위 조사활동기간을 강제로 종료하고 특조위를 불법적으로 해산할 때까지는 정례브리핑 또한 정기적으로 진행하기 어려웠다. 그 기간에 특조위로서는 정부의 강제해산을 막느라 특조위 본연의 활동을 제대로 할 수 없었기 때문이다. 그리하여 2016년 8월 30일 제30차 정례브리핑을 마치고 더는 특조위 정례브리핑이 진행되지 않았다. 제30차 정례브리핑에서는, 세월호 선체 인양 후 수습을 위해 세월호를 삼등분하겠다는 해양수산부의 입장에 대해서 세월호 선체 절단은 세월호 참사 원인 규명을 영원히 불가능하게 하기 때문에 절대로 안 된다는 특조위의 입장을 밝혔다.

정례브리핑을 진행하는 동안 많은 기자가 참석하여 특조위 활동 소식이 더 많이 알려지기를 바랐다. 다행스럽게도 정례브리핑에서 만난 기자들은 모두 특조위가 세월호 참사 진상규명에 성공하라고 응원했고, 특조위 활동 내용에 관해 호의적으로 보도했다. 브리핑에도 참석하지 않고 사실 확인도 하지 않으면서 특조위 흠집 내기 기사를 작성하는 그런 기자들이 아니었다.

16 상하이샐비지 컨소시엄의 세월호 인양 작업

　많은 시간이 흐른 뒤에 세월호 인양을 위한 준비 작업이 시작되었다. '세월호 참사 1주기' 직후인 2015년 4월 22일 세월호 인양을 결정한 후, 해양수산부는 세월호를 인양할 업체를 선정하는 절차를 진행했다. 먼저 사업 입찰공고를 냈다. 입찰에는 7개 컨소시엄이 참여했고, 해양수산부는 심사 결과 7월 중순 '상하이샐비지 컨소시엄 Shanghai Salvage Consortium'을 우선협상대상자로 선정했다. 그리고 약 2주간의 협상을 거쳐 2015년 8월 4일 협약안에 최종 합의했다. 그날은 정부가 시간을 끌다가 마지못해 특조위 예산을 국무회의에서 의결한 날이기도 했다. 정부는 8월 4일을 특조위 예산배정과 세월호 인양 작업의 기점으로 삼기로 준비해 온 것 같다.

　해양수산부가 그날 「보도자료」에서 밝힌 상하이샐비지와의 합의 내용은 다음과 같다.

　첫째, 용역 대금(851억)은 단계를 최소화하여 세 번에 걸쳐 지급하기로 하였다. 대금 지급 단계는 각각 '잔존유 제거 및 유실방지 작업 후', '세월호 선체 인양 및 지정장소에 접안 후', '세월호 육상거치 완료 후'이다.

둘째, 업체가 책임감을 가지고 용역을 수행할 수 있도록 주무관청의 중대한 과실을 제외하고는 일체의 사고에 대하여 업체가 모든 손해를 배상하도록 하였다.

셋째, 제안된 인양방법의 핵심사항인 선체부력, 선체구조해석, 적용장비, 미수습자 유실방지 등의 실행가능성을 높이기 위하여 제반 사항을 세부적으로 검증하였으며, 추가 유실방지막 설치 등 보완요구 사항을 반영시켰다.

다만, 침몰 후 장시간이 흘러 현 상태 확인이 필요하므로 철저한 현장조사 후 그 결과를 설계에 반영하도록 하였다. 이 과정에서 잠수사와 원격조정무인잠수정(ROV)을 동시 투입하여 선체 및 주변상태 등을 종합적으로 조사할 예정이며, 상세한 촬영도 병행할 계획이다.

넷째, 인양 주요장비인 리프팅 빔 등 투입자재는 국제선급협회(IACS) 전수검사를 원칙으로 하는 등 최상의 장비를 투입하도록 하여 인양 성공가능성을 극대화하도록 했다. 그 밖에도 안전관리계획 및 위험 관리계획을 수립하도록 하는 등 만약의 상황에 철저히 대비하도록 하였다.

해양수산부 발표에 의하면, "상하이 샐비지는 이번 달부터 본격적으로 현장조사 후 인양 및 잔존유 제거 등을 위한 실시설계를 거쳐 내년 7월 전에는 인양 작업을 완료할 예정"이었다. 해양수산부와 상하이샐비지는 선체 인양을 2016년 7월 이전에 끝내겠다고 미수습자 가족, 유가족, 국민에게 약속한 것이다. 미수습자 가족은 미수습자를 수습할 수 있고, 유가족은 희생자 유품을 수습할 수 있고, 국민들은 세월호 참사의 진상규명을 통해 참사의 아픔을 극복할 수 있다는 희망의 약속이었다. 그러나 약속은 지켜지지 않았다. 그것은 허언이었고, 지키지 못할 거짓말이었다.

상하이샐비지가 해양수산부 입찰에 참여하면서 제안했던 부력재浮力材 방식은 애초부터 대형 여객선인 세월호를 인양하는 방식으로 부적절했다. 부력재 방식이란 세월호 선체 내부에 공기 주머니를 집어넣어 선체 하중을 줄인 다음에 수중에 있는 크레인을 이용하여 세월호를 수면으로 들어 올리는 방식이다. 이 방식을 취함으로써, 수중에 있는 세월호 내부에 부력재를 집어넣기 위해서 세월호에 수십 개의 구멍을 뚫어야 했고, 부력재에 의해 흔들리는 세월호를 붙잡아 줄 와이어를 연결하기 위해서 선체에 수십 개의 구멍을 더 뚫어야 했다. 이처럼 부력재 방식을 쓰면 세월호에 구멍을 수십 개에서 백여 개 이상을 뚫게 되어 선체 손상이 야기될 수밖에 없다. 부력재 방식이 아니었다면 세월호에 구멍을 뚫지 않아도 되었다는 말이다.

지금까지 세계적으로 인양의 역사에서 세월호와 같은 대형 여객선을 인양하면서 부력재 방식을 사용한 예는 없었다. 당연히 상하이샐비지가 부력재 방식으로 대형 여객선을 인양한 전력도 없었다. 더 중요한 사실은 일찍이 해양수산부 산하 세월호선체인양기술TF팀에서 부력재 방식을 인양에 부적합한 방식으로 결론 내린 바 있다는 것이다. 해양수산부가 부력재 방식을 사용하겠다는 상하이샐비지를 인양 업체로 선정한 이유가 이해되지 않는다. 해양수산부에게는 수중에 있는 세월호 선체에 구멍을 뚫을 이유가 있었던 것인가? 왜? 무엇 때문에?

결국 시간이 흘러 해양수산부가 약속했던 2016년 7월이 지났어도 세월호 선체는 여전히 바닷속에 있었다. 그리고 2016년 8월, 9월,

10월이 되어도 세월호 인양은 불가능했다. 해양수산부는 2016년 11월이 되자 '수중 세월호 연내 인양 불가'를 공개적으로 선언한다. 그러면서 그전까지 상하이샐비지의 인양 방식, 즉 부력재 방식을 공식적으로 포기한다. 부력재와 수중 크레인 대신 잭킹바지선 두 대를 사용하여 세월호를 인양하는 방식을 취하겠다고 밝힌다. 고맙게도 상하이샐비지가 잭킹바지선 방식으로 인양 작업을 계속하는 대신에 추가 비용은 받지 않겠다고 했단다. 이런!

이제 원점으로 돌아와서 다시 질문을 던져 본다. 잭킹바지선 방식으로 인양 작업을 시작했다면 세월호 선체에 구멍을 하나도 뚫을 필요가 없는데 굳이 부력재 방식을 고집해서 세월호 선체에 그 많은 구멍을 뚫어야 하는 이유가 무엇이었나? 이때 뚫은 구멍이 140개 이상이고 그중에서 직경이 1미터가 넘는 것도 열 개가 넘는다. 이에 대해 해양수산부는 아무런 답변도 하지 않았다.

해가 바뀌어 2017년 3월 10일. 헌법재판소에서 대통령 박근혜를 파면했다. 그 후 정부는 갑자기 인양 작업을 서둘러, 3월 말에 잭킹바지선 방식을 이용하여 순식간에 세월호를 수면 위로 끌어올렸다, 세월호 참사 3주기를 앞둔 시점이었다.

*　　*　　*

시간이 흘러 2017년 연말까지 해양수산부는 상하이샐비지에 세월호 인양 비용으로 총 1,300억원 이상을 지급하였다. 이런!

17 특조위 조사관들의 오하마나호 현지 조사

국민들은 바다로 가라앉는 세월호의 모습을 기억한다. 텔레비전 뉴스 생중계를 통해서 본 세월호는 옆으로 기울어져 침몰하고 있었고 마지막에는 거꾸로 뒤집힌 채 뱃머리 부분만 남겨 둔 상태였다. 모든 뉴스 카메라는 망망대해에 떠 있는 세월호의 뒤집힌 뱃머리 부분만 계속 보여 주었다. 그리하여 세월호는 그런 모습으로 국민의 뇌리에 각인되었다. 그러나 그곳은 망망대해가 아니다. 뉴스 카메라에는 잡히지 않았지만, 침몰하는 세월호 주변 아주 가까이에는 섬이 매우 많이 있다.

특조위 조사관들도 초기에는 일반 국민들과 마찬가지로 세월호의 구조에 관해 잘 알지 못했다. 세월호 참사 진상규명을 위한 활동을 시작하기 전에 조사관들이 세월호의 구조를 이해할 필요가 있었다. 화물칸과 객실의 위치, 화물의 적재 상태, 조타실의 구조와 내부 장치들의 위치 및 작동 방법, 기관실의 위치와 구조, 조타실에서 기관실까지의 이동 경로, 구명정과 구명뗏목의 위치와 작동 방법, 객실 내부에서 탈출 경로를 확인할 수 있는 방법 등에 관한 정보를 구체적으로 체득하는 것은 앞으로 사건 조사에 많은 도움이 될 것이다. 아마도 조사관들이 세월호 실물을 본다면, 나아가 세월호를 타고 바다에 나가 본다면 훨씬 잘 이해할 수 있을 것이다. 그러나 세월호는 진도 앞바다 사고 해역에 가라앉아 있다. 세월호의 구조를 직접 확인하기는 어려웠다. 마침 인천항에 세월호와 '쌍둥이 배'라고 하는 오하마나호가 정박해 있었다. 오하마나호를 살펴본다면 간접적이나마 세월호를 경험해 볼 수 있다.

특조위 출범 전인 2015년 3월 26일, 진상규명소위원회 위원장 주최로 인천항에 정박해 있는 오하마나호를 시찰했던 적이 있다. 오하마나호는 세월호와 같이 청해진해운 소속인데, 2015년 1월 14일 경락되어 고철로 분해되거나 해외에 매각될 거라는 소식이 있어서 긴급하게 오하마나호 시찰을 준비했었다. 당시에는 조사관이 없었기 때문에 위원들 중심의 현장 시찰을 진행했다. 위원장을 비롯하여 위원 8명이 오하마나호에 승선해서 인천지방해양수산청 선박직 공무원으로부터 선박의 구조 및 장비 등에 대해 설명을 들었다. 위원들은 오하마나호 시찰로 세월호의 구조와 조사 필요 사항 등에 관하여 이해할 수 있었다. 이때 언론사 기자가 많이 참여했는데, 기자들은 오하마나호에 승선해서 아무런 제한도 받지 않고 오하마나호 구석구석을 자유롭게 취재할 수 있었다.

다행스럽게도 아직까지 오하마나호가 해외에 매각되지 않고 인천항에 정박해 있었다. 2015년 8월 20일, 특조위 조사관들은 오하마나호에 대한 현장 조사를 실시했다. 이는 이전에 위원들이 오하마나호를 시찰했던 것과 달리 진상규명을 위한 정식 조사의 일환이었다. 진상규명소위원회 위원장의 인솔로 특조위 조사관 29명이 현장 조사를 실시했고, 세월호 유가족과 생존 화물 기사가 동행했다. 조사관들은 조타실 등에서 운항 설비와 통신장비의 운영 실태 등을 확인했고, 기관부 설비 등 주요 시설을 조사하고 일일이 영상으로 기록

했다. 그리고 오하마나호 1~2층 화물칸의 화물과 차량 고박固縛 장치를 점검하고 3~5층 객실의 내부구조를 조사하면서 탈출 가능 경로 등을 꼼꼼히 살펴보는 것도 잊지 않았다. 조사관들은 오하마나호를 통해 간접적으로 세월호의 구조를 이해함으로써, 침몰 원인과 승객의 탈출 경로 등에 관한 시야를 넓힐 수 있었다.

이날 조사에는 한국해양대학교 공길영 교수가 전문가 자격으로 참여하여 많은 정보와 풍부한 시각을 제공해 주었다. "이 자리에서 참사 당시의 상황이 어떠했을지 그려 보고 궁금증을 하나씩 풀어 보면서 참사 원인을 규명하고 구조 실패 원인 등에 대해 살펴보길 바랍니다." 공길영 교수의 당부였다.

18 세월호 침몰 해역 실지조사

아무래도 세월호 참사가 진도 앞바다 해상에서 발생했기 때문에 조사관들에게 출장은 당연한 것이었다. 가까이는 세월호 유가족이 있는 안산부터 멀리는 팽목항과 동거차도, 생존 화물 기사들이 많이 있는 제주도까지 출장을 가야 한다. 세월호 인양 작업이 진행되고 있는 사고 해역에 대한 실지조사는 여러 차례 진행될 것이다. 또한 해양·선박 전문가들을 만나기 위해서 해양대학교와 항구가 있는 목포, 부산, 거제 등도 다녀와야 한다. 때로는 해군을 비롯한 군부대도 방문해야 한다.

특조위 조사관들이 1박 2일 일정으로 세월호 침몰 해역에 대한 실지조사를 실시했다. 2015년 9월 1일 진상규명소위원회 위원장이 정례브리핑을 마치고 진상규명소위원회 장완익 비상임위원, 조사관 24명과 함께 특조위 사무실을 출발했다. 목포해양대학교 임남균 교수가 전문가 자격으로 조사관들의 현장 조사에 동행했다. 사무실에서 진도 팽목항까지는 버스로 5시간 반 정도 걸렸다. 팽목항에 도착하여 분향소에서 분향하고 미수습자 가족을 만나 위로했다. 그리고 저녁을 먹고 숙소인 남도국악원으로 향했다. 남도국악원은 조사관들이 진도에 출장 갈 때마다 숙소로 이용한 곳이다.

남도국악원에 도착하자마자 임남균 교수 주최로 세월호 침몰 사고 현장 방문 세미나를 개최했다. 세월호에 관한 기초 자료를 검토하고, 세월호 건조 당시의 시운전 결과도 확인했다. 임남균 교수가 직접 수행했던 세월호 모형선 실험 결과에 대해서도 토론했고, 세월호 참사 당시의 과도한 횡경사, 복원성 상실, 급선회 등과 관련된 문제점에 대해 검토했다. 세월호의 AIS(Automatic Identification System, 선박자동식별시스템) 항적 분석을 통해 참사 당시 선박 선회 속도와 화물 쏠림 현상 발생 시점 등을 추정해 보았다. 전문가와의 간단한 세미나를 통해 침몰 해역 실지조사에서 확인할 사항을 점검할 수 있었다.

세월호 참사가 발생한 것으로 추정되는 시각은 2014년 4월 16일 오전 8시 48경이다. 조사관들은 참사 당시와 같은 시간대에 침몰 해역에 도착하기 위하여 서둘렀다. 아침 7시쯤 팽목항에 도착하니 이미 해양경비안전본부(구 해경) P정(50톤짜리 경비정) 두 대가 대기하고 있었다. 이때까지는 해경이 경비정을 제공하는 등 특조위에 협조하였다. 조사관들은 해경 경비정 두 대에 나누어 타고 8시가 되기 전에 팽목항을 출항했다. 해경 P정으로는 팽목항에서 침몰 해역까지 40분 내지 50분 정도 걸린다. 침몰 해역에는 최근 인양 업체로 선정된 상하이샐비지의 바지선 달리하오가 있었다.

조사관들은 오전 9시경부터, 세월호가 침몰하기 시작한 전남 진도군 조도면 병풍도 북쪽 3킬로미터 해상에서 실지조사를 시작했다. 함께 승선한 임남균 교수의 조언을 받아 해경 경비정을 이용하여 선박 운항 실험을 수행했다. 실험은 급선회, 후진, 두 개의 엔진 중 한 개 엔진 정지, 시동을 완전히 끈 상태에서의 해류에 따르는 표류 등 바다에서 발생 가능한 상황을 가정해서 여러 차례 진행했다.

진도 VTS(Vessel Traffic Service, 해상교통관제센터)를 통해 해경 경비정의 운항 실험값을 확보했다.

이번 실지조사는 침몰 해역에서 침몰 당시와 비슷한 시간대와 해상 조건에서 선박의 운항 상태를 간접적으로 실험해서 선박의 운항 과정에서 발생할 수 있는 다양한 상황에 관한 데이터를 확보했다는 의미가 있었다. 조사관들은 선박이 처한 여러 상황을 직접 몸으로 느낌으로써 세월호 참사 당시 배 안에서의 승객들 움직임에 대해 새롭게 생각해 볼 수 있었다.

한편, 조사관들이 침몰 해역까지 내려가서 실지조사를 하는 기회에 세월호 인양 작업을 하고 있는 상하이샐비지의 바지선에 올라가 보지 못한 것은 아쉬움으로 남았다. 해양수산부는 조사관들의 바지선 승선을 거부했다. 이에 대해 진상규명소위원회 위원장은 "선체 인양은 참사 진상규명의 시작이자 핵심인 만큼 모든 과정이 투명하게 이뤄져야" 하는데 "세월호특조위에게도 공개되지 않는다면 국민의 불신만 초래할 뿐"이라며 유감을 표명하면서도 해양수산부가 특조위 활동에 적극 협조해 줄 것을 당부했다.

19 특조위 위원장의 달리하오 승선

해양수산부가 세월호 인양 업체를 선정한 이후 미수습자 가족과 유가족은 상하이샐비지의 바지선 달리하오에 승선하여 인양 현장을 직접 살펴보기를 원했다. 너무도 당연한 요구였다. 그러나 해양수산부는 희생자 가족들의 요구를 거부했다. 이미 해양수산부는 특조위 조사관들의 실지조사도 거부한 바 있다. 특조위는 바지선 승선을 공식적으로 요청했지만 해양수산부는 "원활하고 안전한 인양 작업 진행"을 이유로 반대했다. 특조위의 적법한 공무 집행을 방해한 것이었다. 나아가 세월호 인양에 대한 국민의 기대를 저버리는 것이었다.

2015년 8월 19일, 해양수산부 장관은 언론사 취재진을 대동하고 세월호 인양 현장 바지선에 승선했다. 인양 업체인 상하이샐비지가 세월호 선체 인양을 위한 수중 조사에 착수하는 날 해양수산부 장관과 기자들 앞에서 브리핑을 한 것이다. 해양수산부 장관과 기자들은 승선할 수 있는 바지선에 특조위 조사관과 희생자 가족들을 접근할 수 없게 한 건 아주 잘못된 일이다. 해양수산부의 이중적 태도는 비판받아 마땅했다.

세월호 유가족들은 참사 발생 후 500일이 지나고 이튿날인 8월

29일부터 상하이샐비지의 세월호 인양 작업을 가까이에서 지켜보기로 결정했다. 유가족들은 정부가 선체 인양 준비 과정을 투명하게 공개하고 있지 않다고 판단하고 인양 작업 전 과정을 감시하고 기록하기로 했다. 최적지는 침몰 해역 바로 옆에 있는 동거차도였다. 동거차도 산중턱에 텐트를 설치하고 감시 카메라를 달리하오에 고정시켰다. 텐트가 있는 곳에서 침몰 해역은 한눈에 들어왔다. 그곳까지의 거리는 불과 1.5킬로미터쯤이어서, 낮에는 육안으로도 달리하오의 움직임을 볼 수 있을 정도였다.

특조위 위원장이 움직였다. 조사관들의 바지선 실지조사가 거부된 상황에서 위원장이 직접 바지선에 승선하여 인양 현장을 확인하기로 했다. 희생자 가족들도 추석 명절 전에는 반드시 인양 현장을 둘러보겠다는 의지가 강했다. 해양수산부도 특조위 위원장과 희생자 가족들의 요구를 계속 거부할 명분이 없었다.

2015년 9월 10일, 이석태 위원장, 진상규명소위원회 위원장, 조사관 5명이 팽목항에 도착했다. 팽목항에서 특조위 명의로 낚싯배를 빌려 미수습자 가족, 유가족, 기자 들이 동승하여 인양 현장으로 출항했다. 그때부터 해양경비안전본부(구 해경)는 특조위의 인양 현장 실지조사에 경비정 제공을 거부했다. 정부기관의 눈에 보이지 않는 비협조의 한 사례다.

바지선에 올라 인양 계획에 대해 해양수산부와 상하이샐비지의 브리핑을 받았다. 이석태 위원장은 "미수습자에 대한 수습이 무엇보다 중요하다"라고 강조하고 "이를 위해 온전한 선체 인양이 될 수 있도록 상하이샐비지와 해수부가 전력을 다해 줄 것"을 당부했다. 그러고 나서 상하이샐비지 측에서 제공하는 점심을 먹고, 바지선 달리하오를 둘러보았다. 가로 세로 길이가 100미터, 38미터 정도 될 정도로 넓고, 2,500톤 규모의 크레인을 장착하고 있으며, 100여 명이 넘는 중국인 잠수부와 행정 인력이 숙식하고 있었다.

바지선에는 잠수부가 해저에서 작업하는 것을 살펴볼 수 있는 모니터링 시스템이 갖춰져 있었다. 특조위 위원장과 희생자 가족들이 바지선에 있는 동안에도 잠수부들은 해저에서 작업을 하고 있었고, 감독관은 모니터를 보면서 해저에 있는 잠수부들에게 지시를 내렸다. 특조위 조사관들은 감독관이 모니터를 보면서 작업을 지시하는 것을 잠시 동안 지켜보았다. 바지선 승선 결과, 특조위 조사관들이 인양 작업을 상시 모니터로 확인하는 것이 가능하며 그런 확인 과정이 상하이샐비지의 인양 작업에 지장을 주지 않는다는 것을 확인했다. 그러나 해양수산부는 그 이후 특조위 조사관들이 모니터를 보는 것 자체를 거부했다. 아니 특조위 조사관들에게 바지선 접근 자체를 허용하지 않았다. 그 후에 조사관들이 바지선에 승선한 것은 선수 들기를 시도할 때 2~3시간 동안뿐이었다.

바지선 순시를 마친 위원장은 유가족들이 감시 활동을 하고 있는 동거차도를 방문했다. 조용하고 아름다운 작은 섬이었다. 포구에 내린 다음, 마을을 지나 유가족들의 텐트가 있는 산중턱까지 걸어갔다. 산이 높거나 험하지는 않아서 한 30~40분 정도 걸으면 도착할 수 있는 거리였다. 텐트에 도착해서 침몰 해역을 바라보니, 조금 전에 승선했던 바지선이 바로 눈앞에 있었다. 정말 한달음이면 닿을 것 같았다. 그곳에서 바지선을 지켜보는 유가족들의 마음이 어떠할지 느낄 수 있었다. 텐트 안에서 위원장과 유가족들의 간담회를 가졌다. 위원장은 동거차도에서 고생하는 유가족들을 위로하고 세월호 참사 진상규명에 관한 의지를 피력했다.

20 세월호 참사 관련 자료수집도 어렵다

2016년 9월 28일, 정부의 강제해산을 앞둔 시점에서 특조위 전원위원회 마지막 회의가 열렸다. 제41차 전원위원회에서는 특조위가 강제해산 당한 이후 그동안 특조위가 수집한 세월호 참사와 관련된 자료의 유실 및 훼손을 염려하여 "4·16세월호참사 관련자료의 보관·전시를 위한 4·16세월호참사 관련자료 이관(안)"을 의결했다.

「세월호 특별법」은 아주 특수하게, 특조위 "자료기록단"에서 수집한 세월호 참사와 관련된 자료를 국가기록원이 아닌 "추모 관련 시설"에 이관하도록 규정하고 있다(제48조). 해당 시설이 존재한다면 특조위가 세월호 참사와 관련된 자료를 직접 그 시설로 이관하면 되는데, 안타깝게도 그때까지 「4·16세월호참사 피해구제 및 지원 등을 위한 특별법」상의 "추모시설"이 존재하지 않았다. 이런 사정 때문에 특조위는 불가피하게 향후 설립될 위 특별법상 추모시설로 이관하기 위한 과정을 준비할 수밖에 없었다. 특조위는 그 방안으로 서울시와 협약을 맺어 서울시에 세월호 참사와 관련된 자료를 임시로 이관하고, 안산시에는 이중 보존을 위해 세월호 참사와 관련된 자료 일체의 사본을 제공했다. 당시로는, 서울도서관 소재 서울

기록문화관에서 '4·16세월호참사 기억공간'이라는 추모 관련 상설 전시 시설을 2014년 11월 14일에 개장하여 직접 운영하고 있고 서울기록원에서 세월호 참사 관련 기록물 18만 점을 보관하는 시설을 운영하고 있으므로, 서울시가 참사 관련 자료를 보관·전시할 수 있는 최적의 행정기관이라고 판단했다. 그리고 국회 농림축산식품해양수산위원회에 참사 관련 자료를 이관한 바 있다. 이는「국회법」에 근거해서 농림축산식품해양수산위원회가 상임위원회 차원에서 기록 제출을 요청하여 특조위가 그에 응한 것이다.

특조위가 서울시 등에 이관한 자료는 재판 기록, 2014년 국회 국정조사 기록, 감사원 감사 증거서류, 해양안전심판원 증거자료, 사고 당시 상황을 기록한 영상과 사진과 녹취록, 2014년 4월~6월 방송보도 영상, 4·16가족협의회 제공 자료, 대한변협 제공 자료, 해경본부 제공 자료, 서해지방해양경찰청 제공 자료, 2014년 세월호 선체 수중촬영 영상, 2015년 상하이샐비지 컨소시엄의 세월호 선체 수중촬영 영상, 증거보전 신청사건 자료, 세월호 관련 주파수공용통신TRS 음성파일 등이다. 이에 관해 개별 색인을 작성했다. 그중 재판 기록은 색인 번호 19,482번까지, 2014년 국회 국정조사 기록은 색인 번호 19,921번까지, 감사원 감사 증거서류는 색인 번호 4,773번까지 작성되는 등 색인 정보만 1,834쪽에 이를 정도로 방대하다.

특조위는 설립준비단 시절부터 세월호 참사와 관련된 자료를 수집하려고 애썼다. 2014년 국회 국정조사 자료, 대한변호사협회 보관 자료, 유가족 수집 자료는 적극적인 협조로 쉽게 수집할 수 있었다. 그중에는 수사 기록과 재판 기록이 많이 있었으나, 중복되기도 했고 온전한 자료로 존재하지 않는 것도 있었다. 그래서 특조위는 수사 기록, 재판 기록, 감사원 감사 기록 등은 정부 부처로부터 공식적으로 입수한다는 원칙을 세웠다. 그렇지만 특조위 활동은 자료수집조차도 순탄하지 않았다. 관련 자료를 보관하고 있는 검찰, 법원, 감사원 등이 자료 제출에 흔쾌히 협조하지 않았다. 검찰은 일찍부터 자료목록을 보내면서 상대적으로 협조했다면, 법원은 특조위를 마치 재판 때문에 소송기록을 복사하는 사건 담당 변호사처럼 취급하면서 잘 협조하지 않았다. 실제로 특조위에서 법원 재판부와 미리 약속하고 3일간 예정으로 어느 지방법원에 출장 가서 첫째 날은 아무 문제없이 기록을 복사했는데 둘째 날에는 갑자기 대법원의 지시라고 하면서 기록 복사를 거부해서 빈손으로 사무실로 복귀한 일도 있다. 또한 대법원이 기록 훼손 방지를 이유로 철끈을 풀지 못하게 해서 자동 복사기를 이용하지 못하고 수동 스캐너로 한 장 한 장 스캔할 수밖에 없었다.

감사원은 자료 제출을 요청받은 지 6개월이 넘어서야 마지못해 특조위에 자료를 제공했다. 처음에는 자료를 제출할 수 없다고 완강하게 저항했다. 특조위의 요구가 계속되고 언론이 비판적으로 보도하자 2015년 10월경에 자료를 제공하기는 했으나, 청와대 감사 관련 자료 등은 끝내 제출하지 않았다. 특조위로서는, 지금까지 감사원 외부로 자료가 반출된 적이 전혀 없고 특조위가 유일한 예외라는 감사원의 설명에 위안을 받을 수밖에 없었다.

검찰과 법원이 협조하는 경우에도 쉽지는 않았다. 자료의 양이 너무 많아서 복사하는 데만도 시간이 너무 많이 걸렸다. 수사 기록과 재판 기록은 주로 인천, 광주, 목포, 부산, 제주 등 지방에 있는 검찰청과 법원에 보관되어 있었다. 자동 복사기를 이용하는 경우에도 대략 하루에 최대 5,000장 정도를 복사할 수 있어서 10만 페이지가 넘는 기록을 복사하는 데 20일 이상 걸렸다. 기록을 복사하는 동안 조사관은 그 옆을 꼬박 지키고 있어야 했다. 특조위는 출범 이전부터 강제해산 당할 때까지 자료수집을 계속했다. 특조위가 수집한 자료는 특조위 조사활동과 청문회의 기초 자료가 되었다. 특조위가 수집한 자료가 방대함에도 불구하고 해양수산부의 비협조로 세월호 인양 관련 자료가 절대적으로 부족하다는 점에 아쉬움이 많이 남는다.

21 피해자 조사신청 접수

특조위 조사관들이 출근하고 한 달 정도 교육 및 조사활동 준비를 마쳤을 때, 피해자들의 조사신청을 받기로 했다. 조사신청 접수 일주일 전인 2015년 9월 7일, 이석태 위원장이 세월호 참사 진상조사신청 개시를 알리는 내용의 담화문을 발표했다.

이제 세월호 특조위는 그 본연의 임무인 진상규명 활동을 본격적으로 수행하기 위해, 9월 14일 월요일부터 진상조사 신청 접수를 시작합니다. 참사 500여 일이 지나서야 조사를 시작하게 된 점에 대하여 유가족들과 국민들께 참으로 죄송하고 대단히 송구스럽다는 말씀을 드립니다.

…… 진실을 향한 과정에 성역은 없을 것이며, 조사 작업은 지체 없이 진행할 것입니다. 저를 비롯한 여러 위원, 실무 조사관 등 특조위의 모든 구성원들은 온 힘과 열정을 다해 진상규명에 매진하겠습니다. 유가족들에게 여한이 남지 않도록 최선을 다해 진실을 밝히고, 국민과 역사 앞에 당당할 수 있는 활동을 전개해 나가겠습니다.

세월호 참사는 단순한 사건이 아니었습니다. 안전보다 이윤,

생명보다 돈을 향해 맹목적으로 달려가던 우리 사회의 구조적 모순이 낳은 비극이었습니다. 또한 여타의 사건·사고들과는 달리 우리 사회의 허술한 민낯을 한 순간에 드러낸, 갖가지 부조리와 비리의 산물이었습니다.

······ 참사를 발생케 했던 책임을 분명하게 밝히고, 살 수 있었던 이들을 제대로 구하지 못했던, 그럼에도 불구하고 마치 대부분의 승객들이 구조된 것처럼 오도된 참사 초기의 사정과 이유를 규명해야 합니다.

특조위 진상규명 사건은 피해자들의 신청사건과 특조위 자체의 직권사건으로 구성된다. 신청사건의 경우, 접수일로부터 60일 이내에 특별법이 정한 각하 사유가 없으면 전원위원회에서 조사개시 결정을 해야 한다. 조사개시 결정 후, 사건을 배당받은 조사관들이 실제로 조사활동을 시작한다.

2015년 9월 14일 신청사건은 총 26건이 접수되었다.

첫째, "참사 원인 규명"과 관련된 11건은 "세월호 인천 출항 결정권자", "세월호 항로변경 이유", "세월호 급변침과 군사작전 연관 여부", "세월호 AIS 시스템 정상작동 여부", "급변침으로 인한 침몰 진실", "선내 설치·운영된 CCTV의 조작 가능성" 등에 관한 것이다.

둘째, "법령, 제도, 정책 및 대책 수립"과 관련된 3건은 "선령 연장, 선원법 개정 등 규제완화의 주체와 과정"에 관한 것이다.

마지막으로 "구조구난작업과 정부대응의 적정성"으로 신청된 12건은 "참사 당시 해경 상황실의 지시 사항", "P123정의 출동시간과 구조방법의 적절성", "출동한 해군과 119구조대의 초동대응의 적절성", "해군 잠수사와 구조선박, 민간 잠수사에 대한 구조 배제 이유", "참사 이후 국정원의 피해자 감시 여부" 등에 관한 것이다.

이후 2016년 3월 11일까지 180일 동안 조사신청을 접수했다. 총 238건의 진상규명조사 사건이 접수되어 그중 19건의 신청이 취하되고 상임위원회 심사 과정에서 10건이 분리되어 총 229건에 대한 조사가 진행되었다. 조사관들의 조사활동 중간에 정부가 조사활동을 강제로 종료시킴에 따라 신청사건 중에서 전원위원회에서 의결된 사건은 총 2건에 불과하게 되었다. 신청사건과 별도로 피해자 지원 관련 직권사건 2건에 대해서도 조사를 끝마치고 전원위원회에서 의결한 바 있다.

「세월호 특별법」은 피해자들에 의한 신청사건 이외에도 직권사건을 규정하고 있다. 그럼에도 특조위가 자체적으로 직권사건을 준비하지 않은 것에 대한 비판이 있었다. 그 비판은 정당하고, 그에 대해서는 진상규명소위원회 위원장이 책임져야 한다. 진상규명소위원회 위원장의 소극적 태도가 진상규명조사활동의 방향을 직권사건보다는 신청사건 중심으로 잡았다. 이 때문에 진상규명이 필요한 내용에 대해 피해자들이 일일이 신청사건으로 접수하는 불편함을 겪게 되었다. 송구스럽다.

진상규명소위원회 위원장은 신청사건 접수 개시 즈음에 피해자들의 신청사건에 관한 조사개시 결정에 대해서는 전원위원회 회의에서 이견이 많지 않을 것으로 생각했다. 또는 이견이 제기되어도 쉽게 결론이 날 것이라고 생각했다. 특별법상 각하 사유만 아니라면 조사개시 결정을 하도록 되어 있었으니까. 반면에 직권사건의 경우에는 조사개시 결정을 위한 전원위원회 의결이 쉽지 않을 것으로 생각했다. 조사개시 결정 과정에서부터 일부 위원이 조사 목적, 조사

범위, 조사대상자의 특정 여부 등에 대한 전면적인 반대의견을 강하게 제기할 것으로 본 것이다. "청와대 등의 참사대응 관련 업무적정성 등에 관한 건"이라는 신청사건의 조사개시 결정을 위한 2015년 11월 23일 제19차 전원위원회 의결 과정에서도 여당 추천 위원들이 회의 중간에 자신들의 사퇴를 주장하면서 퇴장한 사례가 있었다.

다른 측면에서는, 진상규명소위원회 위원장은 피해자들이 원하는 진상규명의 구체적인 내용을 개별 신청사건으로 정리하여 국민에게 공개하는 것도 의미가 있다고 생각했다. 2015년 7월 말, 특조위 정식 출범을 앞두고 4·16연대와 가족협의회에서 "82대 과제"를 발표했다. 82대 과제는 4개 분야로 나뉘어, 인양 관련 3개, 진상규명 관련 33개, 안전사회 대책 관련 24개, 추모와 지원 관련 22개로 구성되어 있으며, 세월호 참사와 관련하여 조사해야 할 사항을 대부분 포괄하고 있었다. 따라서 피해자들의 신청사건과 82대 과제의 범위 내에서 진상규명조사활동을 진행하면서 부족한 부분은 직권사건으로 채워 나가면 될 것이라고 생각했다.

2016년 5, 6월 동안 정부의 세월호특조위 조사활동 강제 종료를 앞둔 상황에서 신청사건을 분류하고 정리해 보니 실제로 직권사건으로 보충해야 할 부분은 그리 많지 않았다. 게다가 조사활동 강제 종료를 앞두고 뒤늦게 직권사건에 관한 조사개시 결정만 하고는 조사 결과를 내지 못하는 건 문제가 있다고 판단했다. 그래서 사실상 진상규명 관련 특조위 직권사건은 거의 없이 특조위는 강제해산 당했다. 2016년 6월 13일 제32차 전원위원회에서 조사개시가 결정된 "정보통신망 게시물 등에 의한 세월호참사 피해자의 명예훼손 조사의 건"이 진상규명 관련 유일한 직권사건이다.

4·16세월호참사 진상규명조사

진상규명조사는 '진상규명'뿐만 아니라, '안전사회 건설'과 '피해자 지원' 등
4·16세월호참사 특별조사위원회(세월호 특조위)의 3대 과제 모두를 포괄합니다.

조사 범위

→ 4·16세월호참사의 원인 규명에 관한 사항

→ 4·16세월호참사의 원인을 제공한 법령, 제도, 정책, 관행
  등에 대한 개혁 및 대책 수립에 관한 사항

→ 4·16세월호참사와 관련한 구조구난 작업과 정부대응의
  적정성에 대한 조사에 관한 사항

→ 4·16세월호참사와 관련한 언론 보도의 공정성·적정성과
  정보통신망 게시물 등에 의한 피해자의 명예훼손 실태에
  대한 조사에 관한 사항

→ 재해·재난의 예방과 대응방안 마련 등 안전한 사회건설을
  위한 종합 대책 수립에 관한 사항

→ 피해자 지원대책의 점검에 관한 사항

조사 권한

청문회 실시

증인·감정인·참고인으로부터 직접 증언 등을 청취하고
증거를 채택하기 위해 여러 차례 개최 예정

특별검사 임명을 위한 국회 의결 요청

세월호 특조위는 국회에 특별검사 임명을 요청할 수 있으며,
이는 2회에 한함

진술서 제출 요구	출석요구
특별법 제26조	특별법 제26조

자료 또는 물건 제출 요구	사실조회
특별법 제26조, 53조	특별법 제26조, 53조

감정인의 지정 및 감정의뢰	실지조사
특별법 제26조	특별법 제26조, 53조

동행명령	고발 및 수사요청
특별법 제27조, 53조	특별법 제28조, 29조, 52조

감사원에 대한 감사요구	검증
특별법 제30조	특별법 제36조, 51조

조사 절차

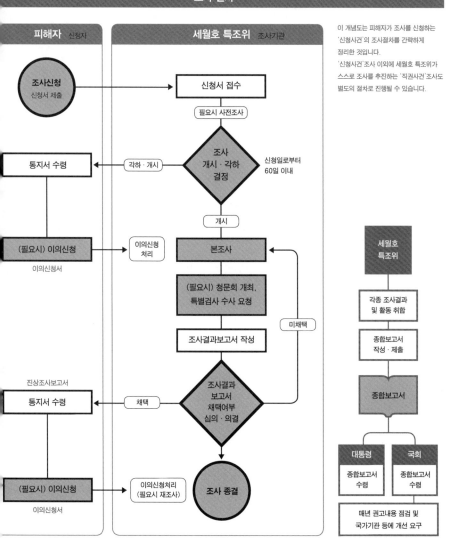

이 개념도는 피해자가 조사를 신청하는 '신청사건'의 조사절차를 간략하게 정리한 것입니다.
'신청사건'조사 이외에 세월호 특조위가 스스로 조사를 추진하는 '직권사건'조사도 별도의 절차로 진행될 수 있습니다.

| 피해자 신청자 | 세월호 특조위 조사기관 |

조사신청
신청서 제출

신청서 접수

필요시 사전조사

통지서 수령

각하·개시

조사 개시·각하 결정

신청일로부터 60일 이내

개시

(필요시) 이의신청
이의신청서

이의신청 처리

본조사

(필요시) 청문회 개최, 특별검사 수사 요청

조사결과보고서 작성

미채택

진상조사보고서

통지서 수령

채택

조사결과 보고서 채택여부 심의·의결

(필요시) 이의신청
이의신청서

이의신청처리 (필요시 재조사)

조사 종결

세월호 특조위

각종 조사결과 및 활동 취합

종합보고서 작성·제출

종합보고서

| 대통령 | 국회 |
| 종합보고서 수령 | 종합보고서 수령 |

매년 권고내용 점검 및 국가기관 등에 개선 요구

22 무책임한 19대 국회

2014년 11월 「세월호 특별법」을 합의로 제정했던 19대 국회는 그 이후 특조위 활동기간 보장을 위한 「세월호 특별법」 개정을 끝내 해내지 못했다.

아직 특조위가 출범하지도 않은 상태에서, 특별법이 발효된 2015년 1월 1일부터 특조위 활동기간이 시작되었다고 정부 일각에서 주장하기 시작했다. 특별법 부칙은 "최초로 임명된 위원회 위원의 임기"에 관하여는 "이 법의 시행일", 즉 2015년 1월 1일부터 시작된다고 소급하여 규정하고 있다. 하지만 위원회 활동기간은 위원의 임기와 달리 위원회 "구성을 마친 날"로부터 시작된다고 규정하고 있다(제7조). 위원회 활동기간과 위원 임기의 불일치가 존재하는 것이다. 이를 근거로, 활동기간에 관한 정부 측의 무리한 주장이 제기되었다. 하지만 정작 위원장과 상임위원들은 2015년 3월 5일 임명장을 받았다. 그 이전에는 특조위 내부에 위원도 존재하지 않았다. 위원 예정자로서 특조위 출범을 준비하고 있었을 뿐이다. 그런데 어떻게 특조위 "활동"기간이 그때부터 시작되었다고 할 수 있는가?

활동기간에 관한 정부 측 주장은 너무나 부당해서 유지되기 어려웠다. 그렇지만 현실적으로는 예산배정이나 파견공무원 문제 등에서 정부·여당이 고집을 부릴 경우 특조위 활동 자체가 어려워질 가능성이 많았다. 따라서 활동기간 문제를 국회에서 입법적으로 해결할 필요성이 대두되었다. 국회가 활동기간을 명확하게 규정한 특별법 개정안을 의결한다면 정부는 이를 수용해야 한다.

2015년 6월부터 국회에는 특조위 활동기간과 관련된 특별법 개정안이 여러 개 발의되었다. 발의 주체는 야당인 새정치민주연합의 의원들이었다. 개정안들은 활동기간이 시작하는 시점과 끝나는 시점을 분명하게 하거나 세월호 선체 인양 후 일정 기간을 활동기간으로 보장하는 내용을 담았다. 박민수 의원안은 활동기간을 "위원회와 사무처 구성을 마친 날로부터 1년"으로 규정했고, 김우남 의원안은 "활동기간을 2016년 7월 31일까지로 명시하고 6개월 연장"이라는 조문을 담았으며, 이춘석 의원안은 "활동기간은 2017년 6월 30일까지"를 담았고, 유성엽 의원안은 "활동기간은 사무처 구성 및 예산배정이 모두 완료된 날부터 시작해서 1년 6개월 동안, 세월호 선체 인양이 완료된 후 6개월까지"로 규정했다.

2015년 9월 7일, 19대 국회 마지막 정기국회에서 여야는 특별법 개정안을 본회의에서 처리하기로 극적으로 합의했다. 당시 여야 합의안 중 특별법 개정안 관련 부분은 다음과 같다. "7. 세월호 진상규명을 위한 특별조사위원회의 활동기간을 보장하는 '세월호 특별법' 개정안을 11월 5일 본회의에서 합의하여 처리한다." 여야 합의 이후 활동기간 보장에 관한 여야 사이의 논의는 지지부진했다. 야당은 최소한 2016년 연말까지는 보장해야 한다고 주장한 반면, 여당은 청와대 반대를 이유로 2016년 9월 초순까지만 보장할 수 있다고 주장했는데 그나마 이런 주장도 여당의 공식적인 입장이 아니었다. 여당으로서는 특조위 활동기간을 보장해 줄 생각이 전혀 없었던 것이다. 그리하여 여야가 합의했던 '11월 5일 본회의 처리'는 무산되었다.

특별법 개정안이 국회에서 합의되어 처리되었다면 2016년도 특조위 예산배정도 제대로 되었을 것이다. 그러나 활동기간에 관한 입법적 해결이 실패함에 따라 정부·여당은 특조위 예산배정을 일방적으로 진행했다. 그 결과, 안타깝게도 2016년도 특조위 예산은 6월까지의 것만 배정되어 국회본회의를 통과했다. 이때 이미 정부·여당은 향후 특조위 강제해산을 밀어붙일 수 있는 물적 토대를 마련해 두었던 것이다.

야당은 제19대 국회 임기를 얼마 안 남긴 2016년에 들어서도 특별법 개정안 처리를 위해 노력했다. 그러나 그때마다 정부·여당의 완강한 반대에 부딪혔다. 2016년 5월 10일, 국회 농림축산식품해양수산위원회에서는 야당 의원들이 특별법 개정안을 상정했으나 여당 의원들의 불참으로 논의가 진행되지 않았다. 당시 새누리당 지도부가 특별법 개정안을 반대한다고 알려졌다. 그것으로 끝이었다. 19대 국회는 2016년 5월 29일로 끝났다.

「세월호 특별법」을 여야 합의로 제정했던 19대 국회는 특조위가 특별법 취지에 맞게 활동할 수 있도록 적극적으로 지원할 의무가 있었다. 특히 국회에서 의결한 「세월호 특별법」을 자의적으로 해석하고 그 법률을 무력화하는 정부를 입법적으로 통제하는 것은 국회에 주어진 당연한 책무였다. 그렇지만 청와대 눈치만 보던 여당 때문에 19대 국회는 「세월호 특별법」 개정안을 처리하지 못하고 역사 속으로 사라지고 말았다.

23 특조위의 수중 세월호 선체 직접 조사

2015년 10월 5일 제14차 전원위원회에서 피해자들의 신청사건 중 "침몰원인 관련 현재 세월호의 조타기 및 계기판 등 관련기구 오작동 가능성 여부"와 "세월호 침몰원인으로 제기되는 현재 선체 내·외부 손상여부"의 조사개시를 결정했다. 이 신청사건은 세월호 선체의 현재 상황을 조사해 달라는 것이다. 선교의 조타기, 계기판 등과 선미의 프로펠러, 러더rudder(키) 등 세월호 선체 내외부의 현재 상황을 조사하여 기록하고 보전해야 진상을 규명할 수 있기 때문이다.

특조위는 수중에 있는 세월호 선체를 직접 조사하기로 결정하고, 같은 날 해양수산부에 공문을 보냈다. 공문은 인양 업체가 받아들일 수 있는 내용을 담았다. "인양작업을 지연시키지 않으면서 특조위의 예산을 절감하는 방안"으로, 인양작업을 "계속하되 현재 설치된 3개의 잠수망 중에서 1개를 이용해 특조위 조사관이 세월호 선체를 직접 조사·기록할 수 있도록" 해양수산부가 협조해 달라고 요청한 것이다.

해양수산부는 답변을 회피했다. 이석태 위원장이 10월 13일 "지금이 선체조사의 마지막 기회"라면서 해양수산부의 적극적인 협조를 요청하는 기자회견을 열었다. 해양수산부는 독자적인 입장 없이 상하이샐비지의 공문을 전달하는 심부름꾼 역할만 했다. 상하이샐비지 측은 10월 19일 공문을 통해 "잔존유 제거, 유실방지막 설치, 인양장애물 제거 등을 위해 연말에도 철수하지 않고 계속 작업을 진행해야" 해서 "특조위가 요청하는 작업을 진행할 시간적 여유가 없다"라며 협조 요청을 거절했다. 그리고 "모든 작업을 완료 후" 특조위가 현장에서 독립적으로 수중 조사 작업을 진행하라며, 2015년 연내에는 선체조사에 협조할 수 없다는 뜻을 분명히 했다.

특조위는 수중 선체조사를 진행하기 위해서 해양수산부 및 상하이샐비지와의 협력을 위한 노력을 멈추지 않았다. 특조위에는 수중 선체조사를 위한 예산이 거의 없어서 상하이샐비지의 잠수 장비와 인력을 활용하면 매우 효과적으로 조사할 수 있기 때문이었다. 특조위가 한 달 이상 노력했음에도 상황은 변하지 않았다. 해양수산부와 상하이샐비지의 입장은 완고했다. 결국 특조위는 세월호 선체에 대한 실지조사를 단독으로 실시할 수밖에 없었다. 실지조사를 계속 미룰 경우 유실방지막 설치로 인해 세월호 선교 내부 진입의 기회 자체가 없어질 것이고, 겨울 동안에는 특조위 잠수사의 수중 조사활동 자체가 힘들어질 것이었다.

특조위의 수중 세월호 선체조사는 2015년 11월 18일부터 22일까지 5일 동안 진행되었다. 진상규명소위원회 위원장을 비롯한 특조위 직원 13명, 잠수사 6명, 기술 인력 3명, 자문 전문가 1명 등이 참여했다. 항상 그랬듯이 수중 선체조사 현장에는 미수습자 가족, 유가족, 기자 들이 함께했다.

상하이샐비지의 잠수 장비와 잠수 능력은 훌륭하다. 첨단 장비와 베테랑 인력이 동원되었다. 잠수부는 조명이 달리고 바지선 선상

2015년 11월 19일 필자가 촬영한 세월호특조위 잠수사 입수 장면. 뒤쪽에는 상하이샐비지의 바지선과 크레인이 보인다.

에서 공기를 공급받는 기다란 호스와 통신줄 등이 연결된 잠수 마스크를 쓴다. 이를 '표면 공급방식 잠수 장비'라고 한다. 잠수사를 보호하기 위해 등에는 여분의 비상용 공기탱크를 멘다. 그 상태로 해저에서 조류의 영향을 받지 않고 작업할 수 있는 다이빙 케이스를 타고 내려간다. 잠수 마스크의 호스 끝은 바지선 선상의 영상, 통신장비와 연결돼 잠수사들의 수중 작업 상태를 바지선 선상의 잠수 통제관이 수시로 확인할 수 있다. 잠수부의 승강기라고 할 수 있는 다이빙 케이스 옆에는 감압 챔버decompression chamber가 설치되어 있는데, 해저 수십 미터를 잠수할 경우 발생할 수 있는 잠수병 예방을 위한 필수 장비다. 이 정도 장비를 갖추고 있으면 잠수부의 일상적인 안전을 보장할 수 있다.

특조위에는 그런 장비와 인력이 있을 리 없었다. 특조위는 잠수사 6명과 계약했고 낚싯배를 준비하기로 했다. 바지선은 예산이 없어서 빌릴 엄두조차 내지 못했다. 장비는 잠수사들이 알아서 챙겨야 한다. 잠수사들은 2인 1조로 편성되었다. 등에 공기통을 메고 아무런 보조 장비 없이 줄을 잡고 수십 미터 해저로 내려갔다. 당연히 수중카메라는 손에 들었다. 그나마 특조위가 상하이샐비지에 부탁해서 수중 세월호 선체 포인트 네 군데에 줄을 설치해 두었다. 세월호 앞쪽의 선교 부근, 뒤쪽의 프로펠러와 러더 부근, 중간 부분 두 군데, 이렇게 네 군데의 강철 와이어가 잠수사들의 생명을 지킬 줄 이었다. 특조위가 빌린 낚싯배에 다이빙 케이스와 감압 챔버가 있을 리가 없다. 해저로 내려간 잠수사들과 연락할 방법도 없다. 잠수사가 등에 멘 공기통 1개로 해저에서 20~30분 정도 견딜 수 있다고 했다. 보조 공기통까지 메고 들어가면 50분에서 1시간 정도 버틸 수 있다. 잠수사는 하루에 한 번 잠수할 수 있다. 그래서 2인 1조 두 개 팀이 하루 중 해저에서 시야가 확보될 수 있는 좋은 물때에 30분 정도씩 잠수했다. 물때를 맞추느라 특조위 일행은 매일 새벽에 사고 해역으로 나가야 했다. 다행스럽게도 첫날 새벽 말고는 조류 상태가 좋은 편이었다. 이것이 특조위 수중 세월호 선체조사의 실상이다. 너무도 초라하고 형편없는 대한민국 국가기구의 모습이었다.

5일 동안 수중 선체조사 비용은 2,000만 원이 조금 넘었다. 주로 잠수사들 인건비, 낚싯배 임차료, 식대 등으로 사용되었다. 잠수사들이 인건비를 받지 않고 잠수한 날도 있었다.

특조위는 상하이샐비지가 수중 세월호 선체에 어떤 작용을 가하기 전에 세월호의 모습을 기록으로 남겨 두려고 했다. 해양수산부와 관계 기관에 수송선, 잠수 작업선, 응급의료진의 현장 대기 등을 요청했으나 묵묵부답이었다. 없는 예산과 해양수산부 등의 비협조 속에서 특조위가 직접 수중 세월호 선체조사를 실시했다는 역사적 사실만 남길 수 있었다. 더군다나 특조위 선체조사 진행 중에 국회에서 여당 추천 위원들이 특조위를 비난하면서 총사퇴 운운하는 기자회견을 여는 바람에 진상규명소위원회 위원장은 중간에 서울로 복귀해야 했다.

특조위는 힘겹게 수중 세월호 선체조사를 마친 후, 국회에서 2016년에는 바지선도 빌리고 잠수사의 안전도 생각하는 방식의 선체조사 예산이 편성되어야 한다고 주장했다. 그런데 이번에도 해양수산부가 제일 먼저 예산배정에 반대하고 나섰다. 여당이 해양수산부의 편을 들면서 2016년도 특조위 예산에 수중 세월호 선체조사 비용은 전혀 배정되지 않았다. 그 후 특조위에 접수된 세월호 선체조사 관련 신청사건에 관한 조사는 진행될 수 없었다.

24 대법원전원합의체 판결

세월호 참사 직후 선장을 비롯한 선원들에 대한 수사가 시작되었다. 15명 모두 구속되었고, 2014년 5월 15일 재판에 넘겨졌다. 1심 선고는 2014년 11월 11일, 항소심 선고는 2015년 4월 28일 나왔고, 마침내 2015년 11월 12일 대법원에서 형이 확정되었다. 최종적으로 선장 및 선원 15명에게 모두 실형이 선고되었다. 법원이 선고한 형량이 그들의 책임에 비해 가볍다는 비판이 있었다.

세월호 선장 및 선원에 대한 재판에서는 '부작위에 의한 살인죄'를 인정할 것인지가 중요한 쟁점이었다. 부작위에 의한 살인이란 사람을 죽이는 행동을 하지는 않았지만 아무것도 하지 않음으로써 사람을 죽인 것과 똑같이 평가받는 행위를 했다는 것을 의미한다. 세월호 참사 이전까지는 대형 재난 상황에서 대규모 인명 피해가 발생한 경우에도 부작위에 의한 살인죄로 기소한 적은 없었다. 그런데 이번에 검찰은 선장과 일부 선원을 부작위에 의한 살인죄로 기소했다. 검찰의 과감한 기소는 칭찬받아 마땅하다. 다만, 세월호 참사의 책임을 선장 및 선원에게만 몰아가기 위해 강력한 죄명으로 기소한 것이 아니었는지 의문을 떨쳐 버릴 수 없다.

세월호 참사 직후인 2014년 4월 21일 대통령이 수석비서관 회의에서 선장과 일부 승무원들의 행위를 두고 "살인과도 같은 행태"라고 말했다. 이 발언은 구조의 골든타임을 놓쳐 버린 정부의 책임을 선장과 선원에게 돌린 것이라는 비판을 받았다. 검찰의 살인죄 기소는 대통령의 언급을 염두에 둔 것이라는 추측이 가능하다. 게다가 검찰은 정부 책임에 대해서는 침몰 현장에 출동했던 해경 경비정의 정장 1명을 기소하는 것으로 그쳤다. 검찰이 앞장서서 세월호 참사에 관한 정부 책임론의 확산을 막았던 것이다.

1심에서 광주지방법원 재판부는 선장과 일부 선원에 대한 살인죄를 인정하지 않았다. 이유는 결과적으로 퇴선 방송이 이루어지지는 않았지만 선장이 선원들에게 승객 퇴선 지시를 했다는 것이다. 그 정도면 살인의 고의를 인정할 수 없다는 것이다.

항소심을 맡은 광주고등법원 재판부는 1심 재판부와 판단을 달리했다. 선장에게 살인죄가 인정된다고 선언했다. 선장의 구호 조치 포기, 승객 방치, 퇴선 행위 등(부작위)은 살인의 실행행위(작위)와 동일하게 평가할 수 있다고 판단했다. 아주 훌륭한 판결문을 그대로 옮겨 본다.

> 피고인 1은 침몰하는 세월호에 승객 등을 계속 대기하도록 내버려둔 채 별다른 조치 없이 해경 구조정으로 퇴선하여 버렸고 퇴선 이후에도 아무런 구조조치를 취하지 아니하였다.
> 이러한 피고인 1의 부작위는 살인의 실행행위와 동일하게 평가할 수 있고, 승객들이 입은 사망 또는 상해의 결과는 작위행위에 의해 결과가 발생한 것과 규범적으로 동일한 가치가 있다고 볼 수 있다.

다음으로, 선장 및 선원에 대한 재판에서는 세월호 침몰 원인에 대한 검찰과 법원의 판단 차이가 중요하다. 기소 당시 검찰은 무리한 증축, 과적, 부실한 고박固縛 등으로 선박의 복원성이 나빠진 상태에서의 선장의 선실 이탈 및 항해사와 조타수의 과도한 대각도大角度 변침으로 인한 "운항상 과실"이 세월호 침몰의 주요 원인이라고 주장했다. 1심 재판부는 검찰의 주장을 받아들여 선장 및 항해사와 조타수의 "업무상과실"을 인정했다.

항소심 재판부는 이 점에서도 1심 재판부와 판단을 달리하여, 항해사와 조타수의 업무상과실을 인정하지 않았다. 당시 대각도 조타를 할 상황이 아니었고, 조타기의 고장이나 엔진과 프로펠러의 오작동 가능성 등을 생각하면 항해사와 조타수의 업무상과실을 인정하기 어렵다고 보았다. 이러한 판단 때문에 항소심 재판부는 수중 세월호 인양의 필요성을 제기하고 있다. 판결문은 다음과 같이 쓰고 있다.

물론 이 법원에 변호인이 제출한 증거자료나 기존 증거들에
의하더라도 조타기에 솔레노이드 밸브 고착 현상 등의 고장이
발생하였거나 프로펠러가 오작동 하였다고 단정할 수 없다.
세월호를 해저에서 인양하여 관련 부품들을 정밀히 조사한다
면 사고 원인이나 기계 고장 여부 등이 밝혀질 수도 있다.

세월호 기기 고장 가능성 등에 관한 항소심 재판부의 문제 제기는 향후 세월호 침몰 원인 규명을 위해 세월호 인양이 필요하다는 사실을 새삼 일깨워 주었다. 이 점에 관한 항소심 판결은 대법원에서 그대로 확정되었다.

25 정부의 세월호특조위 활동 방해 문건

특별법 제5조에 따른 세월호특조위의 업무는 세월호 참사의 "원인 규명", "원인을 제공한 법령" 등의 개혁, "참사와 관련된 구조 구난 작업과 정부대응의 적정성에 대한 조사", "참사와 관련한 언론 보도"에 대한 조사, "재해 · 재난의 예방과 대응방안 마련 등 안전한 사회 건설을 위한 종합대책 수립" 등이다. 이런 업무를 수행할 특조 위의 활동에 대한 정부와 국민의 전폭적인 지원이 필요했다. 그런데 특조위 출범 이전부터 정부 · 여당에서는 특조위 활동 범위를 축소 하려는 시도가 이어졌다. 특조위 내부에서는, 여당 추천 특조위 위원 중에 특조위가 새롭게 조사할 내용은 없다고 말하는 경우도 있었다. 특조위 외부에서는, 청와대에 대한 조사를 안 한다고 선언하는게 좋겠다는 말도 들려왔다. 특조위는 그런 시도에 아랑곳하지 않고 세월호 참사 진상규명을 위한 성역 없는 조사를 원칙으로 천명했다.

세월호 유가족들도 특조위의 성역 없는 조사를 원했다. 2015년 9월 29일, "청와대 등의 참사대응 관련 업무적정성 등에 관한 건" (사건번호 2015-42-다-19)이 접수되었다. 이 사건은 진상규명국 조사2과에 배당되었다. 10월 중에 진상규명소위원회에서 특별법이 정하는 각하 사유가 없음을 확인했고, 1) 사고 관련 대통령 및 청와대의 지시 대응 사항, 2) 지시 사항에 따른 각 정부 부처의 지시 이행 사항, 3) 각 정부 부처에서 청와대로 보고한 사항, 4) 당시 구조구난 및 수습 지휘 체계에 따른 책임자들의 행동에 대한 위법 사항, 5) 재난 수습 '컨트롤타워'에 대한 전반적인 사항 등을 조사 사항으로 의결했다. 그리고 전원위원회 상정을 위해 상임위원회에 보고했다.

상임위원회 내부에서 전원위원회 상정을 어떻게든 막아보려는 시도가 있었다. 진상규명소위원회 소속 여당 추천 위원들이 안건이 뭔지도 모르고 의결했다는 등, 법원에서『산케이신문』서울 지국장 판결 선고가 나는 것을 보고 처리하자는 등 시비를 걸었다. 시빗거리를 가능한 차단하기 위해 진상규명소위원회에서 다시 한 번 지난번 의결 과정을 점검했는데, 진상규명소위원회 의결 과정에 하자는 없었다. 그리하여 최종적으로 11월 18일 개최된 상임위원회에서 11월 23일 제19차 전원위원회에 상정하기로 결정하였다.

특조위 조직 구성상, 각 소위원회에서 전원위원회 안건 상정을 의결한 경우에 상임위원회는 심의만 할 뿐이고, 각 소위원회 의결을 변경하거나 기각할 수 있는 것은 전원위원회뿐이다. 전원위원회와 각 소위원회는 특별법에 규정된 조직이고, 상임위원회는 위원회 규칙에 규정된 조직이다.「특조위 조사규칙」에 의하면, 신청사건의 경우 60일 이내에 조사개시 결정 여부를 전원위원회에서 의결하도록 규정되어 있다. 그래서 위 신청사건은 11월 23일 전원위원회에 의결 안건으로 상정되었다.

전원위원회 개최 며칠 전인 11월 19일, 갑작스럽게 여당 추천 위원들이 국회 정론관에서 기자회견을 열었다. 그리고는 "특조위가 진상조사에는 관심이 없고 대통령의 행적 조사 등 엉뚱한 짓거리에만 골몰하는 결의를 한다면" "전원 즉각 사퇴도 불사할 것"이라고 주장했다. 여당 추천 위원 5명 중에 3명이 진상규명소위원회 소속 비상임위원이다. 진상규명소위원회 회의에 직접 참여했고 여당 추천 부위원장이 상임위원회에서 문제를 제기해서 진상규명소위원회에서 다시 점검해서 문제가 없음을 확인했는데도 전원 총사퇴 운운하는 기자회견이라니. 참으로 이해하기 어려웠다.

　여당 추천 위원들의 기자회견 직전, 언론에 「세월호 특조위 관련 현안 대응방안」이라는 문건의 존재가 보도되었다. 해양수산부가 작성한 것으로 추정되는 이 문건에 담긴 내용은 놀라웠다. "(특조위 내부) "여당추천위원들이 소위 의결과정상 문제를 지속 제기하고, 필요시 여당추천위원 **전원 사퇴의사 표명**(부위원장 주재 기자회견 등)". "(국회) 여당 위원들이 공개적으로 특조위에 소위 회의록을 요청하고, 필요시 비정상적 편향적 위원회 운영을 비판하는 **성명서 발표**" 등등(강조는 원문의 것).

　그러나 특조위 조사대상에 성역은 있을 수 없다. 특조위는 2015년 11월 23일 제19차 전원위원회에서 '청와대 등의 참사대응 관련 업무적정성 등에 관한 건'(사건번호 2015-42-다-19)의 조사개시를 결정했다. 너무도 당연한 결론이다.

　이 상황에서 「세월호 특조위 관련 현안 대응방안」 문건은 지침으로서 강력한 위력을 발휘했다. 제19차 전원위원회에서 안건을 검토하는 도중에 여당 추천 비상임위원 4명은 위원 사퇴를 선언하면서 회의장을 나가 버렸다. 그리고 그 이후부터 이들 여당 추천 비상임위원 4명은 특조위 회의에 한 번도 참석하지 않았다. 석동현 위원은 11월 25일 새누리당 입당으로, 황전원 위원은 12월 15일 새누리당 입당으로 당연퇴직 처리되었다. 이헌 부위원장은 2016년 2월 12일 사퇴를 표명하고, 2월 18일 면직 처리되었다. 이로써 특조위 내부

세월호 특조위 관련 현안 대응방안

◇ 특조위 관련 주요 현안 중 ▲BH 조사 관련 사항은 적극 대응
◇ 특조위의 ▲선체 조사에 대해 최대한 협조함으로써 ▲활동기간은 합리적 범위 내에서 연장하는 방안을 제시

1. 특조위의 BH 조사 건 관련 : 적극 대응

☐ **(특조위 내부) 여당추천위원들이 소위 의결과정상 문제를 지속 제기하고, 필요시 여당추천위원 전원 사퇴의사 표명**(부위원장 주재 기자회견 등)

- 진상규명 소위(10.20)시 신청서상 조사요청사항 중 '대통령이 유가족에게 한 약속을 이행하지 않은 이유'에 대해서는 소위원장(권영빈, 야당 추천)이 조사대상에서 제외했다고 발언한 바, 소위 의결시 조사대상에 명시되지 않은 사항(참사 당시 VIP 행적)은 조사개시 결정이 되지 않은 것으로 보는 것이 타당

○ 여당추천위원이 전원 사퇴하더라도 특조위 위원 구성상 의결행위(다수결)에 영향을 끼치기는 어려운 상황이나, **위원회의 구성 및 의사결정상 공정성에 문제가 발생함을 집중 부각**

- 특별법 제6조제1항(위원회의 구성) : 위원회는 국회선출 10명(여당 5, 야당 5), 대법원장 지명 2명, 변협 지명 2명, 유가족 선출 3명 등 17명의 위원으로 구성
- 특별법 제13조(의사 및 의결정족수) : 재적위원 과반수의 찬성으로 의결

☐ **(국회) 여당 위원들이 공개적으로 특조위에 소위 회의록을 요청하고, 필요시 비정상적·편향적 위원회 운영을 비판하는 성명서 발표**

- 특조위 운영규칙 제14조 : 위원회 회의록은 1개월 이내에 홈페이지에 게재하는 방식으로 공개해야 하며, 비공개 회의록의 경우, 국회·감사원·사법기관 등의 요청이 있는 경우, 위원회 의결로 제출 여부 결정

2. 특조위의 세월호 선체 조사 관련 : 가능한 범위 내 최대한 협조

☐ **(수중조사) 이미 특조위와 협의 의사를 밝힌 바 있으며, 인양에 지장을 초래하지 않는 범위내에서 최대한 협조**

the 300

- 1 -

해양수산부가 작성한 것으로 추정되는 「세월호 특조위 관련 현안 대응방안」(출처: 《머니투데이 the 300》 박다해 기자)

□ (인양선체 조사) 인양 후 선내 정리 및 미수습자 수색시 특조위의 참여를 최대한 보장

　ｏ 특히, 미수습자 발견 가능성이 낮고, 진상규명과 연관성이 큰 구역 (조타실, 엔진룸 등)은 특조위 조사 인원·기간을 최대한 허용하는 방안 검토

☞ 인양 추진과정 및 완료 후 특조위의 선체 조사에 최대한 협조함 으로써, 활동기간 연장기간의 최소화 도모

　• 특조위는 활동기간 연장이 필요한 사유 중의 하나로 선체 인양완료('16.7) 전에 활동기간이 종료('16.6)된다는 점을 제시

3. 특조위 활동기간 연장 및 16년도 예산 증액 : 합리적 대안 제시

□ (활동기간) 현행 특별법상 특조위 활동기산일인 "위원회 구성일"로 해석 가능한 '임명장 수여일(3.9)'을 고수

　• 6개월 연장 포함 활동기간은 '15.3.9일부터 '16.9.8일까지로 인양 선체가 '16.7월초에 육상 거치될 경우, 인양완료 후 약 2개월의 조사기간 보장 가능

> < 임명장 수여일('15.3.9)의 근거 >
> ○ 특조위 제1차 전체회의가 개최되어 특조위 활동이 실질적으로 개시
> ○ 위원장·부위원장이 선출되어 위원회 운영체계 완비
> 　• 특별법 제6조제3항 : 위원장과 부위원장은 위원회의 의결로 선출
> ○ 친일반민족행위진상규명위원회, 친일반민족행위자재산조사위원회 등 유사 위원회는 임명장 수여일을 활동기산일로 함

□ ('16년도 예산) 상임위 예산소위 결과를 존중하여 ▲사업비 등은 소위 결과(약 61억원 증액)를 준용하되, ▲인건비·기관운영비의 경우에는 활동기산일인 '15.3.9일을 고려, '약 2개월'에 대한 예산(약 13.5억원)'을 증액

　• 총 13억 4450만원 : 인건비 6억 900만원(月 3억 450만원), 기관운영비 7억 3550만원(月 3억 6,775만원)

the 300

해양수산부가 작성한 것으로 추정되는 「세월호 특조위 관련 현안 대응방안」(출처:《머니투데이 the 300》박다해 기자)

☞ 활동기산일 관련 우리부 입장(임명장 수여일, 3.9) 관철시, 증액분이 최대한 반영될 수 있도록 기재부에 우리부의 의견을 전달

<참고 : 상임위 소위 특조위 '16년도 예산 심의 결과 >

특조위 요구액	정부안(A)	증액(B)	감액(C)	심의결과 (A+B-C)
198.8	61.7	61.2	0.5	122.4

• (부대의견) 활동기간 6개월 연장시, 인건비 18억 2,700만원(月 3억 450만원) 및 기관운영 기본경비 22억 650만원(月 3억 6,775만원) 등 총 40억 3,3350만원 추가 증액

4. 특조위 협조·소통 강화방안

☐ (특조위-정부간) 해수부-특조위 여당추천위원간 협조·소통채널 강화

 ○ BH 조사건 관련 해수부 장관 내정자 및 차관-부위원장간 면담, 해양정책실장-여당추천위원(부위원장 등) 면담(2차례)시 既 협조요청

 ○ 해수부 차관-여당추천위원(부위원장 등)간 추가 면담을 통해 동 조사건 관련 재차 협조요청 예정

 • 부위원장이 특조위 상임위원회 회의(매주 월, 수 : 11.9, 11.11)시 동 건이 11.16일 특조위 전원회의에 상정되지 않도록 역할을 할 것을 독려

☐ (특조위 내) '부위원장(사무처장)-여당추천위원 및 파견공무원'간 소통 강화

 ○ (여당추천위원) 정례 미팅을 통해 주요 안건 및 의사결정 정보 공유 및 대응방안 마련

 ○ (파견공무원) 사무처장으로서, 주요 파견 간부(행정지원실장, 기획행정담당관, 운영지원담당관, 조사1과장 : 11월중 파견 예정)와의 소통 강화

- 3 -

해양수산부가 작성한 것으로 추정되는 「세월호 특조위 관련 현안 대응방안」(출처:《머니투데이 the 300》박다해 기자)

에 여당 추천 위원은 한 명도 없는 상태가 되었다. 이후 2016년 5월 25일, 사퇴했던 황전원 위원이 여당 추천 상임위원으로 임명되었다.

문건은 특조위 내부 여당 추천 위원들에게만 효력을 미치는 것이 아니었다. 국회 농림축산식품해양수산위원회 소속 여당 의원들도 문건에 나온 대로 행동했다. 특조위 전원위원회 의결 전인 11월 20일, 그 의원들은 국회에서 기자회견을 열었다. "이석태 '4·16세월호참사특별조사위원회' 위원장과 야당은 본연의 임무를 망각한 채 꼼수까지 부려가며 '대통령의 7시간'을 밝히겠다고 나서고 있다." "이번 사건의 본말을 호도하고 정치 공세로 몰고 가려는 의도로밖에 볼 수 없다." 전원위원회 의결 후인 11월 23일에 같은 여당 의원들이 또다시 기자회견을 열었다. "특별법 취지를 훼손하며 편향적, 위법적 운영을 일삼아 온 특조위 행태에 더 이상 좌시하지 않겠다" 라면서, 이석태 위원장을 포함한 특조위 위원의 전원 사퇴를 요구했고, 국회 예결위에서 특조위 예산을 반영하지 말 것을 촉구했고, 특조위 구성 및 기능과 관련하여 「세월호 특별법」의 개정을 추진하겠다고 했고, 특조위 활동기간 연장 논의를 중단하라고 했고, "특조위 해체까지도 심각하게 고려해야" 할 것이라고 주장했다.

그뿐만이 아니었다. 특조위 해체를 주장하는 보수단체의 집회도 열렸다. 11월 23일, 대한민국고엽제전우회는 특조위 사무실 앞에서 대통령을 모욕하는 특조위를 즉각 해체하라고 주장했다. 사실 고엽제전우회는 그 이전에도 끊임없이 특조위 사무실 앞에서 집회를 열었고, 그 이후에도 그랬다. 그 이전에는 이석태 위원장 사퇴를 요구하는 수준이었는데, 11월 23일 이후로는 특조위 해체를 주장했다. 고엽제전우회 이외에도 어버이연합, 월드피스자유연합 등의 단체도 특조위 사무실 앞에서 특조위 해체를 줄기차게 요구했다.

그동안 정부·여당은 다양한 방식으로 특조위 활동을 방해했다. 그때까지는 그래도 특조위의 존재는 인정하는 것처럼 보였다. 그런데 상황이 돌변했다. 특조위가 공언했던 성역 없는 조사대상으로 청와대가 결정되자 정부·여당은 특조위 해체까지 선언했다. 처음부터 특조위가 존재해서는 안 되는 조직이라고 생각했던 속마음을 그대로 드러낸 것이다.

전원위원회의 조사개시 결정에 따라 특조위는 세월호 참사 당시 청와대 등의 대응에 관한 조사를 시작했다. 그러나 청와대와 관련된 사안은 자료수집부터 가로막혔다. 특조위는 청와대 관련 직접 조사를 시작하기 전에 청와대의 업무와 관련하여 대통령비서실, 대통령경호실, 대통령기록관, 국가안보실 등 총 8개의 국가기관에 대하여 총 13회 공문을 발송했다. 회신된 내용은 거의 없다. 「박근혜 대통령이 여객선 침몰 당일 행방불명인데…누구와 만났을까?」라는 기사를 쓴 『산케이신문』 가토 다쓰야에 관한 수사 기록과 재판 기록도 확보할 수 없었다. 기록을 보관하고 있는 검찰청이 자료 제출을 거부했다.

특조위는 국회 국정조사특별위원회(2014년 7월 10일)에서 이루어진 대통령비서실과 국가안보실에 대한 기관 보고 및 질의응답 내용과 기타 추가 내용을 검토하고 청와대에 대한 실지조사 등을 계획하던 중, 정부에 의해 강제해산 당하고 말았다.

26 특조위 제1차 청문회

특조위 조사관이 출근하고 예산이 배정되자 조직에 활력이 생겼다. 피해자들의 신청사건 접수가 시작되면서 청문회 개최 필요성이 대두되었다. 다른 위원회와 달리 세월호특조위는 청문회를 개최할 수 있었고, 그에 관한 특별법 규정은 다음과 같다. "제31조(청문회의 실시) ① 위원회는 그 업무를 수행하기 위하여 필요하다고 인정하는 경우 증인·감정인·참고인으로부터 증언·감정·진술을 청취하고 증거를 채택하기 위하여 위원회의 의결로 청문회를 실시할 수 있다." 특조위는 2015년 8월 24일 제11차 전원위원회에서, 특별법에 규정된 내용 이외에 청문회 개최에 필요한 내용을 담은 「4·16세월호참사 특별조사위원회 청문회 운영규칙」을 확정했고, 이는 2015년 9월 8일 공포되었다. 앞으로 특조위 청문회는 특별법과 이 운영규칙에 근거해서 개최될 것이다.

보통 "청문회" 하면 국회에서 개최하는 청문회를 많이 떠올린다. 멀리 1988년 12월의 국회 '제5공화국에 있어서의 정치권력형 비리조사 특별위원회'의 이른바 '전두환 청문회'로부터 최근의 백남기 농민 사망과 관련된 청문회가 있었고 고위공직자 후보자들에 대한 인사청문회 등이 있었다. 국회 청문회와 성격은 같으면서 국회가 아닌 다른 국가기관에서 개최되는 유일한 청문회가 세월호특조위 청문회다. 유일한 차이점은 청문회 개최 주체뿐이다. 다만, 특조위 는 조사 기구이기 때문에 특조위 청문회가 진상조사의 한 방법으로 활용될 수도 있다는 특성이 있다.

청문회를 개최하려면 준비를 위한 충분한 시간을 고려해야 한 다. 청문회 개최까지의 개략적인 절차는 다음과 같다. 청문회 개최 계획 수립, 청문회 개최 준비회의, 장소 섭외, 전원위원회 의결, 개 최 공고 및 출석요구서 발송, 청문회 실시. 청문회 개최 7일전까지 청문회의 주제, 일시, 장소 등을 공고해야 하고, 증인과 참고인에게 보내는 출석요구서는 청문회 개최 7일 전까지 송달되어야 한다. 청 문회 개최 여부, 주제, 증인 및 참고인 선정은 전원위원회 의결 사항 이므로, 출석요구서 발송과 청문회 공고 전에 전원위원회에서 의결 되어야 한다. 따라서 청문회 개최 2주 이전에 전원위원회에서 청문 회 주제와 증인 및 참고인 선정이 의결되어야 한다. 그래서 그 전까 지 내용에 관한 준비를 마쳐야 하므로, 청문회를 개최하기 위해서는 2개월 전부터 논의를 시작해야 한다.

청문회 개최를 준비하면서 현실적인 어려움이 많았는데, 그중 하나가 장소를 확보하는 것이었다. 특조위 청문회가 국회 청문회와 본질적으로 동일하므로 당연하게도 국회는 특조위에 청문회 장소 를 제공해야 한다. 그러나 국회는 국회의원 행사 이외의 용도로 국 회 회의장을 외부에 제공한 적이 없다는 관례를 들어 특조위 청문회 장소 제공을 거부했다. 세월호 참사가 기존의 관례를 따르다 발생한 점을 생각할 때, 국회의 태도는 비판받아 마땅하다. 특조위는 위원 석, 증인석, 참고인석을 비롯한 청문 공간과 방청석과 취재진 공간 까지 고려한 충분한 넓이를 갖춘 시설을 찾아야 했다. 특조위 대회

세월호특조위 제1차 청문회 개최 공고 (출처: 세월호특조위 임시 홈페이지)

의실은 너무 좁아서 청문회를 개최할 수 없었다. 게다가 청문회 일정에 맞추어 대관이 가능한 시설이어야 했다. 연말에 청문회를 개최하려고 한다면 더더욱 그러하다. 특조위의 청문회 장소 대관 담당자는 수십 군데를 후보지로 놓고 직접 찾아다니면서 검토한 끝에, 특조위 사무실 근처에 있는 서울YWCA 4층 대강당을 찾아냈다.

특조위는 2015년 10월 초부터 청문회 개최 여부에 관한 논의를 시작했다. 당시 이석태 위원장은 청문회 개최 의지가 매우 강했다. 10월 19일 제15차 전원위원회에서 청문회 추진 상황이 보고된 다음, 11월 2일 제16차 전원위원회에서 '위원회 2015년 청문회개최계획안'을 의결했다. 명칭은 "4·16세월호참사 특별조사위원회 제1차 청문회", 일시는 2015년 12월 14일부터 16일까지 3일, 장소는 서울YWCA 4층 대강당, 주제는 "세월호 참사초기 구조구난 및 정부대응의 적정성", "해양사고 대응 매뉴얼 등 적정성 여부", "참사현장에서의 피해자 지원조치의 문제점"으로 정했다. 진상규명소위원회, 안전사회소위원회, 지원소위원회가 하루씩 한 가지 주제를 책임지기로 했다. 2015년 12월 6일, 특조위 임시 홈페이지에 청문회 개최 공고를 올렸다. 그리고 청문회 개최 직전에 청문회에 대한 특조위의 다짐을 알리고 국민적 관심을 촉구하는 위원장 기자회견을 열었다.

이석태 위원장의 강한 의지와 달리, 위원들 사이에는 연내 청문회 개최 필요성에 대한 의견 차이가 존재했다. 9월 14일에 조사신청 접수를 받아 특조위 자체 진상조사 결과가 없는 상황에서 청문회를 개최하는 게 타당하냐는 문제 제기였다. 그리고 청문회를 준비하려면 조사관들이 신청사건 조사를 중단하게 되지 않느냐는 우려도 있었다. 이러한 입장은 청문회에서 확인할 수 있는 내용이 별로 없을 경우에 국민들에게 실망만 안겨 줄 수 있으니 더 준비해서 신청사건의 결과물을 가지고 청문회를 개최하자는 의견으로 연결되었다. 타당한 문제 제기였다.

그러나 특조위의 활동을 국민들에게 공개적으로 알릴 필요성이 위의 걱정이나 우려의 위험성보다 더 컸다. 청문회는 특조위의 기능과 역할을 국민들에게 가감 없이 전달할 수 있는 훌륭한 수단이었다. 그동안 특조위가 수집한 자료를 분석해서 제시하는 것만으로도 청문회는 알차게 진행될 것이다. 세월호 참사 관련 수사 기록과 재판 기록, 감사원 감사 기록, 국회 국정조사 기록 등에는 국민들이 궁금하게 생각하는 내용이 많이 들어 있었다. 청문회를 위하여 관련 기록을 열심히 분석하고 내용을 정리했다. 조사관들은 청문회 준비를 신청사건 조사에 활용하기로 했다. 신청사건 조사대상자와 참고인 중에서 청문회 증인과 참고인을 선정했다. 특별법에 규정된 청문회 관련 자료 및 물건 제출 요구권을 행사해서 신청사건 관련 자료

세월호특조위 제1차 청문회 현장 (제공: 『한겨레』 류우종 기자)

를 수집했다. 청문회를 준비하면서 위원들과 조사관들의 밤샘 근무가 일상처럼 되었다.

특조위 제1차 청문회는 2015년 12월 14일부터 3일 동안 열렸다. 개회사와 함께 대구지하철 화재 참사 등 대형 참사 피해자들이 발언하는 순서를 두었다. 청문회 시간을 효율적으로 사용하기 위해서 섹션별로 증인과 참고인을 한꺼번에 많이 불렀다. 증인 31명과 참고인 6명 중 증인 2명과 참고인 1명을 빼고는 모두 출석했다. 위원들의 신문은 선행신문, 후행신문, 보충신문 순으로 진행했다. 청문회 마지막 날에는 세월호 유가족들이 청문회에 대한 평가와 소감을 이야기하는 시간이 있었다. 여당 추천 위원들이 청문회에 전원 불참했다는 사실이 옥에 티였다. 여당 추천 위원들은 청문회 준비부터 청문회 시작 당일까지 아무것도 하지 않았다.

청문회 분위기는 매우 뜨거웠다. 활기가 넘쳤다. 방청석이 모자랄 정도였다. 언론의 관심도 높았다. 1일 평균 60~70개 언론사의 기자 120~150명이 취재했고, 인터넷방송에서는 청문회를 생중계했다. 《팩트TV》, 《오마이뉴스》, 《416TV》, 《주권방송》 등 네 군데의 생중계는 국민들에게 특조위 청문회를 알리는 데 일조했다. 국민적 관심이 매우 높은 사안이고 특조위가 공식적으로 요청했지만, 지상파, 보도전문채널, 종합편성채널은 특조위 청문회 생중계를 외면했다. 지상파는 생중계뿐만 아니라 특조위 청문회에 관한 뉴스조차 제대로 보도하지 않았다.

세월호 유가족들은 "우려와 달리 밝혀진 사실들이 다수 있었다"라면서 청문회에 대해 긍정적으로 평가했다. 내용적으로도 "특조위 제1차 청문회는 특조위가 진상조사를 본격적으로 시작했고 진상조사의 방향을 제시했으며 진상조사의 필요성에 대한 국민적 공감대를 확산시킨다는 의미가 있다"라고 평가했다. 청문회 개최 전에 있었던 특조위 안팎의 우려에도 불구하고 청문회를 진행한 보람이 있었다. 유가족들과 국민들은 국회 밖에서 최초로 진행된 청문회를 긍정적으로 보았다. 나아가 국민들은 2016년에는 더 발전된 특조위 청문회가 개최되기를 기대했다.

27 국회에 특별검사 임명 의결을 요청하다

2015년 정기국회에서 특조위의 2016년도 예산은 6개월 치만 배정되었다. 향후 2016년 6월 30일이 되면 특조위의 운명이 어떻게 될지 알 수 없을 것이다. 2016년 초부터 진상조사를 재촉해야 하는 상황이었고, 피해자들의 조사신청은 계속되고 있었다.

특조위 제1차 청문회는 긍정적인 평가를 받았지만, 수사권과 기소권이 없는 특조위의 한계를 지적받는 계기도 되었다.

「세월호 특별법」 제정 과정에서 수사권과 기소권에 관한 논쟁이 대두되었다가, 최종적으로 특조위가 특별검사 임명을 위한 국회의결을 요청하는 것으로 절충되었다(제37조 제2항). 특조위 활동기간 동안 국회에 2회 특별검사 임명 의결을 요청할 수 있도록 한 것인데, 특조위에게 수사권과 기소권을 주지 않는 대신 조사권을 강화하는 정도의 보충적 방안을 채택한 것이다.

특조위 제1차 청문회를 마치자마자, 제2차 청문회 개최 요구와 함께 특별검사 임명을 위한 국회 의결 요청 문제도 대두되었다. 특조위 위원들은 국회에 요청안을 빠른 시일 안에 보내자는 입장과 진상조사를 더 진행한 다음에 보내자는 입장으로 나뉘어 있었다. 국회의결 요청을 빨리 하자는 입장은 제1차 청문회 성과와 현재까지 조사한 내용을 정리하면 특별검사 임명 필요성을 정리할 수 있다고 주장했다. 반대 입장은 특조위 조사를 거의 마치고 포괄적인 검토 후에 가장 중요한 사안에 관해서 특별검사 임명을 요청해야 한다고 주장했다. 실제로 제1차 청문회 직후인 2016년 1월 초순에는 특별검사 임명을 요청할 만큼 충분한 보강 조사가 진행되지는 않았다. 또한, 특별법 규정상 특별검사 임명을 2회 요청할 수 있는지가 불분명해서 1회밖에 못할 수도 있으니 더 신중하게 판단해야 한다는 주장도 있었다.

특별검사 임명 요청안을 빨리 제출하자는 입장은 2016년도 국회 일정을 이유로 들었다. 2월 임시국회가 예정되어 있고, 4월 임시국회는 20대 총선으로 개회 여부가 불투명하고, 6월 임시국회는 20대 국회의 개원 국회여서 통상적으로 국회의장단 선출과 상임위 구성으로 시간을 보낼 것이 예상되었다. 2016년 하반기 국회와 관련해서는, 특조위가 그때 존속할 수 있을지 여부도 알 수 없었다. 따라서 2월 임시국회 회기 안에 특별검사 임명 요청안을 보내야만 국회에서 의결할 기회가 생길 것이라는 주장이었다. 아울러 이 입장에 선 위원들은 특조위 전원위원회 의결 전까지 최대한 보강 조사를 실시하겠다고 약속했다. 실제로 진상규명국 소속 조사관들은 특별검사 의결 요청안을 잘 만들기 위해서 열심히 보강 조사를 진행했다. 그리하여 조사대상자 11명과 참고인 5명을 조사하고 100여 건이 넘는 수발신 공문과 자료를 검토해서 특별검사 임명 요청안을 만들었다.

그리고 나서도 특조위 내부 논의를 더 거치고 입장을 정리한 끝에 2016년 2월 12일 진상규명소위원회에서 요청안의 전원위원회 상정을 의결했고, 2월 15일 제25차 전원위원회에서 "4·16세월호참사 초기 구조구난 작업의 적정성에 대한 진상규명 사건의 특별검사 수사를 위한 국회 의결 요청안"을 의결했다.

특조위 요청안의 요지는 다음과 같다.

특별검사가 수사할 사건의 명칭은 "4·16세월호참사 초기 구조구난 작업의 적정성에 대한 진상규명 사건"이다. 수사 대상은 "1. 4·16세월호참사 관련 해양경찰 지휘부(해양경찰청장, 서해지방해양경찰청장, 목포해양경찰서장)의 업무상 과실치사상 사건"과 "제1호의 사건과 관련하여 수사과정에서 인지된 관련 사건"이다. 해경 지휘부가 수사의 대상이었던 것이다. 참사의 피해자가 참사 초기 구조구난 작업의 적정성에 대하여 특조위에 다수의 조사신청서를 제출했고, 특조위는 조사 과정에서 감사원 감사, 검찰 수사, 국정조사의 과정과 결과를 분석했는데 그 어떠한 기관에서도 이에 대한 조사와 수사가 내실 있고 합리적인 결론을 도출하지 못했다고 판단했다. 특히 기존의 검찰 수사에서는 처음에는 위의 특별검사 수사대상자를 포함한 해경 전체를 수사 대상으로 삼고 수사를 시작했으나, 특별한 사유 없이 123정장만 남겨 놓고 나머지 전원을 수사대상에서 제외했다. 따라서 특조위는 기존의 수사가 정치적 중립성과 공정성을 견지했는지에 대하여 의문이 제기되어, "범죄수사와 공소제기 등에 있어서 특정사건에 한정하여 독립적인 지위를 갖고 중립성과 공정성이 보장된 특별검사"가 수사해 줄 것을 요청한다는 것이었다.

특조위는 2월 19일 국회에 특별검사 임명 요청안을 제출했는데, 국회는 2월 22일 소관 상임위원회를 법제사법위원회(이하 '법사위')로 정해서 회부했다. 법사위에서는 단 한 번 특조위의 특별검사 임명 요청안을 논의했다. 그러나 여당 의원들의 반대로 특검 요청안은 법사위를 통과하지 못해 국회본회의에 상정조차 되지 않았다.

여당 의원들의 특별검사 반대는 대통령의 대국민 약속과 여야 합의를 스스로 깨는 잘못된 것이었다. 세월호 참사 직후인 2014년 5월 세월호 유가족을 만난 자리에서 대통령은 특별검사를 약속했다. 「세월호 특별법」 제정 과정에서 여야는 특조위가 특별검사 임명을 요청할 경우 세월호 유가족이 반대하는 사람은 특별검사 후보군에서 제외한다고 합의한 바 있다. 이는 특조위가 국회에 특별검사 임명 의결을 요청하면 국회는 당연히 요청안을 의결하겠다고 합의했다는 것을 의미한다. 국회는 특별검사 임명 의결 요청안을 법사위가 아닌 국회본회의에 직접 상정해야 했다. 「세월호 특별법」 규정에 따른 특별검사 임명 의결 요청안이기 때문에 일반 의안과 달리 상임위 검토 없이 국회본회의에 직접 상정해야 하는 것이다. 국회가 특조위 요청안대로 본회의에서 의결하면 되는데 상임위에 회부한 이유는 무엇인가? 상임위에서는 특조위 요청안 내용을 고칠 수도 없고 고쳐서도 안 된다. 법사위에 특조위 요청안이 회부된 경우에도 법사위는 통과의례로 간주하여 바로 본회의에 보내야 하는 것이다. 그러나 법사위 여당 의원들은 특조위 요청안을 법사위에 묶어 놓아 본회의 의결 기회 자체를 무산시켜 버렸다. 그 후 5월 29일 19대 국회가 종료될 때까지 특조위의 특별검사 임명 요청안에 대해서는 더 논의되지 않았다. 무능한 국회와 무책임한 여당 의원들!

19대 국회 회기 종료로 인해 특조위 요청안은 자동 폐기되었다. 법률상 근거가 있는 건지, 또 그렇게 하는 것이 맞는지 의문이 있지만, 국회 관행상 그렇다니까 어쩔 수 없었다. 이런, 여기서도 관행이 등장하다니!

2016년 6월 30일, 특조위가 20대 국회에 다시 「특별검사 수사를 위한 국회 의결 요청안」을 보내자 이튿날 국회는 또다시 법사위에

이 안건을 회부했다. 그리고 2017년 지금까지 국회는 특별검사 임명 의결을 위한 절차를 시작도 하지 않았다. 특조위의 「요청안」을 부록 으로 싣는다.

*　　*　　*

그 후 2019년 11월, 검찰의 세월호참사 특별수사단이 출범했다. 특별수사단은 1년 2개월 동안 수사하면서 당시 해경청장 등 11명을 기소했다. 그런데 그들은 1심에서 대부분 무죄를 선고받았다. 한편, 사회적참사 특별조사위원회가 국회에 요청한 '4·16세월호참사 증 거자료 조작·편집 의혹 사건 진상규명을 위한 특별검사'가 2021년 5월 13일 출범했다. 그러나 그 특검은 아무런 성과 없이 끝나 버렸 다. 만시지탄이다!

28 조사신청사건 접수 마감

2016년 3월 11일, 조사신청사건 접수가 마무리되었다. 특조위는 5월 2일 제31차 전원위원회에서 신청사건 29건에 대한 조사개시를 결정했다. 이로써 2015년 9월 14일부터 접수를 개시해 180일 만에 마감한 '4·16세월호 참사 진상규명조사신청' 사건 모두에 대해 조사개시와 관련하여 결정이 내려졌다. 세월호 피해자와 피해자단체로부터 접수된 사건은 모두 238건이었는데, 상임위원회에서 이 가운데 10건을 분리해 248건이 되었다가 이 중 19건은 조사가 취하되어 229건에 대해 조사개시가 결정되었다.

특조위에 사건이 접수되면, 상임위원회에서 사건 분류 및 사건번호 부여 절차를 거쳐 소위원회 산하 진상규명국장, 안전사회과장, 피해자지원점검과장에게 보내고, 이들은 각 소속 조사관들에게 사건을 배당한다. 이후 소위원회에서 조사관들이 작성한 「신청서검토보고서」를 검토한 다음에 전원위원회 상정을 의결하고, 그다음에 전원위원회에서 최종적으로 신청사건에 대한 조사개시 결정을 의결한다.

접수부터 조사개시 결정까지의 시간은 상황에 따라 달라진다. 첫날인 2015년 9월 14일에 접수한 사건은 미리 준비해 둔 덕분에 일주일 만에 조사개시 결정을 할 수 있었다. 그러나 신청사건 접수 건수가 늘어나고 조사 중간에 청문회 준비와 특별검사 임명을 위한 국회 의결 요청 준비 등으로 조사관들의 업무 부담이 가중될수록 접수부터 조사개시 결정까지 시간이 길어질 수밖에 없었다.

정부·여당은 특조위의 2016년도 예산을 6월까지만 배정했다. 특조위 조사활동은 그때까지만 하라고 강요했다. 현실적으로 특조위는 2016년 5월 2일에 이르러서야 전원위원회에서 신청사건에 대한 조사개시 결정을 마무리할 수 있었다. 조사를 제대로 하려면 기간이 얼마나 필요할지 가늠하기 어려웠다. 그동안 특조위 조사는 어려움의 연속이었다. 청와대를 비롯한 정부기관들은 기본적인 자료의 제공조차 거부했고, 조사대상자들은 소환 자체에 불응하기 일쑤였다. 강제적인 조사 권한이 없는 특조위가 일상적으로 부딪히는 현실이었다. 신청사건에 관한 조사 일정을 고려할 때, 2016년 6월 말에 특조위 조사활동기간이 종료된다는 정부·여당의 주장은 억지임이 분명해졌다. 정부·여당은 오로지 특조위의 진상규명활동을 방해하기 위해 존재하는 것처럼 느껴졌다.

신청사건 접수 마감 후, 특조위 내부적으로 조사활동의 선택과 집중을 위해서 쟁점 중심으로 신청사건의 분리와 병합을 시도했다. 유사한 사건이나 내용적으로 연관된 사건을 묶어서 쟁점을 정리하여 중복될 조사를 미연에 방지하고, 집중적으로 조사할 사항을 파악해서 압축적으로 조사함으로써 시간을 줄이기 위한 노력의 일환이었다.

특히 사건이 많았던 진상규명국 내부의 신청사건 분류 내역은 다음과 같다.

조사1과는 "참사의 원인 규명에 관한 사항" 총 71건의 신청사건

사건 조사 진행 현황 (2016년 9월 30일 현재. 단위: 건)

	사건 수					조사 진행 상황			비고
	배정	직권	분리/병합	이관	계	내부 검토 중	소위원회 의결	조사완료	
조사1과	71	–	–19	–15	37	35	1	1	–
조사2과	111	–	–28	15	98	97	1	–	–
조사3과	12	1	5	–	18	18	–	–	–

을 배당받았다. 신청사건 접수 이후 1건을 분리하고 26건을 6건으로 병합하였으며, 15건을 조사2과로 이관하여 총 37건의 신청사건을 처리했다. 신청된 사건을 "① 침몰원인, ② AIS 등 객관적 데이터 검증, ③ 청해진해운 및 국가기관 관련, ④ 선내대기, ⑤ 수학여행 출항결정, ⑥ 기타 사건"으로 분류하여 조사를 진행했다.

조사2과는 "구조구난 작업과 정부대응의 적정성 관련 사항" 총 111건의 사건을 배당받았다. 신청사건 접수 완료 후 조사1과로부터 15건이 이관되었고, 기존 배당 사건을 내용에 따라 분리·병합하여 총 98건을 조사했다. 사건을 "① 해경의 현장 초동조치, ② 해경의 수색구조, ③ 해경 지휘부, ④ 해경 이외의 국가기관, ⑤ 항적(AIS)·통신(VTS) 기타 교신 관련, ⑥ 기타 사건"으로 분류하여 조사를 진행했다.

조사3과는 "언론보도의 공정성·적정성과 피해자의 명예훼손 실태 관련" 총 12건을 배당받았다. 직권사건 1건을 추가하고 신청사건을 내용에 따라 분리·병합하여 총 18건을 조사했다. "① 세월호 참사 당일의 대표적인 오보였던 '전원구조' 보도를 비롯하여 구조구난관련 보도, ② 왜곡·과장·편파보도, ③ 참사를 대하는 언론사와 정부의 태도를 확인할 수 있었던 언론통제, ④ 정보통신망에 의한 피해자 명예훼손" 등으로 범주를 나누어 조사를 진행했다.

특조위의 노력에도 불구하고 정부·여당이 강압적으로 설정한 조사활동기간이 너무 짧아서 진상규명활동은 제대로 이루어지지 못했다. 2016년 6월경, 진상규명활동이 어느 정도 이루어졌는지를 묻는 기자의 질문에 진상규명소위원회 위원장이 30% 정도라고 대답한 적이 있다. 양적으로 보면 그렇게 보일 수 있다. 그러나 질적으로 보면 이와 달리 말할 수도 있다. 특조위 진상규명활동이 30% 진행된 것은 뜀틀운동에서 도움닫기 후 구름판을 밟는 순간에 해당한다. 정부·여당이 특조위 조사활동을 강제로 종료시킨 것은 뜀틀의 구름판을 빼 버린 행위에 해당한다. 다시 말해서 정부·여당은 특조위 조사활동이 본궤도에 오르는 것을 근본적으로 가로막은 것이다. 특조위 조사활동에는 제대로 된 결과를 낼 수 없는 결정적인 한계가 있을 수밖에 없었다.

29 특조위 제2차 청문회

2016년에 들어서 특조위 2차 청문회를 시급히 개최하라는 요구가 여러 곳에서 제기되었다. 2015년 말에 개최되었던 제1차 청문회는 성과가 있긴 했지만 특조위 자체 조사내용을 가지고 준비한 게 아니었다든지, 앞으로 청문회를 여러 번 해야 하는데 하루 일정으로라도 빨리 계획을 잡아야 한다는 등 의견이 많았다. 그래서 연초부터 제2차 청문회 개최에 대해 마음의 준비를 하고 대비할 필요가 있었다. 언제나 그렇듯이 이석태 위원장은 특조위 청문회 개최에 관하여 매우 적극적인 태도를 보였다. 위원장은 여러 가지 어려움이 예상될지라도 가능하면 제2차 청문회를 빨리 준비했으면 좋겠다는 의사를 피력했다.

청문회 개최로 인한 어려움 중에서 가장 큰 것은 청문회를 준비하다 보면 신청사건 조사에 집중할 수 없다는 것이었다. 이번에도 청문회와 조사활동을 결합하기 위한 방안을 모색해야 했다. 그래서 제2차 청문회는 진상규명소위원회 차원에서 주도하기로 했다. 처음부터, 진상규명조사의 일환으로서 주요 조사대상자와 참고인을 공개 신문하는 과정에서 진상규명활동을 국민과 공유하는 것을 이번 청문회의 목적으로 삼았다. 개별 소위원회 차원에서 청문회 주제와 내용을 주도한다고 해도, 청문회 개최 주체는 특조위이고 청문회 진행을 책임지는 사람은 위원장이다.

2016년 1월에 진상규명소위원회에서 제2차 청문회에 대한 기본 구상을 정리하여 위원장에게 보고했다. 위원장은 2월 11일 상임위원회에서 담당 직원들에게 제2차 청문회 개최 계획을 수립하라고 지시했다. 그리고 바로 이튿날부터 위원장 주재로 3차에 걸쳐 청문회 준비 모임을 가졌다. 2월 22일 제26차 전원위원회에서 특조위 제2차 청문회를 2016년 3월 29일부터 30일까지 2일간 개최하기로 의결했다. 청문회의 주제는 "4·16세월호참사의 원인 및 관련 법령·제도적 문제 규명"으로 정하고, 세부적으로는 "침몰 원인 및 선원조치의 문제점", "선박 도입 및 운영 과정 문제점", "침몰 후 선체 관리 및 인양" 등 세 가지로 나누기로 했다. 특조위 제2차 청문회는 주제가 진상규명소위원회 활동에 집중되어 있고 세월호 인양에 관해서 공개적으로 다루기로 했다는 특징이 있다.

제2차 청문회 역시 국회에서 개최하기 위해 노력했으나 이번에도 국회는 청문회 장소 대관을 거부했다. 청문회가 생중계될 수 있도록 KBS 등 지상파와 보도전문채널, 종합편성채널 방송국이 적극 협조해 줄 것을 요청했지만 그들도 특조위 청문회를 또다시 외면했다. 이렇게 해서 제2차 청문회도 진행 상황이 제1차 청문회와 별반 다르지 않았다.

다만 청문회 개최 장소는 제1차 청문회에 비해 좋아졌다고 할 수 있다. 제2차 청문회는 서울시청 다목적홀에서 개최되었다. 그래서 일정도 하루 앞당겨야 했다. 특조위는 청문회 장소를 찾지 못해 고생하다가 마지막으로 서울시에 협조를 요청했다. 서울시는 특조위의 요청이 「서울특별시 공공시설의 유휴공간 개방 및 사용에 관

세월호특조위 제2차 청문회 현장 (필자 촬영)

한 조례」제10조에서 규정하고 있는 "사용 허가 제외대상"에 해당되지 않아 사용을 허가해 주었다. 이로써 제2차 청문회는 공공시설에서 개최될 수 있게 되었다. 서울시청 다목적홀은 방청석과 증인·참고인석을 층간 분리할 수 있는 구조이어서 증인 보호가 한층 용이했고, 제1차 청문회보다 이용할 수 있는 공간이 넓어 방청과 취재가 원활할 것으로 기대되었다. 실제로 제1차 청문회에 비해 방청인 수도 대폭 늘어났고, 취재진도 언론기관 수와 기자 수에서 약 10% 증가했다. 제1차 청문회가 3일 동안 진행되었던 것에 비해 제2차 청문회는 2일 동안 진행되었으므로 1일당 취재진 수는 무려 40%나 증가한 것이었다. 또한 인터넷 생중계 기관도《팩트TV》,《오마이뉴스》,《416TV》,《주권방송》,《노컷뉴스》,《국민TV》,《고발뉴스》등 총 일곱 개로 늘어났다. 청문회 장소를 빌려준 서울시와 서울시민들, 취재한 기자들과 생중계해 준 언론기관 등에게 정말로 감사드린다.

제2차 청문회도 긍정적인 평가를 받았다. 세월호 유가족들도 제1차 청문회보다 진전이 있었다고 평가했다. 특조위는 제29차 전원위원회에서 제2차 청문회의 성과를 "그간의 조사 결과를 기반으로 해서 진상규명에 진척을 이뤘"다는 점으로 요약했다. 세부적으로는 "침몰 당시 선사 지시로 선내대기방송을 했다는 증언을 이끌어" 낸 점, "AIS 항적 등 각종 데이터의 오류를 발견"한 점, "제주·진도VTS의 교신 녹음기록의 조작 가능성을 과학적 분석을 통해서 증명"한 점, "운항되어서는 안 될 세월호의 도입·개조 과정에서 항만청, 한국선급 등 관계기관들이 제 역할을 하지 못하였다는 것을 확인"한 점, "정부가 미수습자 유실방지를 위한 적절한 조치를 취하지 못한 점을 확인"한 점, "현재까지 인양 준비 과정은 물론이고 향후 인양 후 선체 조사까지 과정에 대하여 특조위가 철저하게 조사할 필요가 있다는 점이 제기됐다"라는 점 등이다. 그리고 "청문회를 보도한 대부분의 언론기관이 개별 신문내용은 물론이고, 특조위 활동기간 보장 및 특검의 필요성을 기사화함으로써 특조위의 제반 활동에 대한 여론을 환기하는 효과를 거두었다"라고 자평했다. 물론 "증인의 불성실한 증언에 대한 대비"가 여전히 부족했다는 점에서 약간의 아쉬움도 있었다.

30 세월호 참사 2주기 — 여전히 세월호를 기억하다

꽃피는 4월이 되니 또다시 전국 각지가 추모의 물결로 넘쳤다. 2016년 4월 16일, 세월호 참사 2주기. 1년 전 세월호 참사 1주기 때는 정부의 엉터리 「세월호 특별법 시행령」 때문에 세월호 유가족들이 추모식을 취소했다. 유가족에게 너무나 송구스러웠다. 세월호 참사 2주기를 맞이해서는 정부에 의한 특조위 조사활동 강제 종료가 현안으로 대두되었다. 또다시 유가족이 추모식을 치루지 못할까 봐 마음을 졸였다.

특조위는 참사 2주기 직전에 미수습자 가족, 유가족과 함께 상하이샐비지의 바지선에 올라 세월호 침몰 해역의 인양 현장을 확인하려고 했다. 그동안 진행된 인양 공정을 점검하고 해양수산부와 상하이샐비지가 약속한 2016년 7월 인양이 가능한지 확인할 필요가 있었기 때문이다. 4월 12일, 진상규명소위원회 위원장이 조사2과장과 조사관들을 대동하고 침몰 해역으로 실지조사를 나갔다. 그런데 침몰 해역의 파도가 너무 높아, 타고 간 낚싯배가 바지선에 접안하기 어려웠다. 아쉽게도 발걸음을 돌려 동거차도 유가족 텐트에 들러 인양 작업 감시 활동을 하고 있는 유가족을 위로했다. 그리고 4월 15일, 특조위 사무실에서 직원들과 함께 세월호 참사 2주기 추모식을 열고 희생자들을 추모했다.

세월호 참사 2주기를 앞두고 치러진 2016년 4월 13일 국회의원 총선거에서 믿기 힘든 일이 벌어졌다. 당시 여론조사는 물론이고 국민 대다수의 예상도 뛰어넘어 총선 결과는 여소야대로 나타났다. 20대 국회가 여소야대로 구성된다는 사실은 세월호 유가족과 국민에게 약간의 희망을 주었다. 세월호 유가족이 야당 지지자들이라서가 아니라 2014년 4월 16일 세월호 참사 이후부터 그때까지 여당보다는 야당이 세월호 참사 진상규명을 위한 활동에 좀 더 적극적인 모습을 보였기 때문이다.

다행이었다. 2016년 4월 16일 세월호 유가족들은 경기도 안산 화랑유원지 세월호참사희생자 정부합동분향소에서 '세월호 참사 2년 기억식'이라는 이름으로 추모행사를 열었다. 하늘도 그날을 기억하는지 금방이라도 비를 뿌릴 듯했다.

이석태 위원장과 위원들은 안산 추모식에 참석했다. 이석태 위원장은 추모사를 통해, 특조위 활동에 많은 제약이 있었지만 그것을 극복하고 더욱 열심히 해서 적어도 내년 이맘때쯤이면 유가족과 국민에게 왜 그렇게 많은 승객이 목숨을 잃었고 왜 정부가 구조하지 못했는지를 밝히기 위해 최선을 다하겠다고 약속했다. 3주기에는 세월호 참사 진상규명이 이루어져야 한다는 것을 강조했던 것이다. 그러나 특조위는 그 약속을 지킬 수 없었다.

위원장과 상임위원들은 오후에는 인천 부평 인천가족공원 세월호 추모관에서 열리는 세월호 일반인 희생자 유가족 추모식에 참석해서 헌화하고 분향했다. 추모식 행사 후 일반인 희생자의 넋을 기릴 추모관 개관 행사가 열렸다. 세월호 축소 모형, 희생자 유품, 추모비, 세월호 관련 기록물 등이 비치되었고, 단원고 학생이나 교사가 아닌 일반 희생자 45명의 영정과 위패가 안치되었다.

그리고 진도 팽목항에서는 미수습자 가족들이 수천 명의 추모객과 함께 세월호 참사 2주기 추모행사를 가졌다. 미수습자 가족들은 내년 3주기가 되기 전에 세월호 선체를 인양해서 미수습자들이 가족의 품으로 돌아오기를 간절하게 바랐다.

31 특조위 진도현장사무실

    상하이샐비지의 세월호 인양 작업이 속도를 내기 시작했다. 상하이샐비지가 특조위에 제출한 인양 작업 공정표에 의하면 2016년 4월 말부터 5월 초까지 세월호 선수 들기 공정이 시작될 예정이었다. 해양수산부의 인양 업무 담당자는 세월호 선수 들기만 끝나면 70% 이상 인양 공정이 마무리된 것으로 본다고 강조했다. 그만큼 세월호 선수 들기 공정이 중요했다.

    세월호 선체 인양이 본격적으로 진행됨에 따라, 특조위 조사관들이 인양 현장 가까이에서 현장 대응을 강화할 필요성이 커졌다. 특조위는 진도에 현장사무실을 열고 인양 감시 활동을 본격적으로 시작하기로 했다. 진도군청의 협조를 받아 2016년 5월 16일 진도군청 내에 사무 공간을 확보해서 세월호특조위 진도현장사무실을 설치했다. 진도군수와 관계 공무원들에게 감사드린다.

    진도현장사무실은 특조위의 유일한 외부 기지였다. 세월호 인양 현장의 위치를 생각하면 진도현장사무실이 좀 더 일찍 설치될 필요가 있었다. 그러나 특조위가 외부에 현장사무실을 설치하기는 쉽지 않았다. 외부에 소속기관을 설치하려면 법령상 근거가 있어야 한다는 주장이 특조위 내부에 있었다. 또한 특조위는 외부에 별도의

세월호특조위 진도현장사무실 (필자 촬영)

사무실을 운영할 만한 예산을 전혀 확보하지 못했다. 그래서 특조위
는 조사관들의 출장소 형태로 운영하면서 이름을 진도현장사무실
로 정했다. 특조위 조사관들은 일주일 또는 한 달 동안의 장기 출장
도 마다하지 않았다.

진도현장사무실에 특조위 조사관들이 상주하면서, 선체 인양과
이후 조사와 관련된 자료의 체계적인 조사, 수집, 분석이 진행됐다.
조사관들은 진도현장사무실을 거점으로 삼아 목포, 부산 등지의 해
양·선박 전문가들을 찾아가 세월호 인양과 인양 후 선체조사에 관
한 전문적인 지식을 얻었다. 또한 팽목항에 있는 미수습자 가족과
동거차도에 있는 유가족들과 자주 만나면서 긴밀한 관계를 유지했
다.

진도현장사무실은 세월호 선수 들기 공정에 관한 특조위 실지
조사에도 유용하게 사용되었다. 해양수산부와 상하이샐비지의 공
언과 달리 세월호 선수 들기 공정은 계속 실패했고, 조수가 가장 낮

은 소조기小潮期가 도래하는 2주마다 시도되었다. 특조위 조사관들은 세월호 선수 들기 공정 때마다 인양 현장에 실지조사를 나갔다.

특조위 진도현장사무실을 장기간 유지할 수는 없었다. 정부가 2016년 6월 30일 자로 특조위 조사활동을 강제로 종료시킨 때부터 해양수산부와 상하이샐비지는 특조위의 실지조사를 거부했다. 해양·선박 전문가들도 특조위 조사관을 공식적으로 만나는 것을 부담스럽게 생각했다. 진도군청도 어려움을 표시했다. 아무래도 해양수산부와 이래저래 연관된 사람들이다 보니 그런 것 같아 이해는 되었다. 결국 2016년 7월 중순 특조위 조사관들은 세월호 선수 들기 공정에 대한 실지조사를 마친 후 진도현장사무실을 완전히 철수했다.

32 여당 추천 황전원 상임위원은 특조위 부위원장이 아니다

2015년 11월 특조위의 청와대 등에 관한 조사개시 결정 이후 여당 추천 비상임위원들은 특조위에 일절 모습을 보이지 않았다. 이헌 부위원장만 계속 출근하다가 2016년 2월 18일 의원면직 처리되었다. 특조위에 여당 추천 위원은 한 명도 남아 있지 않았다. 그렇지만 공식적으로 결원은 총선 출마를 위해 정당에 가입한 비상임위원 2명과 부위원장, 총 3명뿐이었다. 나머지 여당 추천 비상임위원 2명은 사퇴 선언 후 사퇴서 제출 등의 공식적인 절차를 진행하지 않아, 정부에 의해 특조위가 강제해산 당할 때까지 위원 정원에 포함되었다.

한동안 정부 · 여당은 특조위에 관여하지 않는 것처럼 보였다. 마치 특조위 무시 전략을 구사하는 듯했다. 그러다가 갑자기 황전원 전 비상임위원을 상임위원으로 추천했다. 여당은 2016년 3월 9일 특조위 상임위원 선출안을 국회에 접수했다. 여당 추천 결원 위원 3명 중 비상임위원 2명은 추천하지 않으면서 상임위원 1명만 추천했던 것이다. 그 이유가 무엇인지 지금까지 알지 못한다. 추측건대 여당 추천 상임위원이 부위원장으로 선출되면 사무처장을 겸직하므로 정부 · 여당의 의도대로 특조위 잔존 사무의 처리를 책임질 사람이 필요했던 게 아닐까 싶다.

황전원 전 비상임위원은 19대 국회 마지막 임시국회 회기 중인 2016년 5월 19일 국회본회의에서 여당 추천 특조위 상임위원으로 선출되었다. 매우 유감스럽다. 특조위가 국회에 보냈던 특별검사 임명 요청안은 국회본회의에 상정조차 하지 않으면서 여당 추천 상임위원 선출안만 의결했으니 말이다.

5월 25일, 대통령이 임명했다는 공문과 함께 황전원 새 상임위원이 특조위에 출근했다. 세월호 유가족들은 황전원 상임위원을 인정할 수 없다고 했다. 유가족들은 황전원 상임위원의 안산 분향소 방문을 거부했다. 그리고 이튿날 아침 일찍 특조위 사무실에 와서 황전원 상임위원의 출근을 막았다.

여당 추천 상임위원을 국회에서 선출하고 대통령이 임명하는 것까지는 특조위 의사와 무관하게 특조위 외부에서 진행된다. 그렇지만 여당 추천 상임위원이 특조위 부위원장으로 되려면 특조위 전원위원회에서 선출 과정을 거쳐야만 한다. 특조위 사무처장을 겸임하는 부위원장을 여당 추천 상임위원이 맡는 것은 특별법 제정 당시 여야 합의 사항이었을 뿐이다. 여야의 정치적 합의와 별개로, 특별법 제6조는 위원장과 부위원장을 전원위원회에서 선출하도록 규정하고 있다. 따라서 부위원장 선출안이 전원위원회 안건으로 상정되고 전원위원회 재적 과반수의 찬성을 얻어야만 부위원장으로 선출될 수 있다.

특조위 위원들은 황전원 상임위원을 부위원장으로 선출하는 것을 거부했다. 일부 위원들은 부위원장 선출 안건이 상정되는 것 자체를 반대했다. 이석태 위원장은 고민 끝에 2016년 6월 13일 제32차 전원위원회에 황전원 상임위원을 특조위 부위원장으로 선출하는 안건을 상정했다. 전원위원회에서 위원들은 특별법 시행 이후 특별법 제정 당시의 여야 합의가 하나도 지켜지지 않은 상황에서 여당 추천 상임위원을 부위원장으로 선출하는 정치적 합의만 지키는 것은 무의미하다고 주장했다. 황전원 상임위원의 경우 특조위 위원 자격이 없다는 주장도 있었다. 황전원 상임위원은 특조위 비상임위원 시절 여당에 가입해서 총선 예비후보자로 등록하면서 사퇴했기 때문이다. "위원의 결격사유"를 규정하는 「세월호 특별법」 제11조에는 "정당의 당원"과 "「공직선거법」에 따라 실시하는 선거에 후보자(예비후보자를 포함한다)로 등록한 사람"이 명시되어 있다.

많은 위원이 부위원장 선출 안건을 상정하는 것 자체를 반대하기 때문에 안건에 대한 심의나 표결에 참여하지 않겠다고 선언하고 퇴장해 버렸다. 전원위원회 회의장에는 위원장 포함 6명의 위원만 남게 되어 정족수 부족으로 부위원장 선출 안건 자체가 성립되지 않았다. 그 이후에는 부위원장 선출 안건이 전원위원회에 상정되지 않았다. 결국 황정원 상임위원은 특조위 부위원장으로 선출되지 못했다. 특조위는 부위원장과 사무처장 없이 활동을 계속했다.

33 비밀의 열쇠, 100만 개의 해경 주파수공용통신 녹음 파일을 발견하다

아주 우연하게 시작되었다. 세월호 참사가 일어나고 2년 넘는 시간이 지난 뒤에도 그 누구도 확인하지 않은 비밀스럽고 객관적인 자료가 고스란히 남아 있을 것이라고는 상상할 수 없었다.

2016년 5월 25일 수요일, 특조위 조사관들이 인천에 있는 국민안전처 해양경비안전본부(구 '해양경찰 본청') 상황실을 방문했다. 애초에 조사관들은 그때까지 공개되었던 해경 주파수공용통신 Trunked Radio System(TRS) 녹음 파일의 조작 여부를 조사하기 위하여 그 녹음 파일이 저장되어 있는 교신 음성 저장장치의 작동 원리를 확인할 계획이었다. 조사관들은 상황실을 거쳐 TRS 녹음 파일이 저장되어 있는 서버실을 방문했다. 서버실의 저장장치에 있는 소프트파일을 살펴보다가, 해경 사이의 통신망인 TRS 녹음 파일 이외에 다수의 별도 통신망 녹음 파일이 존재한다는 것을 알게 되었다. 서버실에서 특조위 조사관들은 2014년 4월 15일부터 2014년 12월 31일까지의 교신 내용이 저장된 음성파일이 무려 100만 개가 넘는다는 사실을 확인했다. 조사관들은 흥분을 속으로 감추고 기민하게 움직였다. 조사 방향이 바뀌었다. 음성파일을 확보해야 한다.

세월호 참사 당시 해경은 TRS 이외에 다양한 공용통신망을 운용했고, 그 통신망 사이의 교신 내용은 그대로 녹음되어 교신 음성 저장장치에 파일 형태로 보관되었다. 본청 서버실에 있는 교신 음성 저장장치에는 해경 TRS, 해경과 어선 사이의 통신망인 SSB, 해경과 해군 사이의 핫라인, 핸드폰, 해경과 헬기 사이의 통신망인 MTS 망의 음성파일이 저장되어 있었다.

검찰도 수사 초기에 해경 공용통신망의 존재를 포착했다. 그래서 세월호 참사 직후 검찰의 해경 본청 서버실 압수수색이 있었다. 그런데 검찰은 2014년 4월 16일부터 18일까지 3일 동안의 교신 내용이 저장된 TRS 녹음 파일만 압수했을 뿐이었다. 그 영향인지, 일반적으로 세월호 참사와 관련해서는 참사 당시 해경 TRS 음성파일에 대해서만 알려져 있었다.

특조위 조사관들에 의해, 100만 개 이상의 TRS 녹음 파일이 해경 본청에 보관되어 있었다는 사실이 처음으로 세상에 알려지게 되었다. 이 파일에는 해경 사이의 교신 내용뿐 아니라 해경과 함께 수색구조 작업에 참여했던 민간 어선, 해군, 헬기 등 사이의 교신 내용도 녹음되어 있기 때문에, 세월호 참사 진상규명을 위해 반드시 분석되어야 하는 정말로 중요한 기초 자료였다. 세월호 참사 진상규명을 위한 비밀의 열쇠. 따라서 특조위는 어떠한 일이 있어도 100만 개 이상의 TRS 녹음 파일을 반드시 확보해야 했다.

5월 26일, 조사관들이 자료를 확보하기 위해 옛 해경 본청에 대한 정식 실지조사를 실시했다. 보안을 이유로 자료 제출이 거부되자 그날은 조사관들이 특조위 사무실로 복귀했다. 5월 27일, 실지조사를 계속했으나 자료 제출도 계속 거부됐다. 결단이 필요했다. 마침 세월호 선수 들기 공정에 대한 실지조사를 위해 진도에 내려가 있던 진상규명소위원회 위원장이 원격으로 실지조사 현장을 지휘하기로 했다. 진상규명국 차원의 실지조사로 확대했고, 서울에 있는 박종운 상임위원과 진상규명소위원회 소속 장완익 비상임위원이 현장으로 달려갔다. 금요일 밤늦은 시간까지 특조위 위원들과 해양경비안전본부 담당자들이 협의했지만 성과는 없었다. 특조위는 100만 개 전체를 이미징 작업을 거쳐 특조위 사무실로 옮긴 다음 해양경비안전본부 입회 아래 분석하자고 했고, 그들은 자신들이 세월호 참사와 관련된다고 판단한 자료만 선별해서 제공하겠다고 했다.

진도에 있던 진상규명소위원회 위원장이 5월 28일 토요일 아침 인천 현장에 도착했다. 해양경비안전국장은 군사상 보안을 이유로 자료를 제공할 수 없다고 주장했다. 특조위는 자료를 제출받을 때까지 실지조사를 계속하기로 결정했다. 오전, 오후, 야간으로 조를 짜고 매일 24시간 동안 본청 서버실 앞을 지켰다. 만에 하나라도 자료를 다른 곳으로 옮겨 은폐하는 것을 막기 위한 대비책이었다.

6월 1일 수요일, 특조위 진상규명소위원회 위원장과 해양경비안전조정관(당시 해경차장 직무대행)이 만나서 협의했다. 협의 결과, 국가안보에 관한 내용을 선별하기 위한 작업의 편의성 등을 고려하여 자료 제출 준비 작업을 해양경비안전본부 청사에서 진행하고, 디지털포렌식 작업은 특조위와 해양경비안전본부 양측의 전문가 모두가 입회하여 추진하기로 했다. 그리하여 6월 2일 교신 음성 녹음장치 하드디스크에 대한 이미징 작업을 시작하기로 하고 그날 오후 4시까지 총 144시간째 지속된 조사관들의 24시간 대기를 해제했다.

조사관들이 담당 사건 조사도 중단한 채 약 10일에 걸쳐서 진행한 실지조사의 성과는 미미했다. 정부의 비협조와 특조위 조사활동 방해 책동 때문이다. 그 이후 특조위는 6월 24일과 7월 1일 2회에 걸쳐 해양경비안전본부 스스로 선별한 세월호 참사 관련 녹음 파일 7,100개 정도만 건네받았다. 해양경비안전본부는 6월 1일 특조위와 협의하면서 지속적으로 녹음 파일을 제공하기로 약속했지만, 7월부터는 스스로 했던 약속을 지키지 않았다. 정부가 특조위 조사활동을 종료시켰으니 그럴 수밖에 없다는 것이 그들의 해명이었다. 2016년 6월 30일 이전의 협의에 따른 이행이고 새로운 조사활동이 아님에도 불구하고, 해양경비안전본부는 구차한 변명을 늘어놓았다.

34 정부가 특조위 조사활동 강제 종료에 착수하다

정부는 특조위 조사활동 강제 종료를 위한 행동을 시작했다.

행정자치부가 먼저 움직였다. 2016년 5월 30일, "종합보고서와 백서 발간을 위하여 필요한 최소한의 정원안"을 2016년 6월 3일까지 제출해 달라는 행정자치부 장관 명의의 공문이 특조위에 접수되었다. 6월 3일, 특조위는 위원회 구성을 마친 날을 2015년 8월 4일로 해석하고 있으며 종합보고서와 백서 발간 활동기간을 2017년 2월 4일부터 5월 3일까지로 판단하고 있어 정원 산정 시기가 되지 않았으니 나중에 요청해 달라는 취지의 공문을 행정자치부에 보냈다.

6월 8일에는 기획재정부 장관 명의의 공문이 접수되었다. "보고서·백서 작성 및 발간을 위한 정원(안)을 관계부처와 조속히 협의·확정하여 그에 따른 향후 소요 예산(안)"을 6월 14일까지 제출해 달라는 내용이었다. 6월 13일, 특조위는 종합보고서와 백서 작성을 위한 예산 소요안 제출 시기가 되지 않았으니 나중에 요청해 달라고 기획재정부에 공문을 보냈다.

마침내 해양수산부가 움직였다. 그동안 행정자치부와 기획재정부 등 관계 부처 뒤에 숨어 있던 해양수산부가 6월 9일 특조위에 공문을 보냈다. 매우 노골적이고 무례한 것이었다. "귀 위원회의 조사활동기간 만료일이 도래함에 따라, 동법 제7조 제2항에 따른 종합보고서와 백서의 작성·발간 등에 필요한 정원안을 16. 6. 14(화)까지 제출하여 주시기 바랍니다." "동 기간 내 정원안 미제출 시, 귀 위원회의 종합보고서 작성 등을 지원하기 위하여 관계부처 협의에 따라 필요 인력이 배정될 계획임을 알려드립니다." 행정부의 하나의 부처에 불과한 해양수산부가 독립기관인 특조위에 이런 식의 공문을 보낸다는 것은 있을 수 없는 일이다. 더구나 해양수산부 공문은 해양수산부 산하 세월호인양추진단장이 작성한 것이었다. 특조위는 6월 13일 세월호인양추진단의 공문이 "추진단의 업무(기능) 범위를 이탈하고 법령을 무시하는 행위"라며 강력히 항의하는 공문을 보냈다.

정부는 아랑곳하지 않았다. 특조위의 강력한 반발에도, 준비된 일정을 진행시켰다. 특조위는 고립되어 있었다. 2016년 6월 21일, 해양수산부의 최후통첩이 있었다. "6월 30일"을 명시하면서 그때까지 특조위 조사활동을 종료하라는 공문이었다. 6월 30일에는 기획재정부가 공문을 보냈다. 정부가 주장하는 종합보고서 작성 기간 3개월 동안 예산배정은 하지 않을 테니 남아 있는 기존 예산을 아껴 쓰라고 했다. 기가 찰 노릇이었다. 정부 스스로 종합보고서 및 백서 작성 기간이 새로 시작되었다고 판단한다면, 그에 걸맞은 예산을 예비비로 배정하는 것이 온당하다. 정부는 특조위를 행정부 내의 부처 수준으로도 인정하고 싶지 않았던 것이다. 처음부터 태어나지 말아야 할 조직이 특조위라고 생각하고 있었기 때문이다.

2016년 6월 한 달 동안 정부는 아무것도 하지 않은 채, 몇 차례 공문을 보내는 것으로 특조위 조사활동 강제 종료를 기정사실화했다. 2015년 정기국회에서 특조위의 2016년도 예산을 6개월분만 배정했기 때문에 이런 폭거가 가능했다. 예산 없는 국가기구가 할 수 있는 일은 하나도 없다. 예산을 무기로 삼은 통제와 더불어 파견공무원들의 소극적 태도도 특조위의 정상적인 활동을 제약하는 요인으로 작용했다. 특조위가 해양수산부 등 정부 부처와 공문을 주고받는 과정에서 특조위는 정부의 입장과 대립하는 공문을 작성하고 발송했다. 특조위 정원안이나 예산안은 주로 행정지원실 소속 파견공무원의 업무였다. 파견공무원들은 조만간 소속 부처로 복귀할 예정이라 위원장의 업무 지시를 그대로 따르기를 주저하는 모습을 보이기도 했다. 이런 상황 탓에 위원장은 파견공무원들을 배려하여 6월 한 달 동안 특조위 외부로 발송하는 공문에 대해서는 위원장 비서관이 기안하도록 조치했다. 특조위로서는 불가피한 일이었다.

*   *   *

2017년 9월 8일, 서울행정법원은 특조위 조사관들이 제기한 공무원보수지급청구 사건의 1심 판결문에서 특조위 활동기간의 시작이 2015년 8월 4일이라고 선언했다. 그리고 이 판결에 대해 정부가 항소하지 않아서 그대로 확정되었다.

특별법 제7조 제1항은 위원회는 '그 구성을 마친 날'부터 1년 이내에(6개월 이내 연장 가능) 활동을 완료하여야 한다고 정하고 있다. 특별법이 위원회의 필수적 기관으로 소위원회(특별법 제16조), 사무처(특별법 제18조) 등을 두도록 하고, 위원장·부위원장 등을 선출하도록 하며(특별법 제6조 3항), 120명 이내의 직원을 두도록(특별법 제15조 제1항, 특별법 시행령 제2조, 제3조) 정하고 있으므로, 법령에서 정한 위 각 사항들이 구성되어야 비로소 위원회의 구성이 마쳐졌다고 할 수 있는 점 …… 등을 종합하면, 특별법 제7조 제1항에서 말하는 '위원회가 구성을 마친 날'은 …… 위원회의 인적·물적 구성이 실질적으로 완비된 2015. 8. 4.이라고 보는 것이 타당하다. (서울행정법원 2017. 9. 8. 선고 2016구합78097)

35 특조위 내부 전열 정비와 사무실에서의 1박 2일

대통령은 2016년 4월에 언론사 관계자들과의 간담회에서 특조위 활동기간 보장에 대해 "국민 세금이 많이 들어가는 문제"라고 언급했다. 세월호 참사에 관한 대통령의 인식은 매우 실망스러웠다. 돈 문제 말고는 아무런 관심도 없는 것처럼 보였다.

그래도 2016년 5월 초까지는 상황이 조금은 유동적이었다. 5월 11일에는 당시 여당 원내대변인이 특조위 활동기간 연장 가능성을 언급했고, 5월 13일 대통령과 여야 3당 원내지도부의 만남에서 세월호특조위 활동기간에 관한 논의가 있을 것으로 기대되었다.

특조위 조사활동 강제 종료는 점점 현실로 다가오고 있었다. 특조위 내부에는 팽팽한 긴장감이 감돌았다. 과연 정부의 부당한 강제 종료 조치를 막아낼 수 있을지, 2016년 6월 말이 지나도 조사활동을 계속할 수 있을지 등에 대한 고민이 배어 있었다.

5월 하순부터 특조위는 여러 단위에서 조사활동 강제 종료와 관련된 내부 토론을 진행했다. 특조위의 진로와 관계되는 문제이므로 특조위 구성원 모두의 의사를 확인하고 모을 필요가 있었다. 위원들 가운데 정부의 조치에 반대하는 위원들은 위원장을 중심으로 논의하고, 조사관들은 직급별 토론이나 국·과별 토론에서 서로의 생각을 확인했다. 조사관들 대표가 위원장과 면담을 갖고 조사관들의 의견을 위원장에게 직접 전달하기도 했다. 이런 상황에서 조사관들의 조사활동이 제대로 진행되기는 어려웠다. 조사활동에 집중하는 조사관도 일부 있었지만, 정부의 특조위 조사활동 강제 종료 조치는 시작되기 전부터 특조위 조사활동을 방해하기에 충분했다.

조사관들도 위원들과 함께하겠다는 의사를 분명하게 밝혔다. 특조위는 6월 말로 조사활동을 강제로 종료시키겠다는 정부의 조치를 인정하지 않기로 했다. 정부가 종합보고서 작성 기간이라고 주장하는 7, 8, 9월 동안에도 조사활동을 계속하기로 결의했다. 세월호 유가족들도 절대로 정부의 조치를 받아들여서는 안 된다고 했고, 특조위가 끝까지 싸워 주기를 바랐다.

특조위는 6월 말까지의 행동 방침을 정했다. '해양수산부를 비롯한 정부 부처의 종합보고서와 백서 작성을 위한 정원안과 예산안을 수용하지 않고, 위원장은 해양수산부가 정한 정원안에 따른 조사관 면직 조치를 취하지 않는다. 조사관들은 그동안 진행한 조사활동을 정리하는 시간을 갖고, 진상규명조사보고서 작성을 위해 노력한다. 인양팀은 세월호 인양 후의 선체조사 계획안을 작성한다. 19대 국회에서 자동 폐기된 특별검사 임명 요청안을 다시 국회에 보낸다. 특별법상 가능한 고발 또는 수사 요청 사안을 정리한다.'

만족스럽지는 않지만, 6월 말까지 특조위는 몇 가지 작업을 수행했다. 세월호 참사 관련 보도에 부당하게 관여했던 참사 당시 청와대 홍보수석을 검찰에 고발했고, 해경 지휘부에 대한 특별검사 임명 요청안을 국회에 다시 보냈다.

2016년 6월 27일 제33차 전원위원회에서는 특조위의 첫 번째 진상규명조사보고서를 의결했다. "세월호 도입후 침몰까지 모든 항해

2016년 6월 30일 세월호특조위 조사활동 강제 종료 일자에 조사관들은 일과를 마치고도 퇴근하지 않고 토론회를 열었다.

시 화물량 및 무게에 관한 조사의 건"이다. 조사관들은 세월호에 적재되었던 화물 전체 내역과 중량에 대해 2014년 4월 15일의 세월호 선내 CCTV 영상을 분석하는 방법으로 조사를 진행했다. 이를 통해, 화물의 종류 · 수량 · 적재 방식 · 적재 위치 등을 정밀 분석할 수 있었다. 그리고 화물 피해 업체 등에 대해 전수조사를 실시하여 화물의 종류 · 수량 · 중량 등을 파악했다. 세월호에는 410톤의 철근이 실려 있었고 적재된 철근의 일부가 제주 해군기지로 운반 중이었음이 확인됐다. 기존 검경합동수사본부나 해양수산부 등 어떤 국가기관도 밝혀내지 못한 새로운 사실이었다.

2016년 6월 30일. 마침내 특조위 조사활동 강제 종료의 날이 오고야 말았다. 조사관들은 이날을 그냥 보낼 수는 없다고 생각했다. 평상시처럼 퇴근하고 나면 7월 1일부터 특조위 사무실 출근이 어려위질 수도 있다고 생각했다. 조사관들은 일과를 마친 후에 퇴근하지 말고 밤새도록 사무실을 지키자고 결의했다. 자발적으로 12시간 밤샘토론회를 기획하고 준비했다.

특조위 조사관들은 결의를 다지고 있었다. 결코 정부의 뜻대로 특조위 조사활동이 강제로 종료되는 상황을 만들지는 않겠다고 다짐했다.

그에 앞서 2016년 6월 5일에는 위원장과 일부 상임위원, 그리고 팀장급 이상 조사관들이 안산에서 세월호 유가족들과 간담회를 가졌다. 그 자리에서 조사관들은 특조위를 끝까지 책임지겠다는 의지를 보여 주었고, 유가족들은 조사관들을 믿는다고 화답해 주었다.

6월 30일 저녁 7시. 이석태 위원장의 인사말로 조사관 밤샘토론회를 시작했다. "세월호 참사의 총체적 진실규명을 위한 이어말하기"라는 제목으로 밤샘토론회가 진행되었다. 조사관들은 각자가 독자적으로 진행해 온 조사의 내용에 관해 보고했다. 그 과정에서 개별적으로 진행되었던 조사의 내용을 조사관들이 공유할 수 있었다. 조사관들은 향후 조사의 방향과 체계에 관해 건설적인 제안을 내기도 했다. 조사관들의 밤샘토론회에 대해 관심을 보인 일부 언론은 현장을 취재했다. 세월호 유가족들은 토론회장을 방문해서 격려의 뜻을 전했다.

밤샘토론회를 마친 다음 날 아침, 조사관들은 간단하게 식사하고 다시 사무실로 출근했다. 조사관들이 출근하는 특조위 사무실 앞에서 세월호 유가족들이 응원을 보냈다. 유가족들은 진상규명을 위해 출근하는 이석태 위원장과 조사관들을 따뜻하게 안아 주고 지지하는 마음을 전달했다.

36 침몰하는 세월호특조위

정부는 특조위 조사활동을 강제로 종료시켰지만 조사관들은 흔들리지 않았다. 특조위 조사관들은 2016년 7월에도 조사활동을 계속했다. 정부 부처에 관련 자료 제출을 요구했고, 조사대상자들을 소환했다. 그러나 얼마 지나지 않아 조사활동이 한계에 부딪혔다. 정부 부처는 특조위의 자료 제출 요구를 거부했고, 조사대상자들은 특조위 조사를 거부했다. 정부 부처와 조사대상자들은 특조위 조사활동이 종료되었기 때문에 협조할 수 없다고 주장했다.

조사활동 강제 종료 조치는 조사관들의 공무원 신분을 부정하고 예산을 한 푼도 지급하지 않는 것으로 표현되었다. 조사관들에게 월급은 고사하고 출장비 등 조사활동 경비도 지급되지 않았다. 심지어 과 운영비 등 일상적인 활동을 위한 기본적인 경비조차 지급되지 않았다. 특조위 조사관들은 공무원임에도 불구하고 국가예산을 전혀 지원받지 못하는 상황에 처했다. 조사관들은 자원봉사자처럼 자비로 조사활동 경비를 충당했다.

조사관들과 달리 위원장을 비롯한 상임위원은 종합보고서 작성 기간 동안 공무원 신분을 보장받았다. 특별법은 종합보고서 작성 및 백서 발간을 위한 3개월 동안 상임위원을 정무직공무원으로 인정하고 있기 때문이다. 결코 정부의 배려에 의한 것이 아니다. 위원장을 비롯한 상임위원에게는 7월 이후에도 3개월 동안 급여가 지급되는 것은 물론이고 여전히 업무추진비와 관용차가 제공되는 것은 법적으로 당연했다.

그러나 그럴 수는 없는 일이었다. 당시 이석태 위원장, 박종운 상임위원과 권영빈 상임위원 등 세 명은 조사관들과 동일한 조건으로 근무해야 한다고 판단했다. 7월부터는 관용차를 반납하고 대중교통을 이용했으며 업무추진비 사용을 중단했다. 위원장과 상임위원 2명은 2016년 7월부터 3개월 동안 조사관들과 어려움을 같이했다.

2016년 7월 한 달은 그럭저럭 버텼다. 하지만 조사관들의 노력에도 불구하고 현실적으로 조사활동이 더는 진행되기 어려웠다. 위원장의 결단이 필요했다. 한동안 고뇌하던 위원장이 조사활동을 계속하고 싶다는 특조위의 요구를 외부에 밝히겠다고 결심했다. 평화적이면서도 강력한 의사표시의 방식으로 단식 농성을 선택했다. 위원장의 단식은 침몰하는 특조위를 구조해 달라는 절박한 몸부림이었다. 특조위를 침몰시킨 것은 정부·여당이지만, 침몰하는 특조위를 구조할 수 있는 것은 국회뿐이라고 판단했다. 특조위는 국회가 「세월호 특별법」을 개정해서 특조위 조사활동기간을 보장해 주기를 바랐다.

2016년 7월 27일, 이석태 위원장이 광화문 세월호광장에서 단식 농성을 시작했다. "정부는 특조위 조사활동 보장하라" "국회는 세월호 특별법을 개정하라"라는 요구를 전면에 내세웠다. 7월 27일은 조사관들이 1년 전에 첫 출근한 날이다. 위원장은 조사관의 한 사람으로서 조사활동을 계속하고 싶다는 의지를 보인다는 의미에서 그

날 단식 농성을 시작한 것이다.

위원장이 단식 농성을 시작했지만, 특조위는 활동을 멈출 수 없었다. 이미 특조위 제3차 청문회를 개최하기로 결정한 상태였다. 위원장을 뒤이어 상임위원, 비상임위원, 조사관이 릴레이 단식 농성을 순차적으로 계속하기로 했다. 광화문 세월호광장에서 농성장을 지키는 사람들 이외에는 모두 특조위 사무실에 정상적으로 출근해서 활동을 계속했다. 위원장이 1주일, 진상규명소위원회 위원장과 안전사회소위원회 위원장이 각 3일, 비상임위원들이 차례로 하루나 이틀씩 단식 농성을 했고, 그 뒤를 조사관들이 하루나 이틀씩 이어갔다. 특조위 릴레이 단식 농성은 2016년 7월 27일부터 10월 5일까지 71일 동안 계속되었다. 위원장부터 상임위원, 비상임위원, 조사관까지 특조위 구성원 모두가 참여했다.

광화문 세월호광장에는 시민들과 시민 단체의 자발적인 동조 단식 농성이 이어졌다. 특조위를 응원하는 시민들의 지지 방문도 끝이 없었다. 여당을 제외한 정치권의 지지 방문도 계속되었다. 정세균 국회의장이 단식 농성 중인 위원장을 방문해서 격려했다. 야당의 당대표와 원내대표, 국회의원들도 농성장을 찾아와 특별법 개정을 약속했다. 특히 더불어민주당 소속 국회의원들은 직접 동조 단식 농성에 참여하며 농성장을 지켰다. 세월호 유가족들은 생명의 위험을 무릅쓴 무기한 단식 농성으로 특조위를 지지하고 지원했다. 단식 농성 기간 동안 세월호특조위는 국민과 세월호특조위의 만남을 네 차례 진행했고, 토요일마다 '촛불문화제' 행사를 열었다. 지지하고 격려하고 방문하고 참여해 주신 모두에게 감사드린다.

기대했던 특별법 개정은 2016년 9월 30일까지 이루어지지 않았다. 특조위는 정부에 의해 불법적으로 강제해산 당했다. 특조위 릴

레이 단식 농성도 이제 마무리해야 할 시점이 되었다. 2016년 10월 5일, 특조위는 광화문 세월호광장에서 철수했다.

10월 5일 기자간담회에서 배포했던 자료 가운데 「단식농성 경과」 부분을 부록으로 첨부한다.

37 특조위 제3차 청문회

　정부에 의해 2016년 7월 1일부터 조사활동이 가로막혔지만, 특조위는 조사활동을 계속해야 했다. 특조위는 정부의 방해를 뚫고 조사활동을 계속하겠다는 의지를 표명하기로 했다.

　2016년 7월 11일 제34차 전원위원회에서 특조위 제3차 청문회를 의결했다. 한 달 정도 준비해서 8월 23일과 24일 이틀 실시하기로 했다. 제3차 청문회의 주제는 "침몰 원인 규명", "참사 당시 및 이후 정부 대응의 적정성 등", "참사 당시 및 이후 언론보도의 공정성·적정성 등", "선체 인양 과정의 문제점 및 선체 인양 후 보존 등"으로 정했다. 일정은 을지훈련 기간과 겹쳐서 나중에 9월 1일과 2일로 변경했다.

　제3차 청문회는 이전의 청문회에 비해 어려움이 많았다. 정부가 조사관들의 신분과 지위를 전면적으로 부정한 상태였다. 정부는 청문회에 예산을 지원하지 않았고, 조사대상자들은 출석을 거부했다. 특조위 조사활동이 중단된 상태에서 청문회의 내용을 채우기가 쉽지 않았다. 청문회 장소를 구하는 과정도 순탄치 않았다. 20대 국회는 여소야대 구성에 국회의장이 야당 출신이었지만, 특조위 청문회를 위한 장소를 제공하지 않았다. 특조위는 청문회 장소를 구하는 과정에서 정부의 부당한 압박에 시달리기도 했다. 게다가 해양수산부는 특조위 청문회가 불법이라고 선동하는 월권행위도 서슴지 않았다.

특조위 청문회는 진화를 거쳐 왔다. 제1차 청문회는 자체 조사가 부족한 상태에서 검찰 수사 기록, 재판 기록, 감사원 기록 등을 분석하며 진행했다. 제2차 청문회는 직접 조사한 내용 중심으로 진행하면서 새로운 사실을 드러냈다. 이제 제3차 청문회는 특조위가 바라보는 세월호 참사 진상규명의 방향을 제시해야 한다. 그와 동시에 정부의 불법적인 강제해산에 맞서 특조위가 존속해야 할 필요성을 입증해야 한다. 조사활동이 강제로 종료된 상황에서 참으로 어려운 과제 앞에 마주섰다.

특조위 청문회는 조사활동의 성과를 공개하고 국민과 공유하는 과정이다. 지금까지 밝혀지지 않았던 새로운 사실들을 청문회를 통해서 알려야 한다. 이번 청문회는 다수 증인의 불출석이 예상되므로 증인 없이도 내실 있는 청문회가 되도록 준비해야 한다. 이를 위해 위원과 조사관들이 함께 청문회준비위원회를 조직했다. 직접 조사를 수행한 조사관들의 의견을 최대한 반영하여 주제와 신문 내용을 선정했다. 위원과 증인이 직접 대면하여 묻고 답하는 방식만을 고집하지도 않았다. 진실을 드러내기 위한 방식은 하나가 아니기 때문이다. 불출석이 예상되는 증인들에 대해서도 세심하게 준비했다. 그런 증인들에 대해서는 그들이 기존에 국회나 언론 등에서 발언했거나 보도된 육성 녹음이나 동영상을 질문 사이에 답변으로 배치했다. 마치 청문회에 출석해서 답변하는 것처럼. 마지막으로 증인 없이 위원과 조사관이 진행하는 세션도 마련했다.

특조위 청문회를 위한 최적의 장소는 국회였다. 이번에도 특조위는 국회에 정식으로 장소 제공을 요청했다. 국회는 7월 2일 「4·16 세월호참사특별조사위원회 청문회 장소 이용 협조 요청 관련 회신」을 통해 특조위의 요청을 거절했다. "국회 내 회의장은 「국회청사 회의장등 사용 내규」에 따라 국회가 주관하는 인사청문회 및 공청회, 원내 교섭단체가 국회의 운영을 위하여 사용하는 경우 등에만 사용하도록 되어 있어 외부기관은 사용이 불가함을 알려드립니다."

특조위는 서둘러 사립학교교직원연금공단 사학연금회관 강당을 대관하고 8월 10일에 사용료까지 납부함으로써 대관에 관한 절차를 마쳤다. 갑자기 사학연금공단은 강당 대관 취소를 요청해 왔다. 교육부가 사학연금공단에 대관 취소를 압박한 것으로 파악되었다. 특조위로서는 정상적인 계약을 통한 대관을 취소해 달라는 요청을 받아들일 이유가 없었다. 그렇지만 대관 담당자에 대한 문책 운운하는 상황에서 대관 담당자를 배려하여 특조위는 사학연금회관 강당 사용을 포기했다.

시간이 얼마 남지 않은 상황에서 특조위는 연세대학교 김대중도서관 국제회의실을 구할 수 있었다. 특조위 청문회를 진행하기에는 좁은 공간이었지만, 국민들이 사정을 이해하는 상황에서 제3차 청문회를 실시했다. 김대중도서관 측은 청문회를 위해 최대한 편의를 제공했다. 정말 고마웠다.

장소 문제를 해결하고 청문회 준비에 박차를 가하고 있을 즈음에 해양수산부가 특조위 청문회에 대해 왈가불가하고 나섰다. 8월 23일, 해양수산부는 "'종합보고서와 백서의 작성·발간'을 위한 기간(7.1.~9.30.)인 현재 청문회를 개최하는 것은 법적 근거가 없다"라는 내용의 보도자료를 배포했다. 해양수산부의 이런 행위는 명백한 월권이고, 「세월호 특별법」을 자의적으로 해석한 결과에서 비롯

2016년 9월 세월호특조위 제3차 청문회 현장 (필자 촬영)

된 것이었다. 「특별법」은 "업무를 수행하기 위해 필요하다고 인정
하는 경우" 청문회를 개최할 수 있다고 규정하고 있으며(제31조),
이는 "조사활동"의 기간에만 개최할 수 있다고 규정한 것이 아니고

"종합보고서와 백서의 작성 및 발간"의 기간에는 개최할 수 없다고 규정한 것도 아니다. 더구나 특별법상 조사활동기간 중 "조사"의 대상은 "조사대상자 및 참고인"으로 규정한 것(제26조 등)과 달리 청문회의 "신문" 대상은 "증인·감정인·참고인"이라고 규정하여(제32조 등) '조사'와 '청문회'를 엄격하게 구별하고 있기도 하다. 따라서 청문회는 특조위 활동기간이 최종적으로 종료되기 이전이라면 조사활동기간이든 종합보고서와 백서의 작성 및 발간의 기간이든 관계없이 필요할 때 언제든지 개최할 수 있는 것이다.

2016년 9월 1일부터 2일까지 이틀 동안 특조위 제3차 청문회가 개최되었다. 청문회 시작 전의 우려와 달리, 또한 많은 증인의 불출석에도 불구하고, 제3차 청문회는 참사와 관련하여 지금까지 알려지지 않았던 새로운 사실을 많이 드러냈다. 세월호의 CCTV 동영상 파일이 일부 삭제되거나 편집되었을 가능성이 제기되었다. 해경의 TRS 녹취록 중 일부만 확인한 상태에서도, 침몰한 세월호 선내에 남아 있는 공기층, 이른바 "에어포켓"의 존재 유무와 생존자를 위한 공기 주입 과정에 대한 발표는 거짓이고 청와대에 보여 주기 위한 행사였음이 확인되었다. 팽목항에 파견되었던 경찰들이 유가족을 사찰한 사실이 드러났고, 청와대가 세월호 참사에 대한 보도를 통제하였던 정황 등을 국민들이 지켜볼 수 있었다.

특조위 제1차, 제2차 청문회와 마찬가지로 지상파와 보도전문채널, 종합편성채널은 특조위 청문회를 생중계하지 않았다. 그러나 이번에는 TBS가 제3차 청문회를 온전히 생중계했다. 국민들은 인터넷방송 생중계와 더불어 TBS 생중계를 같이 볼 수 있었다.

제3차 청문회를 마무리하는 자리에서 청문회 방청인과 피해자 단체 대표의 발언이 있었다. 김동수 생존자, 임종호 유가족, 박보나 유가족, 황병주 잠수사, 김성묵 생존자, 전태호 세월호참사일반인희생자 대책위원장, 유경근 세월호참사가족협의회 집행위원장이 발언했다. 그중에서 유경근 집행위원장은 "오늘까지 세 차례 청문회를 통해서 왜 세월호 특별법과 특조위가 필요한지를 충분히 입증했다"라고 평가했다. 박보나 유가족은 이렇게 호소했다. "특조위도, 인양도 모든 게 침몰하고 나면 우리는 그 긴 시간을 어떻게 버티며 살아가야 할지 막막하고 두렵습니다. 시민분들, 제발 이번 제3차 청문회가 마지막 청문회가 되지 않도록, 여러분이 함께 만들어 주신 세월호 특별법과 특조위가 그대로 침몰하지 않도록 도와주십시오." 청문회장은 눈물바다로 변했다.

*   *   *

2017년 4월에 출범한 세월호 선체조사위원회는 청문회 개최 권한을 부여받지 못했다. 속칭 '제2의 세월호특조위'라고 기대를 모았던 '사회적참사 특별조사위원회'(이하 '사참위')는 법에 의해 청문회 개최 권한을 보장받았다. 그런데 사참위는 활동기간 동안 '세월호참사 관련 청문회'를 단 한 번도 개최하지 않았다. 3년 이상의 사참위 활동기간을 생각하면 이해가 잘 안된다.

38 세월호 인양

　특조위가 강제해산 당하면 세월호 인양 작업에 대한 감시와 비판을 할 수 없게 된다는 게 가장 안타까웠다. 해양수산부와 상하이샐비지의 세월호 인양 약속은 지켜지지 않았다. 세월호가 언제 인양될지 알 수 없는 상황이었다. 해양수산부와 상하이샐비지는 아무런 견제도 받지 않고 자신들 입맛대로 세월호 인양 작업을 처리할 것으로 예상되었다.

　미수습자 가족들, 유가족들, 국민들은 2016년 7월말까지 세월호가 인양되기를 간절하게 바랐다. 정부는 세월호 인양 업체를 선정하면서, 상하이샐비지의 인력과 장비라면 예상되는 몇 가지 어려움에도 불구하고 해저 44m에 있는 145.61m 길이의 세월호를 목표대로 인양할 수 있을 것이라고 장담했다. 그러나 그런 기대는 무너지고 말았다.

　2016년 5월 초순에는 10일 정도 걸릴 것이라고 예상했던 세월호 선수 들기 공정은 여러 차례 실패 끝에 7월 말에야 겨우 마칠 수 있었다. 그리고 세월호 선미에 받침대(리프팅 빔lifting beam)을 장착하는 공정은 무려 5개월이나 걸렸다. 더는 해양수산부와 상하이샐비지의 세월호 인양 작업을 믿을 수 없게 되었다. 2016년 11월 초, 마침내 세월호 인양 책임부서인 해양수산부는 그해에는 세월호 인양이 불가능하다고 자백했다. 그리고 세월호 인양 방식을 변경한다고 공표했다. 세월호 인양 작업이 어떻게 될지 점점 더 알 수 없게 되었다.

해가 바뀌어 2017년 1월 16일. 더불어민주당이 국회의원회관에서 개최하는 "세월호 인양 대국민 설명회"에 해양수산부와 상하이 샐비지 관계자가 참석하여, 2017년 4월에서 6월 사이에 세월호를 인양하겠다고 약속했다.

모든 상황을 뒤집을 만한 중대한 사건이 그 사이에 일어났다. 2017년 3월 10일 대통령 박근혜가 파면된 것이다. 그러자 갑자기 정부는 3월 23일에 세월호를 인양해 버렸다. 이제 미수습자 수습과 선체조사가 당면한 과제로 떠올랐다.

세월호 인양은 인양 후 선체 보존의 문제와도 관계가 있다. 세월호의 침몰 원인을 규명하기 위해서는 세월호 선체를 온전히 보전해야 하고 그러기 위해서는 온전한 인양이 필수적이다. 세월호 선체의 기기 결함 여부뿐만 아니라 선체 외관에 남아 있는 흔적 등을 조사해야 하기 때문이다. 이런 과정을 거치지 않는다면, 침몰 원인을 밝히는 것은 고사하고, 세간에 제기된 여러 의혹에 대하여 제대로 된 답을 할 수가 없게 된다.

해양수산부는 세월호 인양 후 선체 보존에 대해 부정적인 태도를 취하고 있다. 나아가 해양수산부는 세월호 인양이 마치 미수습자 수습만을 목적으로 하는 것처럼 여론을 호도하고 있다.

해양수산부는 이미 2015년 5월 초 "세월호 인양선체 정리용역"이라는 이름으로 "용역 입찰 공고"를 냈다. 세월호 인양의 길이 보이지도 않을 때에 뭐가 그리도 급했는지 "긴급"이라며 선체를 처리할 업체를 선정하려 한 것이다. 특조위는 미수습자 가족, 세월호 유가족, 특조위의 의견을 반영해서 선체 정리 업체를 선정하라고 요구했으나 해양수산부는 철저히 무시했다. 그리고는 2016년 6월 15일, "객실 직립방식"을 제안한 코리아쌀베지를 우선협상대상자로 선정했다. 객실 직립방식이란 세월호 선체를 인양한 다음에 선체를 조사하기 전에 객실과 화물칸을 삼등분한다는 것을 의미한다. 선체를 절단한다는 것이다. 세월호 선체를 절단한다고 말하면 쏟아질 국민적 비난을 피하기 위해 "객실 직립방식"이라는, 특별한 내용도 없는 말을 해양수산부와 코리아쌀베지가 만들어 낸 것으로 생각된다.

　2016년 8월 29일, 해양수산부는 "객실 직립방식"을 설명하면서 세월호 선체를 인양한 다음에 객실과 화물칸을 삼등분하겠다는 계획을 공개했다. 정부에 의해 조사활동이 강제로 종료된 특조위가 조사 권한을 행사하지 못하고 있던 때였다. 세월호 선체를 절단하겠다는 입장을 밝힌 그날의 해양수산부 기자회견은 여러 가지 심각한 문제를 안고 있었다. 우선, 해양수산부는 세월호 인양 목적으로 "미수습자 수습"만 밝혔다. 이는 침몰 원인 규명이라는 세월호 인양의 또 다른 목적을 완전히 배제한 것으로 아주 잘못된 것이며, 세월호 인양 후 선체조사를 인정하지 않겠다는 입장을 분명히 한 것이다. 그 다음으로 해양수산부는 인양 후 세월호 선체를 객실과 화물칸으로 절단하겠다고 했는데, 이는 기기 결함 등의 참사 원인을 규명하기 위한 선체 정밀조사를 원천적으로 봉쇄하겠다는 것이다. 세월호는 선체 최상부 조타실부터 선미 끝 러더(키)에 이르는 일련의 운용 계통이 하나로 연결되어 있다. 조타실에서 엔진과 러더를 움직인다는 점으로 쉽게 알 수 있는 사실이다. 세월호 선체를 절단한다는 것은 세월호 선체의 팔과 다리, 신경을 끊어 내는 것과 마찬가지다. 그러므로 해양수산부가 주장하는 소위 "객실 직립방식"은 세월호의 신

호전달체계의 이상 유무, 전자적 · 물리적 오류 여부에 대한 조사를
영원히 불가능하게 만드는 것이다.

39 세월호특조위는 계속된다

그날은 마침 세월호 참사 900일째였다. 2016년 10월 1일, 정부는 기어이 특조위 강제해산을 단행했다. 그렇다고 물리적 충돌이 있었던 것은 아니다. 정부는 파견공무원들을 통해서 위원장을 비롯한 상임위원과 조사관들의 공무원 지위를 박탈했다. 위원장과 조사관들이 정부 업무 포털 시스템에 접근하는 권한을 제거했다. 지난 7, 8, 9월 3개월 동안은 조사관들이 업무 포털 시스템을 통해서 활동하는 것을 막지는 않았다. 10월 1일부터 조사관들이 공무원으로서 할 수 있는 일은 하나도 없었다.

그러나 특조위 활동은 끝나지 않았다. 정부의 특조위 강제해산 조치에 반대하는 위원 10명은 한 달에 한 번씩 정기적인 모임을 이어 갔다. 위원들은 그동안 진행된 경과를 보고하고 세월호 관련 진행 상황을 공유하고 현안에 대한 입장을 논의했다. 정부의 특조위 강제해산 조치에 반대하는 조사관 26명은 후속 모임을 만들어 조사내용을 점검하고 사안별로 보완할 조사내용을 정리하고 있다. 또한 조사관들은 일주일마다 주제별로 조사관 컨퍼런스를 진행했다. 정부가 특조위 사무실을 철거하기 시작한 2016년 10월 말 이후부터는 YMCA가 흔쾌하게 특조위 조사관들을 위해 공간을 제공해 주었다.

특조위 조사관들은 합정동에 있는 YMCA 서울지부 사무실로 출근했다. 감사하다.

조사관들은 2016년 10월 17일 정부를 상대로 '공무원 지위확인 및 임금청구 소송'을 제기했다. 정부가 주장했던 종합보고서 작성기간이 특조위 조사활동기간이므로 그동안 미지급한 2016년 7, 8, 9월 3개월 월급을 지급하라는 소송이다. 조사관들은 1년 후 이 소송에서 정부를 상대로 승소했다.

2016년 12월 말, 세월호 참사 원인으로 외력 침몰설을 주장하는 동영상에 대하는 해군의 잘못된 태도를 지적하는 특조위 위원장 명의의 보도자료를 배포했다.

2017년 1월 5일, 4·16세월호참사국민조사위원회 창립토론회에 세월호특조위가 후원단체로 참여해 조사관들이 정리한 내용을 발표했다.

그렇게 시간이 흐르는 동안 2016년 12월 9일 국회에서 "대통령(박근혜)탄핵소추안"이 가결되었다. 탄핵소추 사유 중에는 생명권 보호의무 위반이 있다.

마. 생명권 보장(헌법 제10조) 조항 위배
대통령은 국가적 재난과 위기상황에서 국민이[국민의 - 인용자] 생명과 안전을 지켜야 할 의무가 있다. 그러나 이른바 세월호 참사가 발생한 당일 오전 8시 52분 소방본부에 최초 사고접수가 된 시점부터 당일 오전 10시 31분 세월호가 침몰하기까지 약 1시간 반 동안 국가적 재난과 위기상황을 수습해야 할 박근혜 대통령은 어디에도 보이지 않았다. 침몰 이후 한참이 지난 오후 5시 15분경에야 대통령은 재난안전대책본부에 나타나 "구명조끼를 학생들은 입었다고 하는데 그렇게 발견하기가 힘듭니까?"라고 말하여 전혀 상황파악을 하지 못하였음을 스스로 보여주었다. 대통령은 온 국민이 가슴 아파하고 눈물 흘리는 그 순간 국민의 생명과 안전을 책임지는 최고결정권자로서 세월호 참사의 경위나 피해상황, 피해규모, 구조 진행상황을 전혀 인지하지 못하고 있었던 것이다.

그 후 박근혜 대통령은 국민들과 언론이 수차 이른바 '세월호 7시간' 동안의 행적에 대한 진실 규명을 요구하였지만 비협조와 은폐로 일관하며 헌법상 기본권인 국민의 알권리를 침해해 왔다. 최근 청와대는 박대통령이 당일 오전 9시 53분경에 청와대 외교안보수석실로부터, 10시경에 국가안보실로부터 각 서면보고를 받았고, 오전 10시 15분과 10시 22분 두 차례에 걸쳐 국가안보실장에게 전화로 지시하였으며, 오전 10시 30분에는 해양경찰청장에게 전화로 지시하였다고 일방적으로 발표하였다. 그러나 이를 확인할 수 있는 근거자료는 전혀 제시하지 않았다. 만일 청와대의 주장이 사실이라 하더라도 대통령은 처음 보고를 받은 당일 오전 9시 53분 즉시 사태를 정확히 파악하고 동원 가능한 모든 수단과 방법을 사용하여 인명구조에 최선을 다했어야 한다. 또한 청와대 참모회의를 소집하고, 관계 장관 및 기관을 독려했어야 한다. 그러나 박근혜 대통령은 편면적인 서면보고만 받았을 뿐이지 대면보고조차 받지 않았고 현장 상황이 실시간 보도되고 있었음에도 방송 내용조차 인지하지 못했다. 결국 국가적 재난을 맞아 즉각적으로 국가의 총체적 역량을 집중 투입해야 할 위급한 상황에서 행정부 수반으로서 최고결정권자이자 책임자인 대통령이 아무런 역할을 수행하지 않은 것이다. 세월호 참사와 같은 국가재난상황에서 박대통령이 위와 같이 대응한 것은 사실상 국민의 생명과 안전을 보호하기 위한 적극적 조치를 취하지 않는 직무유기에 가깝다 할 것이고 이는 헌법 제10조에 의해서 보장되는 생명권 보호 의무를 위배한 것이다.

40 새로운 출발점

2017년 3월 10일 오전 11시 헌법재판소.

온 국민의 주의가 탄핵 심판 결정문을 낭독하는 재판관에게 쏠려 있었다. 11시 21분, 이정미 헌법재판소장 권한대행이 마침내 단호하게 선언했다. "피청구인 대통령 박근혜를 파면한다." 눈물이 왈칵 쏟아졌다. 감격스러웠다.

2017년 4월 16일로 세월호 참사 3주기를 맞는다. 참사 발생 후 3년이 지나도록 세월호의 정확한 침몰 원인이 무엇인지, 해경이 승객들을 적극 구조하지 않은 이유가 무엇인지 명백하게 밝혀지지 않고 있다. 그동안 「세월호 특별법」을 제정하고 세월호특조위를 만들어 세월호 참사 진상규명활동에 나섰지만 큰 성과가 없었다. 정부의 방해로 특조위 활동은 조기에 종료되고 특조위는 강제해산 당했다. 역설적으로 특조위 활동의 성과 중 하나는 정부·여당이 특조위 활동의 가장 큰 방해 세력이라는 것을 확인했다는 점이다. 참으로 안타까운 현실이다.

최근 대통령 탄핵 국면에서 강제수사권을 가진 박영수 특검팀이 활동했지만, 박 전 대통령의 이른바 '세월호 7시간'에는 접근도하지 못했다. 박영수 특검은 처음부터 '세월호 7시간'에 대한 수사

권한이 없었다. 청와대 압수수색영장으로 2014년 4월 16일 대통령과 청와대의 행적을 알 수 있는 자료를 확보했어야 하지만, 청와대가 영장 집행을 거부한 탓에 '세월호 7시간'과 관련해서는 최소한의 성과도 거둘 수 없었다. 헌법재판소도 탄핵 심판 변론 과정에서 대통령 측에 '세월호 7시간'을 스스로 밝히라고 요구했으나 새롭게 드러난 사실이 없었다. 이렇게 특검과 헌법재판소까지 나섰지만, 세월호가 침몰할 때와 그 직후 몇 시간 동안의 대통령 행적은 제대로 밝혀지지 않았다.

그 결과는 헌법재판소의 "세월호 참사와 관련하여 피청구인이 생명권 보호의무를 위반하였다고 인정할 수 있는 자료가 없다"라는 결정이다. 대통령을 파면하기는 했지만, 세월호 참사와 관련해서는 대통령의 헌법상 책임을 묻지 않은 것이다. 헌법재판소는 결정문에서 이렇게 말했다. "하지만 국민의 생명이 위협받는 재난상황이 발생하였다고 하여 피청구인이 직접 구조 활동에 참여하여야 하는 등 구체적이고 특정한 행위의무까지 바로 발생한다고 보기는 어렵다." 세월호 참사와 관련하여 대통령에게 직접 구조 활동에 참여해야 한다고 요구한 사람은 아무도 없다는 점을 생각해 보면, 이 부분에 관한 헌법재판소의 판단은 매우 유감스럽다. 전쟁 상황이라고 해도 대통령이 구체적인 전투에 직접 참여해야 하는 것은 아니지 않는가?

그동안 세월호 참사 진상규명의 가장 큰 방해자가 정부·여당이었다는 사실을 생각해 보면, 방해 세력의 정점이었던 대통령이 파면된 것은 그래도 무척 다행한 일이 아닐 수 없다. 헌법재판소의 결정문도 그 점을 간접적으로 보여 주고 있다. 만약 세월호 참사 당일 대통령과 청와대의 행적이 낱낱이 드러났다면, 세월호 침몰 원인과 정부의 구조 실패 원인이 밝혀졌다면, 세월호 참사와 관련된 당사자들에 대한 책임 추궁이 제대로 이루어졌다면, 헌법재판소 결정문의 내용도 달라졌을 것이다.

대통령 탄핵이 결정되기 전인 2017년 3월 2일, 국회에서 「세월호 선체조사위원회의 설치 및 운영에 관한 특별법」이 통과되었다. 조만간 세월호 선체 인양이 진행될 것으로 예상되던 상황에서, 강제 해산 당한 특조위와 새로 설립될 2기 특조위 사이의 간극을 메울 필요성 때문에 급히 특별법을 만든 것이다. 그러나 선체조사위원회가 당장 구성되지는 못한다. 법률이 공포되어도 조사관과 예산이 배정된 위원회가 구성되기까지는 3~4개월의 시간이 걸리기 때문이다. 지난 세월호특조위 출범 과정이 그것을 잘 보여 주고 있다. 그런데 세월호 선체조사위원회가 구성되기도 전에 세월호가 먼저 인양되었다. 세월호가 인양된 것은 무척 다행한 일이다. 따라서 선체조사위원회는 출범을 준비하면서 미수습자 수습과 선체조사라는 과제를 해결하기 위해서 시급하게 설립준비단을 꾸려야 할 것이다.

박근혜가 파면되고 세월호가 인양된 봄, 세월호 참사 진상규명이 새로운 출발점을 맞고 있다

맺음말

제2기 세월호특조위의 조속한 출범을 기대하며

2016년 7월 1일. 이날을 기해 정부는 세월호특조위의 조사활동을 강제로 종료시켰다. 결국 특조위는 「세월호 특별법」에 정해진 조사활동기간 1년 6개월을 채우지 못하게 되었다. 별정직 조사관들이 특조위에 처음 출근한 것이 2015년 7월 27일, 정부에서 2015년도 특조위 예산을 처음 배정한 것은 그로부터 며칠이 지난 8월 4일. 특조위는 이때부터 비로소 조사활동을 할 수 있었다. 따라서 특조위의 실질적인 조사활동기간은 약 11개월이었다.

조사활동 강제 종료 조치 이후, 정부는 조사관들의 급여와 출장비 등 조사활동 경비는 물론이고 부서 운영비 등 일상적 경비를 한 푼도 지급하지 않았다. 위원장과 상임위원 일부, 그리고 조사관들은 자비를 써 가면서 그 상황을 버텨 보려고 노력했으나 실제로 할 수 있는 것은 별로 없었다. 3개월이 지난 2016년 10월 1일, 정부는 자신들이 예고한 대로 특조위 강제해산을 단행했다. 특조위는 국가기관으로서의 지위를 박탈당했다. 마지막 3개월 간 보장되었던 위원장을 비롯한 상임위원의 공무원 지위도 사라졌다.

특조위의 조사활동이 강제로 종료된 뒤에는 특별법에서 규정한 "종합보고서"를 작성하고 "백서"를 발간하는 일도 불가능했다. 특조위가 종합보고서를 작성하려면 전원위원회에서 의결된 진상규명조사보고서가 있어야 하지만, 조사신청사건들 중 극히 일부를 제외하고는 특조위의 조사활동이 진상규명조사보고서를 작성할 단계에조차 이르지 못했기 때문이다. 또한 종합보고서에는 세월호 참사를 극복하기 위한 각종 조치에 관한 권고 사항들이 담겨야 하는데, 그러자면 신청사건에 관해 충분히 조사한 다음에 결과를 도출할 수 있어야 한다. 구체적인 조사 결과에 기초해서 권고 사항을 검토할 때 유의미한 결론을 얻을 수 있는 것이다. 조사가 마무리되지 못한 탓에 어떤 권고 사항도 담을 수 없었다.

특조위의 최종 결과물인 종합보고서와 백서를 작성할 수 없다는 것은 중대한 문제였다. 이것은 시간이 흐른다고 해결될 수 있는 일이 아니었다. 이런 급박한 상황에서 특조위는 강제해산 직전에 「중간점검보고서」를 남겼다. 이 보고서는 결코 종합보고서의 대체물이 아니다. 「중간점검보고서」는 특조위의 활동 경과를 확인하고 소위원회별 업무 현황을 점검하기 위해 긴급하게 작성된 것이다. 「중간점검보고서」는 위원장 명의로 작성되었고, 그동안의 경과를 아주 객관적으로 서술하고 있다. 특조위가 강제해산 당하지 않았다면 「중간점검보고서」는 작성될 필요도 없었다.

이것은 결코 특조위가 원한 결과가 아니었다. 특조위는 국민들의 적극적인 성원 속에서 충분한 예산을 지원받아 후회 없는 조사를 하고 싶었다. 세월호 참사의 진상을 국민들에게 알리기를 희구했다. 세월호 참사에 대한 책임자 처벌을 이루어 내기를 원했다. 안전한 사회 건설을 위한 종합 대책을 내놓을 수 있었으면 했다. 침몰한 세월호가 바다 밑에서 올라오는 것을 보고자 기원했다. 미수습자 가족들이 돌아오지 못한 9명을 만나는 소원이 이루어지기를 간구했다.

세월호 유가족들의 아픔이 치유되기를 바랐다. 이런 희망을 모두 담아 종합보고서를 만들고 싶었고, 종합보고서 작성은 특조위에 주어진 의무이기도 했다. 이 모든 것이 좌절되었다.

세월호 참사 진상규명을 위한 여러 활동이 있었다. 검찰 수사, 재판, 감사원 감사, 국회 국정조사 등등. 그러나 이런 노력에도 불구하고 어느 기관에서도 세월호 참사 전반과 관련한 원인, 구조구난 및 정부 대응의 적정성에 대하여 내실 있고 합리적인 결론을 도출하지 못했다. 국민들은 여전히 세월호 참사의 진상이 분명하게 밝혀지기를 원하고 있다. 그런 국민의 여망을 담은 세월호특조위가 진상규명을 위해 노력했으나 소기의 성과를 거두지 못하고 좌초되었기 때문이다.

비록 특조위는 해산되었지만, 특조위의 조사활동은 계속되어야 한다. 물론 기존의 특조위가 다시 활동하기는 불가능하다. 국회에서 새로운 입법을 통해 '2기 세월호특조위'를 구성해야 한다. 민간 차원의 진상조사도 의미가 있지만, 세월호 참사 관련 조사대상자들이 주로 정부기관 소속이라는 점을 생각하면 강력한 조사 권한을 가진 독립된 국가기구가 필요하다. 그리고 이번에는 제대로 된 "종합보고서"와 "백서"가 나와야 한다. 1기 특조위와 앞으로 나올 2기 특조위 간의 연속성을 확보할 근거를 최대한 남기기 위한 노력들은 1기 특조위에 참여한 분들에 의해 지금도 계속되고 있다.

2014년 4월 16일, 이날을 잊지 말자.

보론

(2016년 11월 7일 국회 토론회 '세월호 특조위 강제 종료 이후 진상규명 과제와 국회의 역할' 발표문)

발제2
세월호 특조위 활동 성과와 평가

권영빈 / 4·16세월호참사 특별조사위원회 상임위원, 진상규명소위원장

1. 들어가며

정부는 2016년 9월 30일부로 특조위를 불법적으로 강제해산시켰다. 특조위 상임위원과 조사관들을 공무원으로 인정하지 않는 한편, 지위·권한·예산 등의 면에서 사실상 국가기구로서의 역할을 하지 못하게 만들어 버린 것이다.

그러나 특조위는 법적으로는 여전히 존재하고 있다. 특조위의 존립근거인 세월호 특별법에 의하면, 특조위 활동기간은 2017년 5월 3일까지이기 때문이다.

특조위가 상징적으로 존재하지만 국가기구로서는 실질적으로 기능하지 못하는 현 시점에서, 세월호참사 진상규명을 위한 또다른 모색을 위해서 기존 특조위 활동의 성과를 평가할 필요가 있다. 다만, 특조위의 조사활동이 정부에 의해 중간에 강제적으로 중단된 상태에서, 특조위의 기존 활동의 성과에 대해 평가는 매우 제한적일 수밖에 없을 것이다.

특조위는 지난 9월 28일 특조위 활동에 대한 중간점검보고서를 작성하여 전원위원회에 보고한 바 있다. 위 중간점검보고서에 기재된 특조위 활동을 간략히 정리한 다음, 기존 특조위의 한계를 뛰어넘기 위해 검토해야 할 내용이 무엇인지 살펴보고자 한다.

2. 특조위 활동 성과와 평가

특조위는 조사인력을 채용하고 예산을 지급받음으로서 인적·물적 기반을 갖추게 된 2015년 8월 4일부터 제대로 된 활동을 시작할 수 있었다. 특조위 활동은 크게 진상규명조사 활동, 청문회 개최, 특검임명 요청안 제출, 용역 사업, 인양 및 선체조사 준비 활동 등으로 나눌 수 있다.

가. 진상규명조사 활동

2015년 9월 14일 피해자들로부터 조사신청을 접수받기 시작해서 2016년 3월 11일까지 180일 동안 총 238건을 접수받아 그 중 19건이 취하되고 10건이 분리되어 총 229건에 대하여 조사가 진행되었다.

신청조사 분류 현황 ('16.9.30.현재, 단위: 건)

구분	접수 건수	상임위 분류				취하 및 배정	국/과별 배정 현황					
		상정	분리	병합	소계	조사 취하	부서 배정	진상규명국			안전 사회과 (나, 매)	피해자 지원과 (바)
								조사1 (가)	조사2 (다)	조사3 (라)		
건수	238	238	10	-	248	19	229	71	111	12	11	24

이를 분야별로 보면, ① 세월호참사의 원인 규명에 대한 사건은 71건, ② 참사 관련 구조구난 작업과 정부대응의 적정성에 대한 사건은 111건, ③ 참사관련 언론보도의 공정성·적정성과 인터넷 게시물에 의한 피해자 명예훼손 실태에 대한 사건은 12건이었으며, 이는 각각 조사1과, 2과, 3과에서 담당하였다. ④ 참사의 원인을 제공한 법령, 제도, 정책, 관행 등에 사항과 안전사회 건설을 위한 종합대책 수립에 관한 조사는 11건으로 안전사회과에서 담당하였고, ⑤ 피해자 지원대책 점검에 대한 조사는 24건으로 피해자지원점검과에서 진행하였다.

취급사건 현황(사건분리 및 병합, 직권사건 포함) ('16.9.30.현재, 단위: 건)

구분		신청사건 (부서배정) ⓐ	직권사건 ⓑ	소위원회 분리 ⓒ	이관 ⓓ	소위원회 병합			실 취급사건 (ⓐ+ⓑ+ⓒ+ⓓ+ⓔ)
						병합대상	병합후	병합감소 ⓔ	
합계		229	3	15	-	103	30	-73	174
진상규명국	소계	194	1	15		81	24	-57	153
	조사1과	71	-	1	-15	26	6	-20	37
	조사2과	111	-	2	15	45	15	-30	98
	조사3과	12	1	12		10	3	-7	18
안전사회과		11				-	-	-	11
피해자지원점검과		24	2	-		22	6	-16	10

이 중 조사가 완료되어 위원회 회의에서 의결된 사건은 총 4건으로 '세월호 도입 후 침몰까지 모든 항해시 화물량 및 무게에 관한 조사의 건'과 '세월호 참사 생존학생에 대한

보호 및 지원조치의 적정성 여부'(병합사건), '공동모금의 배분현황과 배분기준, 배분과정에서 드러난 문제점 및 해결방안', '진도어민에 대한 손실보장 현황 및 실태파악과 대안모색' 등이었다. 조사관들의 조사역량이 향상됨과 아울러 조사자료가 수집되어 각 사건들의 실마리와 전체 윤곽이 막 잡히기 시작할 때, 정부의 강제적인 조사중단 조치로 인해 더 이상 사건의 진상을 밝히지 못하게 되었다는 점이 안타깝다.

참고로 진상규명 사건 중 전원위 의결에 이르지 못한 몇 가지 사례를 소개한다.

▶ **국정원 관련(제2차 청문회)**
  ○ 세월호 해양사고 보고계통도에 국정원 제주지부. 인천지부의 연락망이 삽입되어 있는 사실 공개
  ○ 청해진해운 내부 문건 중 세월호 도입 관련 운항관리규정 심사 담당자 연락망에 국정원 직원 이름과 연락처가 삽입되어 있는 사실 공개
  ○ 청해진해운이 세월호 도입 당시 국정원으로부터 항만시설 야적장 보안강화 등의 지적사항을 받고 이행하였던 사실 공개
  ○ 청해진해운 직원의 관련 메모' 중 국정원으로부터 '괘씸죄'에 걸렸다는 등 통제 혹은 업무 관련 경고를 받고 있음을 추측해볼 수 있는 정황 공개
  ○ 청해진해운 직원이 세월호 참사 발생 이후 국정원 직원과 지속적인 연락을 취하였다는 사실 공개

▶ **침몰원인 관련 객관적 데이터 검증(AIS 항적)**
  ○ 참사 당시 정부가 발표한 AIS 항적 자료 외에, 참사 당시 주변 선박 항적, 세월호의 참사 당일 외 항적, 타 선박 참사 당일 외 항적, 해군 레이더 자료 등을 확보하고 전문가 심층면담 등을 통해 AIS의 기계적 오류와 한계, 송수신 오차 등을 비교 검증함
  ○ 세월호 특조위 AIS 관련 연구용역, 정부가 제출한 AIS 항적자료를 다각적으로 조사.분석한 결과 AIS의 기계적 오류, 주변 환경에 따른 데이터 송수신 오차 등 AIS 특징과 한계로 오류가 발생할 수 있음을 확인
  ○ 참사 직후 정부발표 AIS 항적 자료로는 세월호 사고 발생 시점을 특정할 수 없으며 경향성 정도만 파악, AIS 데이터 외 다른 증거자료와 교차검증을 통해 세월호 침몰 시점과 원인 등을 규명하는 것이 필요

▶ **컨트롤 타워(청와대 및 NSC)**
  ○ 참사 당시 및 이후 정부의 재난대응 지휘·보고 체계의 정상적인 작동 여부와 관련하여 다양한 신청 사건이 접수되었으나, 청와대 등의 조사 비협조로 인하여 사건 관련 자료 및 진술을 확보하지 못함.
  ○ 3차 청문회에서, 해경본청과 청와대 핫라인으로 참사 당일만 99통의 전화를 하고 영상요구 전화를 10통이나 하는 등 참사 초기 지나친 현장상황 보고 요구로 인해 해경의 초동대응에 지장을 가져온 사실을 드러냄.
  ○ 참사 당일 대통령이 책임자로서 7시간 동안 무엇을 하고 있었는지와 관련하여 청와대 생산 자료 및 진술을 받지 못한 것은 물론, 관련 형사사건인 산케이신문 가토지국장 명예훼손 사건에 대한 수사 및 재판기록에 대하여도 서울중앙지검이 이를 제출하지 않아 실지조사까지 실시하였으나 끝내 거부당함.

▶ **언론통제 관련**

o 세월호 사건 관련 보도에 대한 통제에 대해서는 진술조사와 제3차 청문회를 통해 참사당시 KBS사장과 청와대 홍보수석의 방송편성개입행위 정황을 확인함. 또한 청문회 준비과정에서 이를 검찰에 고발함.

o 방송축소편성 정황을 진술조사로 확인하기 위해 주요언론사 간부들에게 출석요구를 하였으나 불응하여 동행명령장을 발부함. 동행명령 불응에 따라 과태료를 부과하고자 하였으나 개인정보 확보가 어려워 현실화하지 못함.

o 제3차 청문회 준비과정에서 진술조사를 통해 당시 인천지방검찰청 특별수사팀이 6주간 매일 대언론 티타임(백브리핑)을 가진 사실을 확인함. 대검찰청에 기초조사를 위한 특별수사팀 구성원, 백브리핑 자료 등을 요구하였으나, 대검찰청에서 당시 공보검사명단과 공식브리핑 자료만을 제출하여 공식적인 조사는 진척되지 못함.

o 대량사건으로 분류된 언론중재위원회의 조정신청 접수·처리건을 입수하여 분석한 결과 2014년 한 해 동안 16,117건의 조정 및 손해배상 신청이 들어왔음이 확인됨.

o 언론통제, 이슈잠식, 어뷰징 등 문제점 등을 집중적으로 추적하고자 하였으나 조사대상자들의 출석불응으로 추가 조사가 불가능함.

나. 3차례 청문회 개최

제1차 청문회를 위원회 구성(2015년 8월) 이후 4개월여 만에, 2015년 12월 14일(월)부터 16일(수)까지 3일간, 서울YWCA에서 개최하였다.
① 4·16세월호 참사 당시 사용된 공용무선망의 녹취록이 여러 가지 버전으로 작성되어 있고, 그 내용도 각기 상이하며 특히 해경에 책임을 물을 수 있는 주요 부분이 빠져 있는 경우도 있었다는 점, ② 김경일 123정장의 퇴선방송 관련 인터뷰가 해경 지휘라인에 의해 조직적으로 준비되고 진행되었으며, 위 인터뷰가 김석균 해경청장의 지시에 의해 이루어진 것이라는 점 등이 밝혀지고, ③ 123정이 최초 구조한 세월호 선원들에 대하여 123정 해경들은 그들이 선원이라는 사실을 알았을 것이라는 점이 여러 정황들을 통해 합리적으로 문제제기되었다는 점, ④ CN-235 고정익 항공기가 구조활동에서 제대로 된 역할을 했는지에 대해 처음으로 공적인 문제제기가 이루어졌다는 점 등이 소기의 성과였다.

제2차 청문회는 2016년 3월 28일(월)부터 29일(화)까지 2일간 서울특별시청에서 개최되었다.
① 침몰 당시 선사의 지시로 선내대기방송을 했다는 증언을 이끌어 낸 점, ② AIS 항적 등 각종 데이터의 오류를 발견, 체계적으로 문제제기를 한 점, ③ 제주 VTS와 진도 VTS의 교신 녹음기록의 조작 가능성을 과학적 분석을 통해 드러낸 점, ④ 운항되어서는 안 될 세월호가 도입·개조되는 과정에서 항만청, 한국선급 등 관계기관들이 제 역할을 하지 못하였음을 확인한 점, ⑤ 현재까지 이루어진 선체인양과정의 문제점을 드러내고, 인양과정은 물론 인양 후 선체조사에 이르기까지의 과정에 대하여 위원회가 철저하게 조

사할 필요성이 제기된 점 등이 진상규명과 관련한 소기의 성과이다.

제3차 청문회는 정부의 예산 미지급과 조사 거부로 인해 조사 활동을 유지하기 어려운 상황 속에서, 2016년 9월 1일(목)부터 9월 2일(금) 2일간 연세대학교 김대중도서관에서 개최되었다.

(1) 세월호 CCTV 관련 정부 조치의 부실 및 의혹사항과 관련하여,

① 해경과 해군이 이례적인 경로를 통하여 참사 이후 2개월이나 지나 뒤늦게 세월호 폐쇄회로(CCTV) 저장장치를 수거하였다는 사실을 확인하였고, ② 저장장치 수거 후 복원된 CCTV 영상데이터의 최종 저장시각 이후에도 참사 당시 CCTV 모니터를 목격하였다는 복수의 생존자 진술을 확보하였으며, ③ CCTV 저장장치의 비정상적인 종료 상황과 데이터 부재 확인을 통해 선체 인양 후 정밀과학 조사의 필요성을 제기하였다.

(2) 세월호 철근 등 화물 과적이 복원성에 미친 영향과 관련하여,

① 화물 과적의 위험성에 대한 선원들의 경고 및 위험 사례를 제시하였으며, 2010년 이후 제주항으로 입항하는 화물의 물동량이 꾸준히 증가하고 특히 제주해군기지의 건설이 본격화되는 2012년 주요 건설자재의 화물량이 급격히 상승해 2013년에는 이전에 비해 2배 가까이 폭증하였음을 확인하였고, ② 해군 기지 철근이 세월호 화물과적에 가장 많은 영향을 미쳤음을 드러내고, 관련 추가 조사가 해군측의 부실한 답변과 비협조적인 태도로 방해받고 있음을 밝혔다. 또한 ③ 2014년 4월 15일 당시 세월호의 화물 적재 상태를 전수조사한 결과를 토대로 화물과적 등이 선박의 복원성에 악영향을 미친 것을 구체적으로 확인할 수 있었으며, ④ 세월호 전복-침수-침몰 시뮬레이션 연구결과를 통해 정부발표 항적도와 일치하는 경우는 조타기를 전타로 돌렸다가 중립으로 되돌렸을 때라는 것도 확인하였다. ⑤ 이상의 조사결과는 세월호가 급선회한 이후 복원력을 상실하게 된 원인에 대한 것으로서, 세월호가 왜 급선회하였는지에 대한 규명은 여전히 이루어지지 않고 있어 참사의 원인에 대한 진상규명작업은 계속 되어야 함을 제시하였다.

(3) 참사 당시 이루어진 구조구난 작업과 관련하여,

① 세월호 에어포켓에 있을 생존자를 위한 공기주입 작업이 선체 도면도 없이, 소형·공업용 콤프레샤와 직경 19mm에 불과한 공기주입 호스 등을 사용하여 이루어지는 등 부실하게 진행되었음에도 불구하고 해경은 공기주입을 성공적으로 한 것처럼 대국민 은폐조작 쇼를 하였음을 드러냈고, ② 이른바 '골든타임' 당시 청와대 보고용으로 이와 같은 부실한 공기주입 작업을 졸속으로 할 것이 아니라, 일찍 도착해 있던 크레인선을 이용하여 세월호가 더 이상 가라앉지 않도록 해수면 위의 세월호 선수를 고정시키고, 대기 중이던 이어도호의 유속측정기로 유속측정을 하는 등 잠수 활동을 지원하는 조치가 필요했음을 밝혔다.

(4) 참사 당시 및 이후 정부의 재난대응 지휘·보고체계와 관련하여,

① 기록조사 등을 토대로 청와대가 참사 당일 오전 10시 이전에 주요 정보를 파악하고

있었다는 사실을 밝히고, ② 세월호 참사 당시 사고전파 체계가 제대로 작동하지 않았다는 점을 구체적인 사례를 통해 드러냈다. ③ 해경본청과 청와대의 핫라인 분석을 통해 참사초기 지나친 상황보고 요구로 인해 해경의 초동대응에 지장을 가져온 사실을 확인하였으며, ④ 대통령기록물 및 정보공개 전문가들을 통해 청와대 서면보고에 대한 공개의 필요성을 설득력 있게 증언토록 하였다.

(5) 유병언 보도 및 수사관련 등 언론 이슈 전환 및 왜곡과 관련하여,

① 증인들의 증언을 통해 당시 인천지방검찰청이 다른 검찰청들과는 다르게 언론친화적인 태도를 보였고, 수사상황 브리핑을 이례적으로 자주하는 등 언론활용에 적극적이었으며, ② 다수 참고인들의 진술을 통해 당시 종합편성채널, 특히 TV조선의 경우 유병언 수사 상황 보도를 통해 시청률이 크게 올랐음을 확인하였다. 또한 ③ 왜 종합편성채널이 유병언 관련 보도에 집중했는지에 대한 문제제기와 함께 유병언 관련 보도는 이슈 전환이자 본질희석 보도로 평가할 수 있다는 점 등을 드러냈다.

(6) 언론통제 및 보도참사와 관련하여,

① 증인들의 진술을 통해 참사 당시 KBS 사장이었던 길환영(불출석 증인)이 일상적으로 보도개입을 해 왔음을 확인할 수 있었고, ② KBS 보도국장이었던 김시곤(증인)이 청문회 직전에 우리 위원회에 위 KBS 사장과 주고받은 문자메시지 두 건을 임의 제출한바, 이를 공개함으로써 추가적인 보도개입 정황에 대한 폭로가 이루어졌으며, ③ 참고인들의 진술을 통해 당시 방송사들의 세월호 관련 보도 중 상당수가 편파·왜곡보도로 평가될 수 있음을 확인하였다.

(7) 선체 인양, 미수습자 수습 및 선체 조사와 관련하여,

① 해수부가 추진하고 있는 세월호 선체인양 과정에서 플로팅 도크의 시운전 중 심각한 기술적 결함요소가 발생한 사실 등을 통해 9월 육상거치 목표라는 해수부 계획의 실현가능성에 대해 상당하고 합리적인 의구심을 도출하였다. 그리고 ② 현재까지 발표된 선체 정리 사업에서 해수부에 의해 채택된 '선체절단' 방식과 '선체정리용역'업체의 미수습자 수습 방식은 참사의 유일무이한 중요 증거물인 선체에 대한 훼손 및 미수습자에 대한 구체적인 수색·수습 내용의 부재 등을 이유로 처음부터 전면 재검토되어야 함을 밝혔다.

(8) 해경 주파수공용통신(TRS) 음성 분석 결과발표를 통해,

① 에어포켓을 통한 선내 공기주입의 위치(생존자가 다수 있을 것으로 판단된 식당칸이 아닌 5층 조타실 근처)와 실제 공기 주입 지속시간 등이 정부 발표 내용과 다르다는 점, ② 무인 수색로봇(ROV) 선내진입 성공이라는 범정부사고대책본부의 발표가 허위였으며 무인로봇 투입 대수도 정부 발표내용과 다르다(2대 중 1대만 투입)는 점, ③ 사실과 다르게 기재된 잠수 기록지에 대한 조사를 통해, 기존에 발표된 정부의 수색구조 통계에 오류가 있어 총체적으로 재조사되어야 할 필요성이 있다는 것을 확인하였다.

다. 특검 임명 요청안 제출

특조위는 제1차 청문회에서 밝혀진 사실들을 토대로, 세월호참사 당시 구조를 담당하였던 해양경찰 지휘부, 해양경찰청장, 서해지방해양경찰청장, 목포해양경찰서장의 업무상 과실치사상 사건, 그리고 이 사건 수사과정에서 인지된 관련 사건을 대상으로 한 특별검사 임명을 19대 국회에 요청하는 안을 2016년 2월 19일 의결하여 국회에 제출하였다. 하지만 국회 임기만료로 인해 안건이 자동폐기됨에 따라, 특조위는 같은 안건을 2016년 6월 30일 20대 국회에 다시 제출하였다.

특조위가 특검수사를 요청한 이유는 해경 지휘부에 해당하는 이들이 관계 법령 및 매뉴얼에 따른 지휘·감독 의무를 가지고 있으나 본연의 임무역할을 소홀히 하거나 해태하여 승선객의 사망 또는 상해라는 결과가 발생하였으며, 업무상 과실치사상죄로 이미 처벌을 받은 김경일 123정장과 공동정범구조에 있다고 보았기 때문이었다.

이들의 이러한 혐의를 밝히기 위해서는 체포·구속 또는 압수수색 등 대인·대물적 강제절차를 적극 활용할 수 있는 추가 수사가 필요하다. 하지만 기존 검찰 수사 과정을 보면, 수사 초기 이들 해양경찰 지휘부 역시 수사 대상이 되었으나, 특별한 사유 없이 대상에서 배제되어 수사가 진행되지 않음으로써 기소조차 되지 않았음을 확인할 수 있었다. 이렇게 볼 때, 기존 검찰 수사는 정치적 중립성이나 공정성 면에서 문제가 있으므로, 범죄수사와 공소제기 등에 있어 독립적인 지위를 갖고 중립성과 공정성이 보장된 특별검사를 통한 사건 해결이 필요하다고 특조위는 판단하였다.

나아가 특조위는 이 안건이 관계 법령 및 특별법 제정 당시 합의에 따라, 상임위인 법사위가 아닌 국회 본회의에 곧바로 상정하여 의결해야야 한다고 판단하고 있다. 국회의 신속한 의결을 촉구한다.

라. 용역 사업

세월호 참사의 원인을 밝히기 위해서는 선체조사가 반드시 필요하다. 그와 동시에 수많은 의혹들을 해명하기 위해 각종 정보들을 수합하여 과학적이고 객관적인 연구를 진행해야 할 필요도 있다. 또한 세월호 특별법에 따라 특조위의 업무라 할 수 있는 언론보도의 공정성·적정성 문제 조사, 정보통신망 게시물에 의한 피해자 명예훼손 실태 실태 조사, 피해자 지원실태 조사 등 많은 인력을 필요로 하는 분야가 있다. 이러한 부분들에 대해서는 특조위 인력만으로는 한계가 있기 때문에 특조위는 총 17건의 용역사업을 발주하여 조사를 진행하였다.

이 중 주요 성과를 살펴보면, 피해자지원점검과에서 실시한 '4·16세월호참사 피해자지원 실태조사'는 대형 재난피해자들에 대한 지원의 현주소를 파악하고 피해자들에 대한 체계적이고 바람직한 지원시스템이 무엇인지 대안을 마련하고자 하였으며, 연구한 결과를 2016년 7월 20일 백범김구기념관 대회의실에서 공개하였다.

구체적으로 △단원고 희생학생 유가족(1·2과제) △단원고 생존학생 및 가족(3과제) △일반인 희생자 및 생존자와 가족(4과제)에 대한 실태조사를 실시한 결과, 단원고 희생학생 유가족 중 불면증 등 수면장애(75.4%), 두통(72.7%) 등 스트레스 관련 신체증상을 겪고 있고, 외상 후 스트레스 장애 유병률은 56%로 국민 1년 유병률 0.6%에 비해 매우 심각한 수준임을 확인할 수 있었고, 재난 피해자들의 의료 및 심리치료 지원은 충분한 기간 동안 지속·보장되어야 함을 밝혔다. 또한 단원고 생존학생 및 가족을 조사한 결과, 피해자들이 체계적이고 실질적인 지원을 받지 못했을 뿐만 아니라 '살아 돌아왔다는 죄책감'으로 참사의 충격을 벗어나지 못하고 있음을 확인하였다. 또한 언론의 선정적 보도로 인해 한국 언론의 진실성과 한국 사회 전반의 공공성에 대한 깊은 불신과 냉소를 지니고 있음을 확인하기도 하였다. 일반 희생자 및 생존자 가족을 연구한 결과, 피해자에 대한 지원이 지역별로 차이가 나지 않도록 각 지자체에 대한 지원시스템을 중앙정부 차원에서 마련함과 동시에 중앙정부, 광역 지자체, 기초 지자체에 이르기까지 재난대응 능력을 강화해야 함을 밝혔다. 특히 참사 피해자들은 공통적으로 참사 당시 구조 및 지원, 배·보상, 추모 사업 등에 대해 높은 불만을 표출함과 동시에 세월호 참사에 대한 진상규명이 어떠한 지원보다 앞서 진행돼야 한다고 입을 모았다.

또한 조사3과에서 진행한 '참사 피해자에 대한 정보통신망 명예훼손 실태조사를 위한 빅데이터 분석' 용역을 통해, 세월호 참사 이후 사회관계망서비스(SNS) 상에서 세월호 참사 진상규명과 특별법 제정에 반대하고 유가족들을 폄훼하는 여론을 확산하기 위해 인위적으로 게시물 양을 늘리는 활동이 있었던 것으로 밝힐 수 있었다. 이는 한 명의 조장 계정이 유가족을 폄훼하거나 특별법 제정을 반대하는 글을 올리면 수십 개의 조원 계정이 이 글을 일제히 리트윗(RT)하는 방식으로 글을 전파한 것이었다. 특히 조원 계정들은 모두 트윗텍이라는 특정 프로그램만을 사용하였고, 조장 계정의 글을 리트윗(RT)하는 것 외에는 타 계정과 의견을 주고받지 않는 특성을 보였다.

마. 인양 및 선체조사 준비 활동

2016년 11월 현재, 세월호는 아직도 맹골수로 깊은 바다 밑에 있고, 거기에는 아직 수습되지 못한 9명의 미수습자가 있다. 그리고 이 세월호 선체는 참사원인이 무엇인지 밝히기 위해서는 반드시 필요한 제1의 증거물이기도 하다. 미수습자들을 수습하고 증거물로서의 가치를 보전하기 위해 온전한 인양은 반드시 필요하다. 이러한 각각의 중요성을 감안하여 특조위는 2015년 10월부터 위원장 직속으로 '인양 및 선체조사 준비 TF'라는 별도의 조직을 설치·운용하였다.

TF의 구체적 임무로는 ① 세월호 선체 보전을 위한 점검과 안전대책 관련 추진계획 수립, ② 미수습자 가족들과의 지속적인 소통 및 의견 반영, ③ 해양수산부 인양추진단 등 유관기관과의 소통이었으며, 인양이 본격화되기 시작한 2016년 5월 11일부터 6월 16일까지 약 한 달간 직원들이 진도에 직접 출장을 나가 진도군청 내 현장사무소를 설치·운영함으로써 현장접근성을 향상시키고 즉각대응태세를 구축하는 한편 미수습자 가족과의 소통을 강화하기도 하였다.

이 인양 및 선체조사 준비 TF를 통해 특조위 내 선박·해양 관련 전문역량을 제고할 수 있었으며 이를 통해 인양과정에 대한 적극적이고 선제적 대응이 가능하게 되었다. 수중에서 진행되는 세월호 인양공정을 지속적으로 추적·관찰하며 전문가 면담을 통한 관련 자료를 축적하는 등의 성과도 있었다. 특히 정부가 특조위 조사활동을 강제종료시킨 2016년 8월경부터 해수부는 세월호 인양작업에 대한 무능을 극명하게 드러내다가 최근 해수부 장관이 공개적으로 '연내 인양 불가능'을 언급하는 상태에 이르러, 특조위의 존재 자체로서 해수부의 무책임한 인양을 견제하고 있었다는 느낌을 받기도 한다.

하지만 특조위 인력구성상 인력 규모가 3~4명을 넘기기 어려워 실지조사 및 진도현장사무실 운영상 어려움이 많았으며, 특조위 조사권한에 강제권이 없어 자료요구나 실지조사를 실시하는 과정에서 해양수산부나 상하이셀비지가 협조를 거부할 경우 이를 넘어설 현실적 대안이 부재한 근본적 한계도 가지고 있었다.

3. 마치며 - 제2의 특조위 실효성을 위한 제안

세월호 참사 진상규명 조사는, 특조위에 조사신청된 사건을 동시다발적으로 조사해서 개별사안들 사이의 연관성을 밝혀야만 종합적인 결론을 내릴 수 있다는 특징을 갖고 있다. 따라서 세월호 참사 진상규명을 위해서는 일정한 조사기간이 보장되어야 하고, 그 조사기간 내에 여러 사안들에 대한 다방면의 조사를 수행해야만 한다.

특조위가 짧은 활동기간에도 불구하고 여러 가지 새로운 사실들을 많이 밝혀냈지만, 정부의 특조위 조사활동 강제종료 및 강제해산 조치로 인해 세월호참사 당시부터 제기되었던 국민적 의혹, 즉 세월호 침몰 원인이 무엇인지, 해경이 세월호 선원들만 구조하고 학생들을 구조하지 않은 이유가 무엇인지, 청와대 등 컨트롤타워는 참사 당시 무엇을 하고 있었는지 등에 관한 조사는 종착역에 도달하지 못하였다.

그런데 역설적이게도 세월호 특조위 활동이 한계가 많았음에도 불구하고, 특조위는 세월호참사 진상규명의 최대의 방해물이 정부라는 것을 확인했다는 커다란 성과를 남겼다. 특조위 활동에 대한 정부의 무수한 비협조와 방해책동이 이를 증명하고도 남는다.

특조위가 국가기구로서 자기역할을 못하고 있는 현실이지만, 세월호참사 진상규명을 위해서는 아직도 밝혀야할 진실이 남아있다는 것은 누구나 알고 있다. (구)해경본청에 보관되어 있는 100만개의 주파수공용통신(TRS) 녹취파일의 존재를 생각해보라. 그 중 1%도 안되는 7,000개 파일 확보(이것에 대한 분석조차 제대로 이루어지지 않았다!)만으로도 몇 가지 정부의 은폐조작이 확인되지 않았던가?

세월호참사 진상규명을 위한 미완의 과제 해결을 위해 불가피하게 국가기구가 필요하다. 민간 차원의 진상조사도 의미있지만, 세월호참사 관련 조사대상자들이 주로 정부기관 소속이라는 점에서 강력한 조사권한을 가진 제2의 특조위는 반드시 필요하다.

특조위는 국회가 제정한 세월호 특별법에 근거해서 발족한 법률상 국가기구임에도 불구하고 그 권한행사에 너무나 많은 제약을 받았다. 눈앞에서 세월호참사 관련 자료를 두고도 확보할 수 없는 경우가 많았고, 조사대상자들이 조사를 거부할 때 이를 제압할 수 있는 효과적인 수단이 없었다. 그러나 제2의 특조위는 실질적인 권한을 행사할 수 있는 국가기구가 되어야만 한다. 그러기 위해서 제2의 특조위는 진상규명 조사활동의 실효성을 뒷받침하기 위한 장치를 스스로 확보하고 있어야 한다.

이는 특조위 활동의 완결성을 법률적으로 보장하는 문제이다. 몇가지 방안을 제시한다.

먼저, 세월호 인양이 제2의 특조위 임무임을 법률적으로 선언해야 해야 한다. 세월호 인양결정 및 인양업체 선정, 인양과정 등 인양과 관련된 모든 문제에 대한 특조위 조사권한을 명확하게 규정하고, 인양현장에 대한 실지조사권한도 명시해야 한다.

둘째로, 제2의 특조위 자체의 순수성을 담보하는 규정을 두어야 한다. 특조위 위원이 앞장서서 특조위 활동을 방해하는 경우가 있었다. 이런 것을 근본적으로 배제하기 위해서 제2의 특조위는 자체 정화기능을 가질 필요가 있다. 법률로 특조위 활동방해 위원에 대한 제명권한을 명시해야 한다(국회의원도 제명될 수 있다).

셋째로, 제2의 특조위는 강제적인 세월호참사 자료수집권한을 보장받아야 한다. 특조위는 세월호참사 관련 자료를 발견해도 상대방이 임의로 제출하지 않으면 확보할 수 없었다. 이 문제 해결을 위해서 제2의 특조위가 제한적으로 세월호참사 관련 자료에 대해서만 압수수색영장 청구할 수 있는 권한을 법률로서 보장해야 한다.

넷째로, 제2의 특조위는 활동 방해를 제지할 수 있는 수단을 확보해야 한다. 특조위 활동에 비협조적이고 동행명령장을 거부해도 이를 제지할 방법이 없었다. 이 문제 해결을 위해서 제2의 특조위가 동행명령장 조차 거부하는 정도로 명백한 활동방해 사범에 대해서만 제한적으로 수사하고 기소할 수 있도록 법률에 규정해야 한다.

다섯째로, 제2의 특조위가 국회에 특검을 요청할 경우 국회가 이른 시일 안에 국회 본회의에 직접 상정해서 의결할 수 있도록 법률로 규정할 필요가 있다.

마지막으로, 제2의 특조위를 설립할 경우에는, 위원회 구성 및 운영에 대한 중요사항을 시행령이 아닌 법률에 규정해야 한다. 정부가 특별법 취지에 반하는 시행령을 제정함으로써 특조위 활동에 여러 난관이 있었다는 것을 상기하자. 사무처 조직체계와 국과별 담당자, 파견공무원의 역할을 법에 직접 규정할 필요가 있다. 예컨대, 사무처 소속 직원들 중에서 진상규명 조사는 별정직 공무원이 맡고, 파견공무원은 행정지원업무만 맡도록 법률로 규정하고, 제2의 특조위 예산편성권이 기획재정부 장관에게 있는 것이 아니라 특조위 위원장에게 있다고 법률로 규정할 필요가 있다.

부록 1. 4 · 16세월호참사 특별조사위원회 관련 일지

2014년	4월 16일	세월호 참사 발생
2014년	7월 15일	350만 1,266명의 특별법 제정 촉구 서명 국회 전달
2014년	10월 31일	여 · 야, 특별법 합의
2014년	11월 7일	「4 · 16세월호참사 진상규명 및 안전사회 건설 등을 위한 특별법」 국회본회의 통과
2014년	11월 19일	「4 · 16세월호참사 진상규명 및 안전사회 건설 등을 위한 특별법」 공포
2014년	12월 6일	희생자가족대표회의, 4 · 16세월호참사 특별조사위원회(이하 '세월호특조위') 위원 3명 선출
2014년	12월 10일	해양수산부, 이석태 세월호특조위 위원장 예정자에게 업무 보고
2014년	12월 11일	새누리당, 세월호특조위 위원 5명 추천. 대한변호사협회장, 세월호특조위 위원 2명 지명.
2014년	12월 16일	새정치민주연합, 세월호특조위 위원 5명 추천
2014년	12월 17일	대법원장, 세월호특조위 위원 2명 지명. '4 · 16세월호참사 특별조사위원회 설립준비단' 출범(단장 이석태, 부단장 조대환).
2014년	12월 18일	'4 · 16세월호참사 특별조사위원회 설립준비단' 업무 개시
2014년	12월 24일	이석태, 조대환, 권영빈, 박종운, 김선혜, 제1차 세월호특조위 상임위원 예정자 회의
2014년	12월 29일	국회, 여야가 추천한 세월호특조위 위원 10명 선출안 의결
2015년	1월 1일	「4 · 16세월호참사 진상규명 및 안전사회 건설 등을 위한 특별법」 시행
2015년	1월 12일	「4 · 16세월호참사 피해구제 및 지원 등을 위한 특별법」 국회본회의 통과

2015년	1월 13일	세월호특조위 위원 예정자 상견례 겸 제1차 간담회
2015년	1월 16일	김재원 새누리당 원내수석부대표, '특조위 세금 도둑' 발언
2015년	1월 21일	세월호특조위 위원 예정자 제2차 간담회
2015년	1월 22일	조대환 세월호특조위 부위원장 예정자, 파견공무원 복귀 무단 지시
2015년	1월 23일	세월호특조위에 파견된 해양수산부 · 행정자치부 직원 4명, 원소속 복귀
2015년	1월 27일	이석태 세월호특조위 위원장 예정자 등 세월호특조위 상임위원 예정자 5명, 새누리당 김무성 대표, 새정치민주연합 문희상 비상대책위원장 등 면담
2015년	1월 28일	「4 · 16세월호참사 피해구제 및 지원 등을 위한 특별법」 국회본회의 통과
2015년	2월 2일	이석태 세월호특조위 위원장 예정자, 해양수산부 · 행정자치부에 복귀한 공무원을 다시 파견하도록 요청
2015년	2월 4일	세월호특조위 위원 예정자 제3차 간담회
2015년	2월 12일	세월호특조위 위원 예정자 제4차 간담회
2015년	2월 17일	설립준비단, 행정자치부 · 기획재정부 · 해양수산부에 직제 및 예산(안) 송부. 여당 추천 위원 예정자 5인, 행정자치부 · 기획재정부 · 해양수산부에 직제 및 예산(안) 별도로 송부.
2015년	3월 5일	세월호특조위 상임위원 5명, 국무총리를 통해 임명장 전수
2015년	3월 6일	이석태 위원장 등 세월호특조위 상임위원 5명 안산 정부합동분향소와 진도 팽목항 및 사고 해역 방문
2015년	3월 9일	제1차 세월호특조위 전원위원회. 위원장 이석태, 부위원장 조대환 선출. 비상임위원 12명 임명장 전수. 진상규명소위원회, 안전사회소위원회, 지원소위원회 위원장 지명.
2015년	3월 26일	제2차 세월호특조위 전원위원회. 위원회 규칙 제1호 「4 · 16세월호참사 특별조사위원회 규칙의 공포에 관한 규칙」

의결.

2015년	3월 27일 ~ 4월 6일	해양수산부, 「특별법 시행령」 입법예고
2015년	3월 29일	「4·16세월호참사 피해구제 및 지원 등을 위한 특별법」 시행
2015년	4월 2일	제3차 세월호특조위 전원위원회. '입법예고된 4·16세월호참사 진상규명 및 안전사회 건설 등을 위한 특별법 시행령안 철회 요구 결의' 의결.
2015년	4월 6일	세월호특조위, 「특별법 시행령」 관련 의견서 해양수산부에 제출
2015년	4월 9일	제4차 세월호특조위 전원위원회
2015년	4월 13일	세월회특조위, 청사(나라키움 저동빌딩) 정식 입주
2015년	4월 16일	세월호 참사 1주기
2015년	4월 22일	중앙재난안전대책본부, '세월호 선체인양 결정(안)' 심의·확정
2015년	4월 23일	제5차 세월호특조위 전원위원회
2015년	4월 27일	이석태 세월호특조위 위원장, 「특별법 시행령」 철회를 위한 기자회견과 농성 돌입
2015년	4월 29일	해양수산부, 「특별법 시행령」 수정안 공개
2015년	4월 30일	「특별법 시행령」, 차관회의 통과
2015년	5월 3일	이석태 세월호특조위 위원장, 기자회견과 농성 마무리
2015년	5월 6일	「특별법 시행령」, 국무회의 통과
2015년	5월 11일	「특별법 시행령」 공포
2015년	5월 18일	세월호특조위, 2015년 예비비 요구안(총 159.8억 사업비 45.8억) 기획재정부 제출
2015년	5월 21일	제6차 세월호특조위 전원위원회. '특별법 시행령 전부개정령(안)' 의결. 「특조위 운영규칙」 제정.
2015년	5월 27일	세월호특조위, 제1차 별정직 채용 공고
2015년	5월 29일	여야 원내대표, 「특별법 시행령」 개정 관련 합의
2015년	6월 4일	제7차 세월호특조위 전원위원회. 활동기간 6개월 연장 의결.
2015년	6월 18일	제8차 세월호특조위 전원위원회

2015년	6월 23일	해양수산부, '세월호 인양업체 선정을 위한 기술제안서 마감 결과' 발표
2015년	6월 25일	세월호특조위, 기획재정부에 '2016년도 예산요구(안) 제출' 공문
2015년	7월 3일	세월호특조위 제1차 별정직 채용 합격자 발표
2015년	7월 13일	제9차 세월호특조위 전원위원회
2015년	7월 15일	해양수산부, '세월호 인양 우선협상대상자 선정 결과' 발표
2015년	7월 17일	최경환 기획재정부 장관, 국회 예결특위에서 "행정지원실장, 기획행정담당관, 조사1과장 없는 기관에 예산을 편성·지원 할 수 없다"라고 발언
2015년	7월 21일	이석태 세월호특조위 위원장, 긴급 기자회견을 열고 정부 공무원 파견 요청 발표
2015년	7월 23일	조대환 세월호특조위 부위원장 의원면직
2015년	7월 27일	제10차 세월호특조위 전원위원회. 별정직 30명 임명장 수여. 31명의 조사관 첫 정식 출근.
2015년	8월 4일	2015년도 세월호특조위 예산안 국무회의 통과(예비비 89억 원). 해양수산부, 상하이샐비지 컨소시엄과 세월호 선체 인양 협약 최종 합의. 제1차 세월호특조위 정례브리핑.
2015년	8월 11일	국회, 여당 추천 이헌 세월호특조위 상임위원 선출
2015년	8월 17일	대통령, 이헌 세월호특조위 상임위원 임명
2015년	8월 19일	세월호특조위, 기획재정부에 '2016년도 예산 요구(안)제출' 공문
2015년	8월 20일	세월호특조위, 세월호의 쌍둥이 선박인 오하마나호 실지조사
2015년	8월 24일	제11차 세월호특조위 전원위원회. 이헌 상임위원을 부위원장으로 선출.
2015년	8월 28일	참사 500일을 맞아 이석태 위원장 등 세월호특조위 상임위원 팽목항 분향소 방문
2015년	9월 2일	세월호특조위, 세월호 침몰 해역과 상하이샐비지 바지선 실지조사
2015년	9월 7일	제12차 세월호특조위 전원위원회. 세월호특조위 위원장, 조사신청

개시 담화문 발표 및 공고.

2015년	9월 8일	2016년도 예산(안) 국무회의 의결
2015년	9월 14일	세월호특조위, 조사신청사건 접수 개시
2015년	9월 21일	제13차 세월호특조위 전원위원회
2015년	10월 5일	제14차 세월호특조위 전원위원회. 수중 세월호 상태 직접 조사 결정.
2015년	10월 19일	제15차 세월호특조위 전원위원회
2015년	10월 24일	농해수위 예산소위, 세월호특조위 예산 증액(61.7억→122.4억)
2015년	10월 27일	세월호특조위, 국무조정실 · 국민안전처 · 보건복지부에 「세월호참사 관련 민간잠수사 보상 및 지원방안에 대한 의견서 제출」 공문 발송
2015년	11월 2일	제16차 세월호특조위 전원위원회
2015년	11월 9일	제17차 세월호특조위 전원위원회. 비공개.
2015년	11월 10일	세월호특조위, 「특별법 시행령」에 따라 정원 90명에서 120명으로 증원
2015년	11월 16일	제18차 세월호특조위 전원위원회
2015년	11월 18~22일	세월호특조위 진상규명국, 수중 세월호 선체조사
2015년	11월 19일	여당 추천 세월호특조위 위원들, 국회 정론관에서 기자회견. 특조위 활동을 문제 삼으며 총사퇴 언급.
2015년	11월 23일	제19차 세월호특조위 전원위원회. 참사 당시 청와대 업무상황 조사개시 의결.
2015년	11월 25일	석동현 세월호특조위 위원, 새누리당 입당에 따라 당연퇴직
2015년	11월 30일	제20차 세월호특조위 전원위원회
2015년	12월 3일	세월호특조위 2016년도 예산 국회본회의 통과
2015년	12월 7일	제21차 세월호특조위 전원위원회
2015년	12월 14~16일	세월호특조위 제1차 청문회(장소: 서울YWCA)
2015년	12월 14일	황전원 세월호특조위 위원, 새누리당 입당에 따라 당연퇴직
2015년	12월 28일	제22차 세월호특조위 전원위원회

2016년	1월 4일	시무식
2016년	1월 11일	제23차 세월호특조위 전원위원회
2016년	1월 25일	제24차 세월호특조위 전원위원회
2016년	2월 12일	이헌 세월호특조위 부위원장, 사직원 제출
2016년	2월 15일	제25차 세월호특조위 전원위원회. '2016년, 특별검사 임명을 위한 국회 의결 요청처리의 건' 의결.
2016년	2월 18일	이헌 세월호특조위 부위원장 의원면직
2016년	2월 19일	세월호특조위, 특별검사 임명을 위한 국회 의결요청안 국회에 제출
2016년	2월 22일	제26차 세월호특조위 전원위원회. 국회, 특별검사 임명을 위한 국회 의결요청안을 법사위에 회부.
2016년	3월 7일	제27차 세월호특조위 전원위원회
2016년	3월 11일	세월호특조위, 조사신청사건 접수 마감
2016년	3월 14일	제28차 세월호특조위 전원위원회
2016년	3월 28 ~ 29일	세월호특조위 제2차 청문회(장소 : 서울시청 다목적홀)
2016년	4월 4일	제29차 세월호특조위 전원위원회
2016년	4월 16일	세월호 참사 2주기
2016년	4월 18일	제30차 세월호특조위 전원위원회
2016년	4월 25~27일	세월호특조위, 진도 사고 해역 실지조사 – 달리하오 승선
2016년	5월 2일	제31차 세월호특조위 전원위원회. 조사신청사건에 대한 조사개시 결정 마무리.
2016년	5월 10일	국회 농림축산식품해양수산위원회, 특조위 활동기간을 보장하는 특별법 개정안 상정되었으나 폐기
2016년	5월 16일	세월호특조위, 진도군청 내에 진도현장사무실 설치
2016년	5월 19일	국회, 여당 추천 황전원 세월호특조위 상임위원 선출
2016년	5월 25일	대통령, 황전원 세월호특조위 상임위원 임명
2016년	5월 27일 ~ 6월 3일	세월호특조위, 해양경비안전본부 실지 조사 도중 TRS 녹취록 입수

2016년	5월 27일	행정자치부, 종합보고서 · 백서작성 기간에 대한 정원안 제출 요구
2016년	5월 28 ~ 29일	세월호특조위, 세월호 인양작업 선수 들기 공정 실지조사
2016년	6월 8일	기획재정부, 세월호특조위에 종합보고서 · 백서 작성 기간에 대한 예산안 제출 요구.
		세월호특조위, 서울중앙지검 실지조사.
2016년	6월 9일	해양수산부, 세월호특조위에 종합보고서 · 백서 작성 기간에 대한 정원안 제출 요구
2016년	6월 13일	제32차 세월호특조위 전원위원회
2016년	6월 21일	해양수산부, 세월호특조위에 종합보고서 · 백서 작성 기간에 대한 정원을 67명으로 통보
2016년	6월 24일	기획재정부, 해양수산부가 통보한 정원에 따른 소요예산 제출 요구
2016년	6월 27일	제33차 세월호특조위 전원위원회
2016년	6월 30일	세월호특조위, 특별검사 임명을 위한 국회 의결요청안 국회에 다시 제출.
		세월호특조위 조사과들, 밤샘토론회.
		기획재정부, 7월 1일 이후 조사활동을 위한 사업비 집행 금지 통보.
2016년	7월 11일	제34차 세월호특조위 전원위원회
2016년	7월 ?일	세월호특조위, 진도현장사무실 철수
2016년	7월 25일	제35차 세월호특조위 전원위원회
2016년	7월 27일 ~10월 5일	세월호특조위, 특별법 개정 및 특검 처리 촉구 광화문 단식 농성
2016년	8월 16일	제36차 세월호특조위 전원위원회
2016년	8월 20일	단원고 기억교실 이전
2016년	8월 22일	제37차 세월호특조위 전원위원회
2016년	8월 30일	세월호특조위 정례브리핑, 제30차로 종료
2016년	9월 1 ~ 2일	세월호특조위 제3차 청문회 개최 (장소 : 연세대 김대중도서관)

2016년	9월 26일	해양수산부, 9월 30일부로 세월호특조위 활동 종료에 따른 잔존사무 처리 통보
2016년	9월 28일	제38차 세월호특조위 전원위원회, 「중간점검보고서」 제출
2016년	9월 30일	세월호특조위 강제 해산
2016년	10월 1일	'4 · 16가족협의회'와 '4 · 16연대', 정부의 세월호특조위 강제해산에 반대하는 선언문 발표
2016년	11월 11일	해양수산부, 세월호 연내 인양 불가 발표
2017년	3월 10일	헌법재판소, 대통령 박근혜 파면 결정
2017년	3월 23일	세월호 인양
2017년	10월 17일	세월호특조위 조사관들, 정부를 상대로 공무원보수지급청구 소송 제기

4·16세월호참사 특별조사위원회 진상규명조사에 관한 규칙

[시행 2015. 9. 25.] [4·16세월호참사 특별조사위원회규칙 제7호, 2015. 9. 25., 제정]

4·16세월호참사 특별조사위원회, 02-6020-3855

제1장 총 칙

제1조(목적) 이 규칙은 「4 · 16세월호참사 진상규명 및 안전사회 건설 등을 위한 특별법」(이하 "법"이라 한다)이 정한 법 제5조의 업무와 관련한 진상규명조사(이하 "조사"라 한다)에 필요한 사항을 규정함을 목적으로 한다.

제2조(적용범위) 4 · 16세월호참사 특별조사위원회(이하 "위원회"라 한다)의 진상규명조사(이하 "조사"라 한다)에 관한 사항은 법 및 동법 시행령(이하 "영"이라 한다)에 특별한 규정이 있는 경우를 제외하고는 이 규칙이 정하는 바에 따른다.

제3조(조사의 방식) 법 제22조에 따라 위원회는 피해자의 신청이나 직권으로 법 제5조의 업무와 관련한 조사를 할 수 있다.

제4조(문서의 송달) ① 문서의 송달은 우편에 의한다. 다만, 교부송달을 하는 경우, 문서의 요지를 고지할 수 있는 경우 또는 긴급하거나 부득이하여 전화, 팩시밀리, 전자우편, 휴대전화 문자전송의 방법으로 송달할 수 있는 경우에는 그러하지 아니하다.

② 우편송달을 하는 경우에는 배달증명의 방법에 의하거나 별지 제1호 서식에 따른 우편송달보고서에 의해 송달해야 하고, 제1항 단서에 해당하는 방법으로 송달한 경우에는 별지 제2호 서식의 송달보고서를 작성하여야 한다.

③ 송달과 관련하여 이 규칙에서 정한 것 이외에 대하여는 민사소송법의 송달에 관한 규정을 준용한다.

제5조(조사신청서 제출) ① 법 제23조의 규정에 따라 조사신청을 하고자 하는 사람은 별지 제3호 서식의 조사신청서를 작성하여 위원회나 주소지 관할 재외공관의 장에게 제출하여야 한다. 조사신청서를 접수한 재외공관의 장은 이를 즉시 위원회에 송부하여야 한다.

② 신청인은 전항의 조사신청서를 우편 또는 전자우편의 방식으로도 제출할 수 있다.

제2장 조사신청

제6조(구술에 의한 신청) 법 제23조 규정에 의하여 구술에 의한 신청을 접수하는 때에는 신청인으로 하여금 신청의 내용을 말하게 한 다음 별지 제3호 서식의 조사신청서를 작성 한 후 신청인에게 기재 내용을 확인시키고 서명 또는 날인하게 하여야 한다.

제7조(신청 기간) 신청인은 제5조(조사신청서 제출) 또는 제6조(구술에 의한 신청)의 규정에 의한 신청을 위원회가 신청접수를 개시한 날로부터 180일 이내에 하여야 한다. 다만, 우편에 의한 신청의 경우에는 신청인이 조사신청

서를 우편으로 보낸 날을 신청일로 본다.

제8조(대리인 및 대표자 등) ① 신청인은 대리인을 선임할 수 있다. 이 경우 대리인임을 증명하는 서면을 제출하여야 한다.

② 피해자단체(법인 여부 및 형태 여하를 불문한다)가 신청할 때에는 대표자의 명의로 하여야 한다.

③ 다수의 신청인이 동일한 사건에 대하여 신청을 하는 때에는 신청인 중 3인 이하의 대표자를 선정할 수 있다. 신청인이 대표자를 선정하지 아니한 경우에는 위원회는 대표자를 선정할 것을 권고할 수 있다. 이 경우 대표자와 그 구성원은 법 제2조 제3호 및 제22조의 규정에 따른 피해자에 해당하여야 한다.

④ 제1항의 규정에 의한 대표자는 별지 제4호 서식의 대표자 선정신고서를 제출하여야 한다.

⑤ 대표자가 선정된 때에는 다른 신청인들은 그 대표자를 통하여 그 사건에 관한 행위를 할 수 있다. 위원회가 신청인에 대한 것임을 표시하고 대표자에게 행한 의사표시는 신청인에 대하여 직접효력이 생긴다.

⑥ 대표자를 해임하거나 변경하는 때에는 그 사실을 지체 없이 위원회에 문서로 신고하여야 한다.

제9조(신청 홍보) 위원회는 조사신청의 편의를 위하여 신문·방송·정보통신망 그 밖의 방법으로 신청의 절차나 방법 등을 홍보할 수 있다.

제10조(신청 보완 요구) 위원회는 다음 각 호에 해당하여 조사신청서에 보완할 사항이 있는 때에는 신청인에게 별지 제5호 서식에 따라 보완을 요구할 수 있다.

1. 조사신청 내용이 특정되지 아니하여 조사신청의 요지를 알 수 없을 경우

2. 조사신청 내용이 명백하게 법 제5조 제1호 내지 제4호, 동조 제6호 및 제8호에서 규정한 위원회의 업무와 관련이 없는 경우

3. 조사신청 내용이 그 자체로서 명백히 거짓이거나 이유 없다고 인정되는 경우

4. 위원회가 각하한 조사신청과 동일한 사실에 관하여 조사신청한 경우

5. 신청인이 피해자인지 불분명한 경우

6. 기타 조사신청 접수담당자가 보완이 필요하다고 판단하는 경우

제11조(접수대장의 기재) ① 위원회 접수담당자는 조사신청서를 접수하였거나, 재외공관이 접수받은 조사신청서를 송부 받은 경우에 별지 제6호 서식에 접수 순서대로 기재하여야 하고, 그 내용을 전산입력 하여야 한다.

② 재외공관이 신청서를 접수한 때에는 지체 없이 위원회에 조사신청서 및 첨부된 자료를 송부하여야 한다.

제12조(접수증명의 교부) 조사신청서를 접수하고 신청인이 요구하는 때에는 별지 제7호 서식의 접수증명을 신청인에게 교부 또는 송달하여야 한다.

제13조(조사신청서의 분류 등) ① 기획행정담당관은 접수된 조사신청서의 내용을 검토하여 법 제5조 및 규칙 제55조에 의한 사건유형에 따라 지체 없이 분류하여 상임위원회에 보고한다.

② 조사신청서 내용이 위원회의 조사대상에 속하지 아니하는 경우에는 기타 사건으로 분류한다.

제14조(조사신청 분류에 대한 상임위원회 심의 등) 기획행정담당관은 조사신청서를 분류한 내역을 상임위원회에 보고하여야 하고, 상임위원회는 이를 심의하여 유형별 사건번호를 부여한다.

제15조(조사신청서의 송부) 기획행정담당관은 상임위원회의 심의를 거쳐 분류한 조사신청서 및 관련 자료를 상임위원회에서 정한 바에 따라 소관 진상규명국장·안전사회과장·피해자지원점검과장(이하 "진상규명국장 등"이라 한다)에게 지체 없이 송부하여야 한다.

제16조(신청의 취하) ① 신청인은 조사개시 또는 각하결정이 있기 전까지 신청을 취하할 수 있다.

② 신청의 취하는 별지 제8호 서식의 조사신청 취하서 제출 또는 구술로 할 수 있다. 구술에 의한 경우 신청인으로 하여금 그 내용을 말하게 한 다음 별지 제8호 서식을 작성한 후 신청인에게 기재 내용을 확인시키고 서명 또는 날인 하게 하여야 한다.

③ 진상규명국장 등은 조사신청 취하서를 소관 소위원장에게 보고하고 해당 신청사건을 종결 처리한다. 다만, 소위원장은 필요한 경우 해당 사건에 대한 직권조사 개시 여부를 위원회에 의안으로 상정할 수 있다.

제17조 (재신청) 위원회는 각하결정을 받은 신청인이 각하의 사유를 보완한 후 재신청한 경우에는 이를 접수하여야 한다.

제18조(직권사건의 사건번호 부여 등) 위원회에서 직권사건의 조사개시를 의결한 경우에는 기획행정담당관이 지체 없이 사건번호를 부여한 뒤 별지 제9호 서식에 따라 직권사건대장을 작성하여야 한다.

제3장 사건의 조사

제19조(조사신청서 검토) ① 진상규명국장 등은 조사신청서 및 제출 자료를 검토하여, 지체 없이 신청서검토보고서를 별지 제10호 서식에 따라 작성하고 해당 소위원장에게 보고하여야 한다.

② 제1항의 경우, 사전조사 또는 조사개시가 필요한 사건은 조사할 사항·이유·조사계획을, 각하에 해당하는 사건은 확인사항·각하이유를 포함하여야 한다.

③ 사실관계 등의 보완이 필요하다고 인정되는 사건에 대하여는 신청인에게 별지 제5호 서식에 따라 보완을 요구할 수 있다.

제20조(사건의 분리·병합) 진상규명국장 등은 다수의 사건이 동일하거나 유사한 경우 해당 소위원장의 지시를 받아 이를 병합하여 처리하게 하거나, 하나의 사건을 여러 개의 사건으로 분리하여 처리할 수 있다.

제21조(사전조사) ① 소위원장은 신청사건에 대한 각하 또는 조사개시 여부, 직권조사 개시 여부를 소위원회에 상정하기 위하여 필요한 범위에서 사전조사를 할 수 있다.

② 사전조사 절차와 방법은 제23조(조사의 절차) 내지 제39조(실지조사 현장에서 진술청취)를 준용한다.

③ 진상규명국장 등은 사전조사를 마친 후 그 결과를 해당 소위원장에게 보고하여야 한다.

④ 전항의 경우, 조사개시가 필요한 사건은 조사내용·조사사항·이유·조사계획을, 각하에 해당하는 사건은 조사내용·각하이유를 포함하여야 한다.

제22조(조사개시결정 등) ① 위원회는 위원회에 조사신청서가 접수되거나 구술신청을 받은 날 또는 재외공관의 장으로부터 조사신청서를 송부 받은 날부터 60일 이내에 조사개시결정 또는 각하결정을 하여야 한다. ② 소위원

회는 신청서검토결과 또는 사전조사결과 등을 기초로 다음 각 호의 사항을 심의·의결하여 위원회에 의안으로 상정하고, 위원회는 이를 심의·의결한다.

1. 각하

2. 조사개시

3. 직권조사

③ 위원회는 각하 또는 조사개시 결정을 신청인에게 통지하여야 한다. 통지 방법에 대해서는 제51조(결정 등의 통지)를 준용한다.

④ 진상규명국장 등은 조사 진행 중 법 제24조 제1항 각호에 정한 각하사유가 있다고 판단되는 경우에는 해당 소위원장에게 보고한다. 소위원장은 각하사유에 해당된다고 판단하는 경우 이를 소위원회에 상정하고, 소위원회는 이를 심의·의결하여 의결된 사항을 위원회에 의안으로 상정한다.

제23조(조사의 절차) ① 소위원장은 조사개시 및 직권조사 결정된 사건에 대하여 담당 직원을 배정하여 조사하게 할 수 있다.

② 법 제26조 제5항에 따라 법 제26조 제1항의 권한을 행사하는 위원 또는 직원(이하 "조사관"이라 한다)은 별지 제11호 서식의 조사관증 등 그 권한을 표시하는 증표를 지니고 이를 관계인에게 제시하여야 한다.

③ 조사관은 법 제26조 제1항의 규정에 의한 진술서 제출 요구·출석요구·자료 또는 물건의 제출 요구·사실조회·감정의뢰·실지조사 등의 조치를 문서로 하여야 하고, 해당 사건기록 및 각각의 통지대장에 기재하여야 한다.

④ 위원회는 진상규명조사와 관련하여 필요하다고 인정하는 때에는 관계 전문가 등을 조사에 참여하게 할 수 있고, 공청회 개최 등의 방법으로 국내외 전문가·이해관계인·학식과 경험이 있는 자의 의견을 들을 수 있다.

⑤ 위원회는 조사대상자·참고인·관련 증거 또는 자료가 외국에 있다고 판단되는 경우에는 외교적 경로를 통하여 해당 국가 또는 관련자에게 협조를 요청할 수 있다.

⑥ 조사에 필요한 경우 사무처 해당 부서의 책임자에게 지원을 요구할 수 있다.

⑦ 소위원회는 필요한 경우 사건에 대한 자료 열람 및 중간 조사 보고를 소위원장에게 요구할 수 있다. 이 경우, 진상규명국장 등은 소위원회 회의에서 담당 직원 등을 배석하게 하여 관련 자료를 제시하고 중간 조사 경과 및 조사결과 개요 등을 보고할 수 있다.

⑧ 위원회는 필요한 경우 사건에 대한 중간 조사 보고를 소위원장에게 요구할 수 있고, 소위원장은 해당 사건의 중간 조사 경과 및 조사결과 개요 등을 위원회에 보고할 수 있다.

제24조(진술서 제출 요구) 법 제26조 제1항 제1호에 의해 진술서 제출을 요구하는 경우에는 별지 제12호 서식에 의한다.

제25조(출석요구 등) 법 제26조 제1항 제2호에 의해 조사대상자 또는 참고인의 출석을 요구하는 경우에는 별지 제13호 서식에 의한다.

제26조(진술청취 시 신뢰관계에 있는 자의 동석) ① 조사관은 다음 각 호의 어느 하나에 해당하는 경우, 조사대상자 및 참고인의 직계친족·형제자매·배우자·가족·동거인 등 조사대상자 및 참고인의 심리적 안정과 원활한 의

사소통에 도움을 줄 수 있는 자를 진술청취에 동석하게 할 수 있다.

1. 조사대상자 및 참고인이 신체적 또는 정신적 장애로 사물을 변별하거나 의사를 결정·전달할 능력이 미약할 때

2. 조사대상자 및 참고인의 연령·성별 등의 사정을 고려하여 그 심리적 안정의 도모와 원활한 의사소통을 위하여 필요한 때

② 조사대상자 및 참고인 또는 그 법정대리인이 제1항에 기재된 자에 대한 동석신청을 한 때에는 조사관은 별지 제14호 서식의 동석신청서와 조사대상자 및 참고인과 동석신청자의 관계를 소명할 수 있는 자료를 제출받아 기록에 편철하여야 한다. 다만, 동석신청서를 작성할 시간적 여유가 없는 경우 등에는 이를 작성하게 하지 아니하고, 진술조서에 그 취지를 기재하는 것으로 갈음할 수 있으며, 조사의 긴급성 또는 동석의 필요성 등이 현저한 경우에는 예외적으로 동석 조사 이후에 조사대상자 및 참고인과 동석자와의 관계를 소명할 자료를 제출받아 기록에 편철할 수 있다.

③ 조사관은 제2항의 신청이 없더라도 동석의 필요성이 있다고 인정되는 때에는 조사대상자 및 참고인과 동석자와의 관계를 확인한 후 직권으로 동석하게 할 수 있다. 이 경우, 이러한 취지를 조서에 기재하여야 한다.

④ 조사관은 동석신청자가 조사기밀 누설이나 조사방해 등을 통하여 조사에 부당한 지장을 초래할 만한 상당한 이유가 있는 경우에는 동석을 거부할 수 있다.

⑤ 동석자는 조사대상자 및 참고인의 심리적 안정과 원활한 의사소통에 도움을 주는 행위 외의 불필요한 행위를 하여서는 아니 되고, 조사관은 조사기밀 누설이나 조사 방해 등을 통하여 조사에 부당한 지장을 초래할 우려가 있다고 인정할 만한 상당한 이유가 있거나 동석자가 부당하게 조사의 진행을 방해하는 경우에는 조사 도중에 동석을 중지시킬 수 있다.

제27조(조사대상자 진술청취) ① 법 제26조 제1항 제2호에 따라 조사대상자로부터 진술을 청취하는 경우에는 별지 제15호 서식에 의한 진술조서를 작성하여야 한다.

② 전항의 경우, 형사소송법 제244조의3에 의해 조사대상자에게 미리 진술을 거부할 수 있음과 변호인의 조력을 받을 수 있다는 것을 알려주어야 한다.

③ 제1항의 조서는 조사대상자에게 열람하게 하거나 읽어 들려주어야 하며, 진술한 대로 기재되지 아니하였거나 사실과 다른 부분의 유무를 물어 조사대상자가 증감 또는 변경의 청구 등 이의를 제기하거나 의견을 진술한 때에는 이를 조서에 추가로 기재하여야 한다. 이 경우, 조사대상자가 이의를 제기하였던 부분은 읽을 수 있도록 남겨두어야 한다.

④ 조사대상자가 조서에 대하여 이의가 없음을 진술한 때에는 조사대상자로 하여금 조서 하단에 "이의없음"을 기재하게 하고, 조서에 간인한 후 기명날인 또는 서명하게 한다.

제28조(참고인 진술청취) ① 법 제26조 제1항 제2호에 의해 참고인으로부터 진술을 청취하는 경우에는 별지 제16호 서식에 의한 진술조서를 작성하여야 한다.

② 전항의 경우, 형사소송법 제244조의3에 의해 참고인에게 미리 진술을 거부할 수 있음과 변호인의 조력을 받을 수 있다는 것을 알려주어야 한다.

③ 제1항의 조서는 참고인에게 열람하게 하거나 읽어 들려주어야 하며, 진술한 대로 기재되지 아니하였거나 사실과 다른 부분의 유무를 물어 참고인이 증감 또는 변경의 청구 등 이의를 제기하거나 의견을 진술한 때에는 이를 조서에 추가로 기재하여야 한다. 이 경우, 참고인이 이의를 제기하였던 부분은 읽을 수 있도록 남겨 두어야 한다.

④ 참고인이 조서에 대하여 이의가 없음을 진술한 때에는 참고인으로 하여금 조서 하단에 "이의없음"을 기재하게 하고 조서에 간인한 후 기명날인 또는 서명하게 한다.

제29조(조사과정 확인서의 작성과 편철 등) 조사대상자 및 참고인을 조사하는 때에는 별지 제17호 서식의 조사과정 확인서에 조사과정을 기록하고, 이를 진술조서의 끝부분에 편철하여 조서와 함께 간인함으로써 조서의 일부로 하거나, 별도의 서면으로 기록에 편철하여야 한다.

제30조(진술의 녹음 등) 위원회는 법 제26조 제1항 제2호의 규정과 규칙 제27조에서 제28조까지의 규정에 의하여 조사대상자 및 참고인의 진술을 청취하는 경우에 있어서 필요하다고 인정되는 때에는, 조사관 또는 직원으로 하여금 진술인의 동의를 얻어 진술내용을 녹음하게 하거나 진술 장면을 녹화하게 할 수 있다.

제31조(진술의 영상녹화) ① 법 제26조 제1항 제2호 규정에 의하여 조사대상자 및 참고인에 대한 진술을 영상녹화할 경우 별지 제18호 서식에 의한 동의를 받아 행한다.

② 조사관은 조사를 마친 후 조서 정리에 장시간을 요하는 때에는 조서정리 과정을 영상녹화하지 아니하고, 조서를 열람하는 때부터 영상녹화를 재개할 수 있다.

③ 조사관은 조사대상자 또는 참고인에 대한 조사과정을 영상녹화하는 경우 조사대상자 또는 참고인에게 다음 각 호의 사항을 고지하여야 한다.

1. 조사자 및 참여자의 성명과 직책
2. 영상녹화 사실 및 장소, 시작 및 종료 시각
3. 「형사소송법」제244조의3에 따른 진술거부권 및 변호인의 조력을 받을 권리
4. 조사를 중단하거나 재개하는 경우, 중단 이유 · 중단 시각 · 중단 후 재개하는 시각

④ 조사관은 영상녹화를 함에 있어 조사실 등 조사장소 전체가 확인가능하고 조사대상자 및 참고인의 얼굴과 음성이 식별 가능하도록 하여야 한다.

⑤ 조사대상자 또는 참고인의 요구가 있는 때에는, 영상녹화물을 재생하여 시청하게 하여야 한다. 이 경우, 그 내용에 대하여 이의를 진술하는 때에는 그 취지를 기재한 서면을 첨부하여야 한다.

⑥ 영상녹화를 실시한 경우, 영상녹화용 컴퓨터 등에 저장된 영상녹화파일을 이용하여 영상녹화물(CD, DVD 등) 2개를 제작한다. 제작한 영상녹화물 중 하나는 조사대상자 및 참고인의 기명날인 또는 서명을 받아 조사대상자 및 참고인 또는 그 변호인의 면전에서 봉인하여 보관하고, 나머지 하나는 사건기록에 편철한다.

⑦ 영상녹화를 하는 경우, 진술조서를 작성하지 않을 수 있고, 이 경우 진술요지서 등을 작성하여 사건기록에 편철하여야 한다. 진술요지서, 녹취록 등은 진술조서 작성 절차를 준용한다.

제32조(진술의 녹음) ① 법 제26조 제1항 제2호의 규정에 의하여 조사대상자 및 참고인에 대한 진술청취를 녹음할 경우에는 별지 제18호 서식에 의한 동의를 받아 행한다.

② 제1항의 경우, 제31조 제3항·제6항·제7항의 규정을 준용한다. 이 경우, "영상녹화"를 "녹음"으로 본다.

제33조(자료 또는 물건 제출요구) ① 법 제26조 제1항 제3호에 의해 조사대상자, 참고인, 그 밖의 관계 기관, 시설, 단체 등에 자료 또는 물건의 제출을 요구하는 경우에는 별지 제12호 서식에 따른다.

② 제1항의 경우에 형사소송법 제110조(군사상비밀과 압수), 제111조(공무상비밀과 압수), 제112조(업무상비밀과 압수)를 준용한다.

제34조(제출된 자료 또는 물건의 보관 등) ① 법 제26조 제1항 제3호에 의해 물건 또는 자료를 제출받은 때에는 별지 제19호 서식의 보관조서와 별지 제20호 서식의 보관목록을 작성하고, 소유자·소지자·보관자·기타 이에 준하는 자에게 보관목록을 교부하여야 한다.

② 제1항의 경우에 형사소송법 제129조(압수목록의 교부), 제130조(압수물의 보관과 폐기), 제131조(주의사항), 제133조(압수물의 환부, 가환부)를 준용한다.

제35조(사실조회) 법 제26조 제1항 제4호에 의해 관계 기관·시설·단체 등에 대해 조사사항과 관련이 있다고 인정되는 사실에 대한 조회를 하는 경우에는 별지 제21호 서식에 의한 사실조회서에 의한다.

제36조(감정의뢰) 법 제26조 제1항 제5호에 의해 감정인을 지정하고 감정을 의뢰하는 경우에는 별지 제22호 서식에 의한 감정의뢰서에 의한다.

제37조(실지조사) ① 법 제26조 제1항 제6호에 따라 4·16세월호참사와 관계가 있다고 인정되는 장소에 출입하여 장소·시설·자료나 물건에 대하여 실지조사를 하는 경우, 미리 관계 기관·시설·단체 등에 대하여 그 일시·장소·목적 등을 통지하여야 한다. 다만, 긴급을 요하는 경우에는 예외로 한다.

② 제1항의 통지는 별지 제23호 서식에 의한 실지조사통지서에 의한다.

③ 실지조사를 마친 경우에는 별지 제24호 서식에 의한 실지조사서를 작성하여야 한다.

제38조(실지조사 현장에서 자료·물건의 제시 요구 등) ① 법 제26조 제2항에 의해 실지조사 현장에서 실지조사의 대상인 장소·시설 등의 관리자에 대하여 필요한 자료나 물건의 제시를 요구할 수 있다.

② 전항의 경우, 법 제26조 제2항에 의해 자료나 물건의 제시를 요구받은 자는 지체 없이 이에 응하여야 한다.

③ 위원회의 실지조사 현장 책임자는 제시된 자료 또는 물건의 목록과 주요 내용이 포함된 문서를 실지조사 현장에서 작성하고, 실지조사 대상의 현장 책임자에게 해당 문서를 제시한 후, 제시된 자료 또는 물건의 목록과 주요 내용의 일치 여부 등에 대해 확인·서명을 받아야 한다.

④ 실지조사 현장에서 자료 또는 물건의 제출을 요구할 때에는 제33조를 준용한다.

제39조(실지조사 현장에서 진술청취) ① 실지조사 현장에서 조사대상자 또는 참고인으로부터 진술을 청취할 수 있다.

② 전항의 조사대상자 또는 참고인 진술청취의 경우, 형사소송법 제244조의3에 의해 조사대상자 또는 참고인에게 미리 진술을 거부할 수 있음과 변호인의 조력을 받을 수 있다는 것을 알려주어야 한다.

제40조(동행명령장 발부) ① 위원장은 법 제27조 제1항에 의해 다음 요건에 해당하는 조사대상자 또는 참고인에 대하여 위원회 의결을 거쳐 동행명령장을 발부할 수 있다.

1. 출석요구를 받은 사람 중 위원회의 조사에 관한 결정적 증거자료를 보유하거나 정보를 가진 것으로 인정되는 사람(청문회의 증인·감정인·참고인을 포함하지 아니한다)

2. 출석요구를 받고 정당한 사유 없이 2회 이상 출석요구에 응하지 아니 하는 때

② 동행명령장을 발부하는 경우에 별지 제25호 서식에 의해 다음 각 호의 사항을 기재하고 위원장이 서명·날인한 뒤, 별지 제26호 서식의 동행명령장원부에 기재하여야 한다.

1. 대상자의 성명·주거

2. 동행명령을 하는 이유

3. 동행할 장소

4. 발부연월일

5. 유효기간 및 그 기간을 경과하면 집행하지 못하며 동행명령장을 반환하여야 한다는 취지

6. 동행명령을 받고 거부하면 과태료를 부과한다는 취지

③ 동행명령장을 발부하는 경우에 대상자의 성명이 분명하지 아니한 때에는 인상, 체격, 그 밖에 대상자를 특정할 수 있는 사항으로 표시할 수 있으며 주거가 분명하지 아니하는 때에는 주거기재를 생략할 수 있다.

제41조(동행명령장의 집행) ① 동행명령장의 집행은 동행명령장을 대상자에게 제시함으로써 한다.

② 동행명령장은 직원으로 하여금 집행토록 하거나 법 제27조 제5항에 의해 교도관리에게 집행을 촉탁할 수 있다. 이 경우 별지 제26호 서식의 동행명령장원부에 소정의 사항을 기재하여야 한다.

③ 동행명령장에 의한 동행의 집행을 교도관리에게 촉탁하는 경우에는 별지 제27호 서식에 의한 동행명령장 집행촉탁서에 의한다.

④ 위원장은 동행명령장의 집행을 위하여 필요하다고 인정할 때에는 관할 경찰서장에게 국가경찰공무원의 협조를 요청할 수 있다.

제42조(동행명령장의 집행보고) ① 동행명령장을 집행하는 직원 또는 교도관리는 집행결과를 별지 제28호 서식에 의해 보고하여야 한다.

② 동행명령장의 집행이 불가능하거나 필요 없게 된 때 또는 동행명령장의 유효기간이 경과된 때에는 지체 없이 별지 제29호 서식에 의한 동행명령장반환서에 따라 동행명령장을 반환하여야 한다.

③ 제1항과 제2항의 경우 별지 제26호 서식의 동행명령장원부에 소정의 사항을 기재하여야 한다.

제43조(동행명령 집행 유의사항) 동행명령을 집행하는 때에는 대상자의 인권이 침해되지 않도록 신중을 기하여야 한다.

제4장 사건기록의 관리

제44조(사건기록관리책임 등) ① 진상규명국장 등은 조사의 단계별로 사건기록관리책임자와 부책임자를 지정하여 사건기록을 관리하게 하여야 한다.

② 사건기록관리책임자는 사건기록 및 그 사본을 생산·관리하고 별지 제30호 서식의 사건기록관리대장에 그 내용을 기재하여야 한다.

제45조(사건기록의 작성) ① 사건기록은 사건마다 별책으로 작성하여 관리하고, 그 내용은 전산입력하여야 한다.

② 사건기록은 별지 제31호 서식의 사건표지와 별지 제32호 서식의 사건기록목록, 별지 제33호 서식의 관계인 주소록을 차례로 붙여 끈으로 묶어 편철하고 사건기록이 훼손되지 않도록 관리하여야 한다.

③ 사건에 관련된 문서를 접수하거나 작성하는 때에는 접수 또는 작성한 순서에 따라 사건기록의 뒷부분에 편철한 후 사건기록의 장수를 문서 하단에 기재하고 사건기록목록에 그 문서의 표제 및 장수를 기재하여야 한다. 다만, 부득이한 경우에는 별책으로 편철할 수 있다.

④ 사건기록에 송달한 문서부본·진술조서·제출받은 서류 등을 차례로 편철하고, 조사사항 및 사건관련자명부의 주소 등 변동사항을 기재하여야 한다.

⑤ 사건이 위원회 및 소위원회에 상정되는 경우에는 사건기록의 표지에 그 내용을 기재하여야 한다.

⑥ 여러 개의 사건을 병합하여 처리하기로 한 경우에는 사건번호 순서에 따라 편철하며, 하나의 사건을 분리한 경우에는 사본으로 별책을 만들어 기획행정담당관과 협의하여 별도의 사건번호를 붙이고, 사건마다 사건기록표지에 처리 결과를 기재하여야 한다.

제46조(물건 등의 보관) ① 신청인으로부터 물건, 녹음·녹화테이프 기타 문서가 아닌 것(이하 "물건 등"이라 한다)을 수령하거나 조사과정에서 이를 입수 또는 작성한 경우에 사건기록에 그 물건 등의 번호·명칭·내용·제출자 및 소유자의 성명과 주소를 기재한 뒤 서명 또는 기명·날인하여야 한다. 이 경우, 그 물건 등에 사건번호 및 표제·제출자의 성명·물건 등의 번호·보관자의 성명 등을 기재한 별지 제34호 서식의 물건 등의 보관 표지를 붙인 후 봉투에 넣거나 포장하여 안전하게 보관하여야 한다.

② 제1항에 의하여 수령·입수 또는 작성한 물건 등이 조사에 필요한 내용을 포함하고 있는 경우에는 그 내용을 문서에 나타낸 다음 이를 사건기록에 편철하여야 한다. 다만, 부득이한 경우에는 그 정보의 요지 또는 중요한 부분만을 나타낸 문서를 사건기록에 편철할 수 있다.

③ 조사에 필요한 사항을 컴퓨터파일의 형태로 수령·입수한 경우에는 그 내용을 문서에 출력하여 사건기록에 편철하여야 한다. 다만, 부득이한 경우에는 그 정보의 요지 또는 중요한 부분만을 나타낸 문서를 사건기록에 편철할 수 있다.

제47조(사건기록의 인계인수) ① 담당 직원의 전보 등으로 사건기록을 인계·인수하는 경우에는 별지 제35호 서식의 기록인계인수서를 작성하고, 인수자는 직근 상급자로 한다.

② 제1항의 경우, 인수자는 별지 제32호 서식의 사건기록목록과 기록물의 일치여부를 확인하여야 한다.

제48조(조사결과의 보고) ① 진상규명국장 등은 사건에 대한 조사를 마친 후 조사결과보고서를 작성하여 해당 소위원장에게 보고하여야 한다.

② 제1항의 조사결과에는 다음 각 호의 사항 및 검토의견을 포함하여야 한다.

1. 사건번호 및 당사자

2. 신청 또는 사건의 개요

3. 조사의 방법과 경과

4. 쟁점 및 규명 과제

5. 조사결과 진상규명한 사실과 증거의 요지 또는 진상규명하지 못한 사항과 쟁점

③ 제1항의 조사결과에는 다음 각 호의 사항을 포함할 수 있다.

1. 참고인이나 감정인의 보호, 관련된 자료의 확보 또는 인멸방지에 필요한 대책

2. 진상을 밝히거나 중요한 자료 등을 발견 또는 제출한 자에게 필요한 보상 또는 지원에 관한 사항

3. 조사결과 진상이 밝혀지지 않은 진상규명사건과 그 피해자에 대하여 국가가 하여야 할 조치

4. 진상규명사건 피해자의 피해와 명예를 회복하기 위하여 국가가 하여야 할 조치

5. 진상규명사건의 재발을 방지하기 위하여 국가가 하여야 할 조치

6. 법령·제도·정책·관행의 시정 및 개폐에 관한 사항

7. 안전사회 건설과 피해자 지원을 위하여 국가가 하여야 할 조치

제5장 조사의 종결

제49조(소위원회의 심의·의결) ① 소위원회는 상정된 조사결과를 기초로 위원회에 상정할 진상규명조사보고서(안)을 심의·의결한다.

② 심의한 결과 추가검토 또는 조사가 필요하다고 인정할 경우에는 그 사항을 특정하여 추가검토 또는 조사를 하게 하여야 한다.

③ 진상규명국장 등은 추가검토 또는 조사를 마친 후 소위원회 심의를 위해 소위원장에게 그 결과를 보고하여야 한다.

제50조(위원회의 심의·의결) ① 위원회는 소위원회가 상정한 진상규명조사보고서(안) 채택 여부를 의결한다.

② 위원회가 심의·의결하여 채택한 진상규명조사보고서는 다음 사항을 포함하여야 한다.

1. 사건번호 및 당사자

2. 신청 또는 사건의 개요

3. 조사의 방법과 경과

4. 쟁점 및 규명 과제

5. 조사결과 진상규명한 사실과 증거의 요지 또는 진상규명하지 못한 사항과 쟁점

6. 결론

7. 의결일자

8. 위원회 명칭

③ 제3항의 진상규명조사보고서에는 다음 각 호의 사항을 포함할 수 있다.

1. 진상규명사건 피해자의 피해와 명예를 회복하기 위하여 국가가 하여야 할 조치

2. 진상규명사건의 재발을 방지하기 위하여 국가가 하여야 할 조치

3. 법령·제도·정책·관행의 시정 및 개폐에 관한 사항

4. 조사결과 진상이 밝혀지지 않은 진상규명사건과 그 피해자에 대하여 국가가 하여야 할 조치

5. 안전사회 건설과 피해자 지원을 위하여 국가가 하여야 할 조치

④ 진상규명조사보고서는 원본과 정본임을 각각 증명하여, 원본은 위원회에 보존하고 정본은 당사자에게 교부
또는 송달한다.

제51조(결정 등의 통지) ① 다음 각 호의 경우에 신청인 및 조사대상자에게 결정일 등으로부터 7일 이내에 그 사유
를 명시하여 별지 서식 제36호에 따라 결정 등의 통지를 하여야 한다. 다만, 신청인 및 조사대상자가 사망하였거
나 소재불명인 경우에는 그 배우자 또는 직계비속에게 통지하여야 한다.

1. 각하결정, 조사개시결정

2. 위원회 심의·의결을 통해 채택된 진상규명조사보고서

② 전항의 통지는 위원회 심의·의결 후 위원장의 최종결재일을 그 기산일로 한다.

③ 제1항의 통지에는 이의신청의 제기 및 그 절차와 기간 그 밖에 필요한 사항이 포함되어야 한다.

④ 소위원회의 결정 등에 대하여는 위원회에 보고되어 확정된 날을 통지기산일로 본다.

제52조(이의신청의 절차) ① 이의신청을 하는 경우에는 다음 각 호 사항을 기재한 별지 제37호 서식의 이의신청서
를 작성하여 결정 등의 통지를 받은 날로부터 30일 이내에 제출하여야 한다.

1. 이의신청인의 성명 및 주소

2. 결정 등의 통지를 받은 연월일

3. 통지된 사항 또는 결정의 내용

4. 이의신청의 내용

제6장 이의신청

제53조(이의신청의 처리) ① 이의신청서를 접수하는 경우에는 별지 제38호 서식(이의신청서 접수대장)에 따라 그
사실을 기재하고 진상규명국장 등에게 인계하여야 한다.

② 이의신청인에게 다음 각 호의 사항을 기재한 별지 제39호 서식의 이의신청서 보정요구서에 따라 보정을 요구
할 수 있다.

1. 보정할 사항

2. 보정을 요구하는 이유

3. 보정할 기간

4. 그 밖의 필요한 사항

③ 이의신청서를 검토한 후 그 결과를 별지 제40호의 서식에 따라 소위원장에게 보고하여야 한다. 소위원장은 해
당 이의신청에 대한 재조사 또는 기각 여부를 소위원회의 심의·의결을 거쳐 위원회에 의안으로 상정하고, 위원
회는 이를 심의·의결한다.

④ 위원회는 이의신청에 대하여 결정 등을 한 경우 그 이유를 명시하여 별지 제41호 서식에 따라 이의신청인에게 지체 없이 통지하여야 한다.

⑤ 이의신청에 대한 결정 등은 보정기간을 제외하고 접수일로부터 30일이내에 하여야 한다.

⑥ 위원회가 조사개시결정 또는 재조사 의결을 한 경우에는 위원 또는 직원을 지정하여 조사하여야 한다.

제54조(이의신청에 따른 재조사) 위원회는 제53조 제6항에 따라 재조사를 한 경우, 재조사 결과를 반영하여 기존에 채택한 진상규명조사보고서의 내용을 위원회의 심의·의결을 통해 수정할 수 있다. 이 경우, 수정된 진상규명조사보고서의 내용을 이의신청인 등에게 통지하여야 한다.

제7장 보 칙

제55조(사건의 분류기호) 사건번호는 사건유형에 따라 다음 각 호의 문자부호를 붙여 일련번호에 의해 표시할 수 있다.

1. 법 제5조 제1호 규정의 4·16세월호참사의 원인 규명에 관한 사항 : "가"

2. 법 제5조 제2호 규정의 4·16세월호참사의 원인을 제공한 법령, 제도, 정책, 관행 등에 대한 개혁 및 대책 수립에 관한 사항 : "나"

3. 법 제5조 제3호 규정의 4·16세월호참사와 관련한 구조구난 작업과 정부대응의 적정성에 대한 조사에 관한 사항 : "다"

4. 법 제5조 제4호 규정의 4·16세월호참사와 관련한 언론 보도의 공정성·적정성과 정보통신망 게시물 등에 의한 피해자의 명예훼손 실태에 대한 조사에 관한 사항 : "라"

5. 법 제5조 제6호 규정의 재해·재난의 예방과 대응방안 마련 등 안전한 사회 건설을 위한 종합대책 수립에 관한 사항 : "마"

6. 법 제5조 제8호 규정의 피해자 지원대책의 점검에 관한 사항 : "바"

7. 법 제22조 규정에 따라 위원회가 이 법의 목적 달성을 위하여 진상규명이 필요하다고 인정하여 직권으로 조사를 개시한 사건 : 위 유형별로 분류하여 "직가" "직나" "직다" 등

8. 기타 신청의 내용이 다른 기관의 소관이거나 위원회 진상규명조사 대상에 해당하지 아니하는 사건 : "기"

제56조(국내외 기관과 교류·협력 등) 위원장은 진상규명의 촉진을 위하여 국내외 기관과 교류·협력하거나, 필요한 경우에는 위원·직원 또는 관계 전문가를 파견하여 진상규명과 관련된 교육을 받게 하거나 자료를 수집하게 할 수 있다.

제57조(조사활동의 보호) ① 누구든지 위원회의 조사활동을 수행하는 위원·직원 또는 자문기구의 구성원이나 감정인에 대하여 폭행 또는 협박하거나 위계로써 그 조사활동을 방해하여서는 아니 된다.

② 법 제43조 제3항과 영 제9조 제2항에 따라 위원장은 위원회의 위원, 위원회의 업무와 관련된 증인 또는 참고인 등(이하 "증인 등"이라 한다)이 다른 사람으로부터 생명·신체에 위협을 받거나 받을 염려가 있다고 인정되는 때에는 관계 기관에 해당 위원이나 증인 등의 신변보호를 요청할 수 있다. 이 경우 위원회의 요청을 받은 관계 기관은 정당한 사유가 없으면 요청에 따라야 한다.

제58조(서식의 변경) 이 규칙에 의해 정해진 별지 서식은 위원장이 변경하여 사용할 수 있다.

제59조(사무처장 보고 등) ① 기획행정담당관은 본 규칙 제13조 내지 제15조에서 정한 사무를 처리하기에 앞서 사무처장에게 보고하여야 한다.

② 진상규명국장 등은 본 규칙 제16조 제3항, 제19조 제1항, 제20조, 제22조 제4항, 제23조 제7항, 제49조 제3항에서 정한 사무를 처리한 후 이를 즉시 사무처장에게 보고하고, 기획행정담당관에게 통보하여야 한다.

부칙 <제7호,2015.9.25.>

제1조(시행일) 이 규칙은 공포한 날부터 시행한다.

제2조(다른 규칙과의 관계) 이 규칙에 특별한 규정이 없는 경우에는 4·16세월호참사 특별조사위원회 운영에 관한 규칙에 의한다.

제3조(경과조치) 이 규칙 시행 이전에 행해진 진상규명조사에 관한 업무 처리는 이 규칙에 의한 것으로 본다.

(2016. 5. 2. 현재)

진상규명 신청조사 분류 및 조사개시 결정 현황

□ 신청조사 분류 현황

(단위: 건)

구분	접수건수	분류중	상임위 분류				취하 및 이첩		국/과별 이첩 현황					
			상정	분리	병합	소계	조사취하	부서이첩	진상규명국			안전사회과 (나, 마)	피해자지원과 (바)	
									조사1 (가)	조사2 (다)	조사3 (라)			
건수	238	마감	238	10	-	248	19	229	71	111	12	11	24	

□ 전원위원회 조사개시 결정 사건 현황[총 231건, 신청사건 229건, 직권사건 2건]

1] 신청사건 조사개시 결정 현황[총 229건, 분리 · 병합 미반영]

연번	사건번호	사건명	담당부서	조사개시일
1	2015-1-가-1	세월호 선내 CCTV 자료의 원본 여부	조사1과	2015.09.21
2	2015-2-가-2	여객부원 OOO의 업무상과실치사상죄의 공동정범 성립 여부 및 허위진술 여부	조사1과	2015.09.21
3	2015-3-다-1	해경작성의 [초동조치 및 수색구조쟁점(I)] 의 진위여부 검증 등에 관한 건	조사2과	2015.10.19
4	2015-4-다-2	해경 상황실 AIS 시스템의 정상작동 및 고의 조작여부 조사	조사2과	2015.10.05
5	2015-5-바-1	국정원의 유가족 대상 RCS 해킹 프로그램 사용 등	피해자지원점검과	2015.10.19
6	2015-6-다-3	초기 수사과정에서 타기관의 개입여부	조사2과	2015.10.05
7	2015-7-다-4	사고 당시 출동한 119의 대응	조사2과	2015.10.05
8	2015-8-가-3	세월호의 침몰 및 기울기 시점에 관한 조사의 건	조사1과	2015.11.02
9	2015-9-나-1	선박 및 운항안전 관련 규제완화 이유	안전사회과	2015.10.19
10	2015-10-가-4	출항 당일 의사결정 과정 및 출항 배경	조사1과	2015.10.05
11	2015-11-가-5	급변침이 침몰원인이 될 수 있는지 여부	조사1과	2015.09.21
12	2015-12-가-6	군 작전이 세월호 급변침에 영향을 미쳤는가 여부	조사1과	2015.10.19
13	2015-13-나-2	선원법 개정 이유	안전사회과	2015.10.19
14	2015-14-가-7	사고당일 사고해역 부근 군 작전실시 여부에 관한 조사의 건	조사1과	2015.11.02
15	2015-15-다-5	해경의 민간잠수사 구조참여 배제 이유	조사2과	2015.10.05
16	2015-16-다-6	4.16세월호참사에 대한 119의 대처 가능성에 관한 조사의 건	조사2과	2015.11.02

- 1 -

연번	사건번호	사건명	담당부서	조사개시일
17	2015-17-나-3	선박기준(여객선 안전기준, 차량적재 및 선박컨테이너 안전점검)의 완화 이유	안전사회과	2015.10.19
18	2015-18-가-8	군 훈련으로 세월호의 항로 변경에 영향을 미친 사항이 있었는지 여부에 관한 조사의 건	조사1과	2015.11.02
19	2015-19-가-9	수학여행 계획 수립 및 결정과정	조사1과	2015.9.21
20	2015-20-다-7	해경 상황실 지시에 123정이 제대로 대처했는지 여부	조사2과	2015.10.05
21	2015-21-다-8	최초 출동 해군 초동 대응	조사2과	2015.10.05
22	2015-22-바-2	피해자의 통신기록, 미디어데이터 등 삭제 등에 관한 건	피해자지원 점검과	2015.10.19
23	2015-23-가-10	사고당시 주변 선박들과의 교신내용 조사	조사1과	2015.9.21
24	2015-24-다-9	해경의 해군 잠수사 및 구조선박 배제 이유	조사2과	2015.10.05
25	2015-25-다-10	123정 구조구난 활동	조사2과	2015.10.05
26	2015-26-가-11	세월호 인양이 증거가치 훼손방지 및 미수습자 유실방지를 위한 방식으로 진행되고 있는지 여부	조사1과	2015.10.19
27	2015-27-다-11	000(전 목포해양경찰서장)의 구조구난 지휘에 관한 적정성 여부	조사2과	2015.10.05
28	2015-28-다-12	000(전 해양수산부장관)의 구조활동 방해	조사2과	2015.10.05
29	2015-29-다-13	000의 구조활동 지휘에 관한 건	조사2과	2015.10.19
30	2015-30-가-12	침몰원인 관련 현재 세월호의 조타기 및 계기판 등 관련 기구 오작동 가능성 여부	조사1과	2015.10.05
31	2015-31-라-1	4.16세월호 참사 당시 전원구조 오보의 과정과 책임자에 대한 조사	조사3과	2015.10.05
32	2015-32-다-14	감사원의 감사결과 처분요구에 따른 징계가 제대로 이행되지 않은 이유와 경위 등	조사2과	2015.10.19
33	2015-33-바-3	진도 참사 현장에서의 피해자들에 대한 정부지원의 문제점	피해자지원 점검과	2015.10.19
34	2015-34-가-13	세월호 침몰 원인으로 제기되는 현재 선체 내,외부 손상여부	조사1과	2015.10.05
35	2015-35-가-14	단원고의 수학여행 출발 강행 이유	조사1과	2015.10.05
36	2015-36-다-15	해경 촬영 동영상의 부분삭제 여부에 관한 건	조사2과	2015.10.19
37	2015-37-가-15	정부 발표 사고 당일 세월호의 항적 및 음성교신록 검증	조사1과	2015.10.19
38	2015-38-다-16	해경 조직의 구조주체 확인과 구조에 참여한 세력의 구조 행위 합당성 등 조사	조사2과	2015.10.19
39	2015-39-다-17	000(전 해양경찰청장)의 구조지휘 적정성 등에 관한 조사의 건	조사2과	2015.11.02
40	2015-40-바-4	000, 000의 유가족 대표 사칭행위에 대한 건	피해자지원 점검과	2015.11.16
41	2015-41-다-18	세월호 침몰 후 선내 에어포켓의 존재여부와 이에 근거한 해경의 생존자 구조활동 내용 등에 대한 조사	조사2과	2015.11.23
42	2015-42-다-19	청와대 등의 참사대응 관련 업무 적정성 등에 관한 건	조사2과	2015.11.23
43	2015-43-다-20	현장 구조세력 등의 문자, 통화기록 등에 관한 건	조사2과	2015.11.30

연번	사건번호	사건명	담당부서	조사개시일
44	2015-44-다-21	해경 본청 상황실 근무자 OOO의 참사 당시 구조상황 전달, 보고과정 및 경위에 관한 조사의 건	조사2과	2015.11.02
45	2015-45-다-22	세월호 침몰 당시 동원된 예인선과 해상크레인이 구조 활동에 투입되지 않은 이유	조사2과	2015.11.30
46	2015-46-다-23	사고당시 123정 및 3009함의 통신 수발신 내역에 관한 조사의 건	조사2과	2015.11.02
47	2015-47-다-24	해경의 구조구난 행위에 대한 적극성에 관한 조사의 건	조사2과	2015.11.02
48	2015-48-다-25	참사 당시 구조를 위한 119의 선내진입에 관한 조사의 건	조사2과	2015.11.30
49	2015-49-다-26	123정에 명령을 내린 지휘계통과 그들의 구조구난 지휘의 적극성 여부에 관한 조사의 건	조사2과	2015.11.30
50	2015-50-다-27	123정 주변 선박이 촬영한 사진 및 동영상 자료에 관한 조사의 건	조사2과	2015.11.30
51	2015-51-다-28	123정 승조원의 선원 우선 구조에 관한 조사의 건	조사2과	2015.11.30
52	2015-52-다-29	123정 승조원에 관한 조사의 건	조사2과	2015.11.30
53	2015-53-다-30	타 구조세력의 진입을 금지시킨 주체와 이유에 관한 조사의 건	조사2과	2015.11.30
54	2015-54-가-16	여객선으로 수학여행을 지시한 당시 교육부의 행정공문은 어떠한 이유에서인지 관한 조사의 건	조사1과	2015.11.30
55	2015-55-바-5	생존학생들의 고대안산병원 입원 후 교육청의 안전조치 여부	피해자지원 점검과	2015.11.02
56	2015-56-바-6	생존학생에 대한 경찰의 인권침해 행위에 대한 건	피해자지원 점검과	2015.11.16
57	2015-57-바-7	생존학생 후송 과정 중 보호조치 미실시 행위에 대한 건	피해자지원 점검과	2015.11.16
58	2015-58-바-8	생존학생에 대한 심리적 안정조치 미실시 행위에 대한 건	피해자지원 점검과	2015.11.02
59	2015-59-바-9	생존학생에 대한 언론피해 방지조치 미실시 행위에 대한 건	피해자지원 점검과	2015.11.16
60	2015-60-다-31	전남 119 구조대의 상황 전파 및 작전수행 적절성 여부에 관한 조사의 건	조사2과	2015.11.30
61	2015-61-가-17	선내 대기방송 과정에 관한 조사의 건	조사1과	2015.11.02
62	2015-62-다-32	목포해양경찰서장의 상황 대처 및 지시의 적정성에 관한 조사의 건	조사2과	2015.11.30
63	2015-63-바-17	4.16참사 당일 현장 안내 및 지원 등을 위한 정부 조직 및 기관 현황	피해자지원 점검과	2015.12.07
64	2015-64-다-34	해군참모총장의 2회의 출동지시에도 통영함이 출항하지 않은 이유에 관한 조사의 건	조사2과	2015.11.30
65	2015-65-바-10	희생자 및 피해자들의 휴대폰 통화내역 조회 및 삭제 경위	피해자지원 점검과	2015.11.16
66	2015-66-다-35	구조된 선원들을 조사한 해경의 조사내용에 관한 조사의 건	조사2과	2015.11.30
67	2015-67-다-36	전문구조인력 특수팀은 출동명령은 제대로 지시받고 현장 구조활동을 제대로 했는지에 대한 조사의 건	조사2과	2015.11.30

연번	사건번호	사건명	담당부서	조사개시일
68	2015-68-다-37	서해지방해양경찰청장의 현장 보고 및 지시의 적정성에 관한 조사의 건	조사2과	2015.11.30
69	2015-69-다-38	서해지방해양경찰청 상황실의 현장 지휘 및 감독에 관한 조사의 건	조사2과	2015.11.30
70	2015-70-바-11	진도체육관에서의 치료지원 및 보호조치 미실시 행위에 대한 건	피해자지원점검과	2015.11.16
71	2015-71-바-12	4.16. 고대안산병원에서 경기도교육청의 학생보호의무 이행 여부	피해자지원점검과	2015.11.02
72	2015-72-가-18	선내 대기방송을 한 자 및 그에 대한 처벌 여부에 관한 조사의 건	조사1과	2015.11.02
73	2015-73-바-13	생존학생의 현지병원 호송과정에서 교육청의 보호대책 여부	피해자지원점검과	2015.11.02
74	2015-74-다-39	123정 승조원들이 조타실에서 가지고 나온 물건에 관한 조사의 건	조사2과	2015.11.30
75	2015-75-다-40	123정이 해양경찰청 본청 상황실로 한 상황보고에 관한 조사의 건	조사2과	2015.11.30
76	2015-76-다-41	123정이 세월호에 접안한 시각과 횟수에 관한 조사의 건	조사2과	2015.11.30
77	2015-77-다-42	123정 승조원 구조행위의 적극성에 관한 조사의 건	조사2과	2015.11.30
78	2015-78-다-45	참사당시 출동한 소방헬기의 구조능력에 관한 조사의 건	조사2과	2015.11.30
79	2015-79-다-43	CN-235호기가 침몰 사고 현장을 촬영한 영상의 조작여부에 관한 조사의 건	조사2과	2015.11.30
80	2015-80-가-19	세월호 선수방위각 급변현상의 실체 및 원인규명에 관한 조사의 건	조사1과	2015.11.30
81	2015-81-다-44	123정 승조원 이00 경사 및 박00 경장이 세월호에 승선한 이유에 관한 조사의 건	조사2과	2015.11.30
82	2015-82-가-20	참사 당시 세월호 조타상황에 대한 당직 선원들의 진술 검증에 관한 조사의 건	조사1과	2015.11.30
83	2015-84-라-2	세월호 참사와 관련한 언론의 '왜곡, 과장보도'의 현황과 그 원인에 대한 조사	조사3과	2015.12.28
84	2015-85-가-22	세월호 출항 허가 과정에 관한 조사의 건	조사1과	2015.12.28
85	2015-86-가-23	수학여행을 여객선으로 가게 된 이유에 대한 조사의 건	조사1과	2015.12.28
86	2015-87-가-24	진도VTS가 세월호만 관제하지 않은 이유 및 세월호 항적 등에 대한 조사의 건	조사1과	2015.12.28
87	2015-88-다-46	단원고 교감의 이동 동선에 대한 조사의 건	조사2과	2015.12.28
88	2015-89-다-47	참사 초기 구조구난작업 전반에 관한 조사의 건	조사2과	2015.12.28
89	2015-90-다-48	참사 당시 승객들의 피신에 관한 조사의 건	조사2과	2015.12.28
90	2015-92-나-4	선령제한기준 완화와 세월호의 침몰 원인과의 관계	안전사회과	2015.11.30
91	2015-93-나-5	선원들의 안전교육 및 근로조건 실태	안전사회과	2015.11.30
92	2015-94-가-25	세월호 도입 후 침몰까지 모든 항해시 화물량 및 무게에 관한 조사의 건	조사1과	2015.12.28
93	2015-95-가-26	세월호 침몰 전 이상 징우에 실체조사의 건	조사1과	2015.12.28

- 4 -

연번	사건번호	사건명	담당부서	조사개시일
94	2015-96-가-27	세월호의 기관정지 시간, 최초 침수 발행 시간 및 공기 주입을 위한 선체 천공으로 인한 침몰 가속 여부에 관한 조사의 건	조사1과	2015.12.28
95	2015-97-다-49	해경의 잠수 수색구조 등에 관한 조사의 건	조사2과	2015.12.28
96	2015-98-가-28	제주해경과 단원고와의 8시 10분경 통화 내용에 관한 조사의 건	조사1과	2015.12.28
97	2015-99-가-29	특정 시각 세월호 CCTV영상 부재와 전원 꺼짐 현상의 원인에 대한 조사의 건	조사1과	2015.12.28
98	2015-100-바-14	참사 후 피해자들에 대한 정부 조치의 문제점	피해자지원 점검과	2015.12.28
99	2015-101-가-30	2014.4.16. 07:17경 진도VTS레이더 데이터에 관한 조사의 건	조사1과	2015.12.28
100	2015-102-가-31	참사 당시 123정 영상에서 보이는 세월호 파손 흔적 등에 관한 조사의 건	조사1과	2015.12.28
101	2015-103-가-32	세월호의 지그재그 항적과 동시간대 선체 CCTV, AIS 조사의 건	조사1과	2015.12.28
102	2015-105-다-50	사고 당시 주변에 있던 항공기, 함정, 어업지도선의 동선 등의 조사에 관한 건	조사2과	2015.12.28
103	2015-106-가-33	4월 16일 8시 29분경 사진 속 선체 후미 물보라의 변화와 관련한 선체 변화에 관한 조사의 건	조사1과	2015.12.28
104	2015-108-다-51	해경 상황실과 현장 구조세력과의 통화기록과 선내 진입 및 수난구호명령 등에 관한 조사의 건	조사2과	2015.12.28
105	2015-109-다-52	사고 발생 직후 구조세력의 대응 능력에 관한 조사의 건	조사2과	2015.12.28
106	2015-110-다-53	세월호 사고 당시부터 4월 20일까지의 해경 회의에 관한 조사의 건	조사2과	2015.12.28
107	2015-111-다-54	세월호 참사 초기 해경 3009함에서의 회의에 관한 조사의 건	조사2과	2015.12.28
108	2015-112-다-55	참사 초기 외국의 구조 도움을 거절한 이유에 관한 조사의 건	조사2과	2015.12.28
109	2015-114-바-15	참사 후 희생자들에 대한 수색 및 시신수습 과정에서의 문제점	피해자지원 점검과	2015.12.07
110	2015-115-다-56	해군작전사령부, SSU, UDT의 출동 명령이 지연된 이유에 관한 조사의 건	조사2과	2015.12.28
111	2015-116-다-61	제주VTS의 구조요청 채널 변경에 관한 조사의 건	조사2과	2015.12.28
112	2015-118-다-57	세월호참사 당시 구조와 관련된 해경 및 정부 관계자들의 행위자별 행위 및 보고, 지휘체계 등에 관한 조사의 건	조사2과	2015.12.28
113	2015-119-바-16	유가족, 피해자들에 대한 감시와 사찰에 국정원 개입 여부	피해자지원 점검과	2015.12.28
114	2015-120-가-36	세월호의 실소유주 및 참사와 관련하여 청해진해운과 국정원의 관련성 등에 관한 조사의 건	조사1과	2015.12.28
115	2015-121-라-4	유가족 공격 루머 및 세월호 참사 보도에 대한 국정원 개입 여부	조사3과	2015.12.28
116	2015-122-다-58	세월호 침몰 당시 해경 항공 구조세력에 관한 조사의 건	조사2과	2015.12.28
117	2015-123-가-49	선내 대기방송 경위에 관한 조사의 건	조사1과	2016.01.11

- 5 -

연번	사건번호	사건명	담당부서	조사개시일
118	2015-124-다-59	참사 당시 출동한 해경 구조행위의 적절성에 관한 조사의 건	조사2과	2016.01.11
119	2015-125-가-37	기상악화에도 불구하고 출항을 결정한 배경에 대한 조사의 건	조사1과	2016.01.11
120	2015-128-라-5	전원구조 오보의 원인과 경위에 대한 조사	조사3과	2015.12.28
121	2015-129-가-39	기상악화에도 불구하고 왜 세월호만 출항 하였는지에 대한 조사의 건	조사1과	2016.01.11
122	2015-130-다-60	참사 초기 제공된 세월호 내부도면의 정확성 및 그것이 실종자 수색에 미친 영향에 관한 조사의 건	조사2과	2016.01.11
123	2015-131-가-40	4월 15일부터 4월 16일 사이에 CCTV에 나온 생존자의 신원 및 동선을 통해 세월호 선체내부 상황파악에 대한 조사의 건	조사1과	2016.01.11
124	2015-132-가-41	단원고 인솔교사의 선내 대기 단체 문자 발송 및 탈출배경과 동선 조사의 건	조사1과	2016.01.11
125	2015-133-가-42	참사당시 선박 내부 기계적 결함 및 관리상 문제 여부와 이것이 침몰에 미친 영향에 대한 조사의 건	조사1과	2016.01.11
126	2015-134-가-43	세월호 도입부터 침몰시까지 선사관계자와 항만청, 해경, 해양수산부, 국회 등 국가기관 간의 접촉내용, 지시사항 등에 대한 조사	조사1과	2016.01.11
127	2015-135-가-50	참사 당시 세월호 탑승객, 선장 및 선원, 구조인원의 문자, SNS, 통화 내역 등에 대한 조사의 건	조사1과	2016.01.11
128	2015-136-가-44	세월호 과적 및 고박상태가 선체에 미치는 영향 조사의 건	조사1과	2016.01.11
129	2015-137-가-45	출항에서부터 참사 발생까지 세월호 시간대별 위치와 속도 변경에 대한 조사의 건	조사1과	2016.01.11
130	2015-138-가-46	위급신호발생기 등의 설치 및 작동 여부 조사에 관한 건	조사1과	2016.01.11
131	2015-139-나-6	선박안전 관련 법령의 변경내용 및 발의자와 선사의 접촉 내역	안전사회과	2015.12.28
132	2015-140-가-47	참사 해역 주변의 해저지형 및 수중 장애물 등 조사에 관한 건	조사1과	2016.01.11
133	2015-141-나-7	세월호 선박안전검사 기관에 대한 의혹 조사	안전사회과	2015.12.28
134	2015-142-가-48	침수 시작지점, 침수순서, 침수원인 관련 정밀 조사의 건	조사1과	2016.01.11
135	2015-143-바-18	희생자 장례지원 조치의 적절성 여부	피해자지원 점검과	2016.01.25
136	2015-144-바-19	교사, 단원고, 경기도교육청, 교육부의 4.16 참사 대응과정 및 적절성 여부	피해자지원 점검과	2016.01.25
137	2015-145-바-20	단원고등학교 교실 훼손시도 경위 및 적절성 조사	피해자지원 점검과	2016.01.25
138	2015-146-바-21	4.16 참사 이후 희생자 장례에 관한 정부지원의 문제점	피해자지원 점검과	2016.01.25
139	2015-147-다-62	참사초기 해경 또는 정부가 연예인 000을 동원하여 구조 구난의 진실을 왜곡하려 했는지에 관한 조사의 건	조사2과	2016.01.25
140	2015-149-다-64	참사 당시 123정 조타실에서 세월호 기관장 000가 한 휴대전화 통화에 관한 조사의 건	조사2과	2016.02.15

연번	사건번호	사건명	담당부서	조사개시일
141	2016-1-라-6	참사 당일 '탈출 대공 방송 중' 등 잘못된 보도의 출처와 정부 전달 과정, 이유에 대한 조사의 건	조사3과	2016.02.15
142	2016-2-바-23	유가족들에 대한 경찰의 미행, 사찰의 목적 등과 세월호 참사 추모집회 관련 시위 진압에서 경찰의 불법행위 여부	피해자지원 점검과	2016.02.22
143	2016-2-라-8	세월호 참사와 관련한 정보통신망 상의 유언비어와 악성글에 대한 경찰의 대응 조사의 건	조사3과	2016.02.15
144	2016-2-다-86	경찰 내부의 참사관련 보고 및 조치에 관한 조사의 건	조사2과	2016.02.22
145	2016-3-다-66	2014.4.17. 조명탄 미사용 등에 관한 조사의 건	조사2과	2016.02.22
146	2016-4-다-67	2014.4.17. 구조작업 영상 제공지시가 이행되지 않은 이유에 대한 조사의 건	조사2과	2016.02.22
147	2016-5-다-68	영국 TMC관련 조사의 건	조사2과	2016.02.22
148	2016-6-다-69	구난동원령 작성 후 미배포 이후 및 관련 지시자에 관한 조사의 건	조사2과	2016.03.07
149	2016-7-나-8	국가가 해양사고 구조, 구난, 인양업체를 적극 양성하지 않은 이유 등	안전사회과	2016.02.15
150	2016-8-다-70	김00(전 국가안보실장)의 참사관련 대통령 보고 횟수, 시각 및 내용에 관한 조사의 건	조사2과	2016.03.07
151	2016-9-나-9	해양사고 구조, 구난, 인양업체 실태	안전사회과	2016.02.15
152	2016-10-다-71	세월호 선내 공기 주입 구역의 순서에 대한 전수조사의 건	조사2과	2016.02.22
153	2016-11-다-72	참사 초기 세월호 선체 인양 준비 등에 관한 조사의 건	조사2과	2016.02.22
154	2016-12-가-51	사고 발생 당시 세월호 선원들의 소집 및 퇴선을 지시한 주체에 대한 조사의 건	조사1과	2016.02.15
155	2016-13-다-73	참사 당시 해경 지휘부의 참사상황 보고기관, 내용 및 경로에 관한 조사의 건	조사2과	2016.02.22
156	2016-14-다-74	NSC(국가안전보장회의)의 참사 관련 대응에 관한 조사의 건	조사2과	2016.02.22
157	2016-15-다-75	해수부, 안행부, 국방부 장관 및 국가안보실장의 여객선 조난 사실 인지 과정 및 관련보고 지시내용에 관한 조사의 건	조사2과	2016.02.22
158	2016-16-다-76	참사 당일 청와대와 해경 간 통화내역 및 지시내용에 관한 조사의 건	조사2과	2016.02.22
159	2016-17-다-77	정부기관의 국회보고 관련 조사의 건	조사2과	2016.02.22
160	2016-18-가-52	세월호에 적재된 화물의 종류, 용도, 목적지에 관한 조사의 건	조사1과	2016.02.15
161	2016-19-다-78	참사 당시 123정 등이 수집한 정보들의 보고 경과 조사의 건	조사2과	2016.02.22
162	2016-20-다-79	수색구조관련 민간잠수사 등에 관한 조사의 건	조사2과	2016.02.22
163	2016-21-다-80	참사 당일 국정원 등 국가 공무원의 세월호 탑승여부 및 국정원의 세월호 참사 관련 대응 사항에 관한 조사의 건	조사2과	2016.02.22
164	2016-22-라-7	세월호 참사 당일, 주요 방송사들의 보도내용과 화면이 일률적인 이유에 대한 조사의 건	조사3과	2016.02.15
165	2016-23-다-81	수색구조를 위해 사용된 바지선 등에 관한 조사의 건	조사2과	2016.02.22

- 7 -

연번	사건번호	사건명	담당부서	조사개시일
166	2016-24-다-82	참사 초기 특정 구조 선박만 현장에 접근하게 한 이유에 관한 조사의 건	조사2과	2016.02.22
167	2016-25-다-83	사고 초기 수난구호법상 출동한 선박과 인원의 전수조사에 관한 건	조사2과	2016.02.22
168	2016-26-다-84	000(전 해양경찰청 정보수사국장)의 구조구난 참여 행적 및 파견지시자에 관한 조사의 건	조사2과	2016.02.22
169	2016-27-다-85	000(전 해양경찰청 차장)의 팽목항 상황실 관련 행적에 관한 조사의 건	조사2과	2016.02.22
170	2016-28-다-87	000(전 서해해양경찰청 해상치안상황실 상황담당관)의 업무수행 적정성에 관한 조사의 건	조사2과	2016.02.22
171	2016-30-다-89	참사 당일 출동한 해경함정 간 교신 및 3009함의 구조 지휘에 관한 조사의 건	조사2과	2016.03.07
172	2016-31-가-53	청해진해운이 세월호 관련 가입한 보험의 보험사 및 재보험사의 사고 처리에 관한 조사의 건	조사1과	2016.03.07
173	2016-32-다-91	4.16세월호참사 특별조사위원회 제1차 청문회 대응 문건에 관한 조사의 건	조사2과	2016.04.18
174	2016-33-가-54	참사 전일 세월호를 촬영한 업체에 관한 조사의 건	조사1과	2016.05.02
175	2016-34-다-92	참사 관련 언딘의 청해진 해운, 해경, 해수부와의 관계 등에 관한 조사의 건	조사2과	2016.04.18
176	2016-35-가-55	2014년 4월 12일(추정) 세월호 CCTV상 선원들의 이상 행동 및 참사 당일 기관실 내부 페인트 작업중이었다는 선원의 증언에 관한 조사의 건	조사1과	2016.04.18
177	2016-36-바-24	416가족협의회 선체인양분과장 컴퓨터 해킹 의혹의 건	피해자지원 점검과	2016.04.04
178	2016-37-다-93	세월호 국정조사 중 국회의원 000의 카카오톡 관련 조사의 건	조사2과	2016.05.02
179	2016-38-다-94	특조위 제1차 청문회 기간 중 보수단체의 방해행위에 관한 조사의 건	조사2과	2016.04.18
180	2016-39-다-95	참사 초기 유실방지용 그물설치 관련 조사의 건	조사2과	2016.04.18
181	2016-40-가-56	참사 당일 세월호가 맹골수도를 진입한 후 앵커를 내리고 운항하였는지에 관한 조사의 건	조사1과	2016.04.18
182	2016-41-가-57	참사 당시 세월호 하단부의 긁힘의 흔적 등에 관한 조사의 건	조사1과	2016.04.18
183	2016-43-다-96	세월호 선원들에 대한 수사 및 재판 결과 검증 및 선원 중 국정원 등 특수공무원의 존재 여부에 관한 조사의 건	조사2과	2016.04.18
184	2016-44-가-59	세월호 CCTV정밀 분석 후 이상행동을 하는 인물이 있는지 조사	조사1과	2016.04.18
185	2016-45-바-25	민간잠수사들에 대한 지원에서의 문제점 및 관련제도 개선의 건	피해자지원 점검과	2016.04.04
186	2016-47-라-9	정보통신망에서의 유가족 등에 대한 유언비어, 명예훼손 실태 및 최초 유포자와 책임자 조사	조사3과	2016.04.04
187	2016-48-가-61	세월호 선체 파공 및 침수과정 조사의 건	조사1과	2016.04.18
188	2016-49-라-10	언론이 유가족들의 제보는 반영하지 않고 정부 발표만 보도한 이유에 대한 조사의 건	조사3과	2016.04.04

- 8 -

연번	사건번호	사건명	담당부서	조사개시일
189	2016-49-다-97	정보통신망에 게시된 사진, 영상의 삭제 및 조작 여부에 관한 조사	조사2과	2016.05.02
190	2016-50-다-98	특조위 조사활동 방해를 목적으로 한 해수부 문건에 관한 조사의 건	조사2과	2016.04.18
191	2016-51-가-62	세월호 차량출입문이 열려 있었을 경우 참사에 끼쳤을 영향에 대한 조사의 건	조사1과	2016.04.18
192	2016-53-가-64	세월호의 침몰원인 조사의 건	조사1과	2016.04.18
193	2016-53-다-99	참사 당시 승객을 구하지 못한 이유에 관한 조사의 건	조사2과	2016.05.02
194	2016-55-다-101	참사 당일 대통령의 일정과 해경의 퇴선조치 미실시 사유 등에 관한 조사의 건	조사2과	2016.04.18
195	2016-57-라-12	2014.4.17. 당시 실종자였던 박00에 대한 MBC의 사망 보도에 관한 조사의 건	조사3과	2016.05.02
196	2016-58-다-102	2014.4.16~2016.4.20까지 세월호 승객 수색 구조에 관한 조사의 건	조사2과	2016.04.18
197	2016-59-다-103	해경, 해군의 민간잠수사 및 외국함대에 대한 구조방해 여부 등에 대한 조사의 건	조사2과	2016.04.18
198	2016-60-다-104	참사 당시 해경이 승객을 구하지 않고 선장과 선원을 탈출시킨 이유에 관한 조사의 건	조사2과	2016.04.18
199	2016-61-가-67	악천후 출항 승낙 여부와 관련한 단원고 교장의 책임 규명에 대한 조사의 건	조사1과	2016.04.18
200	2016-62-가-68	세월호와 국정원과의 관계에 대한 조사의 건	조사1과	2016.05.02
201	2016-62-나-10	선장 외 선원들의 선박 운항 자격 조건 완화 여부	안전사회과	2016.04.18
202	2016-62-라-13	학생 우선 구조'문자에 대한 학교측 책임자와 문자 발송 후 전원구조 언론 보도에 대한 조사	조사3과	2016.05.02
203	2016-63-가-69	해군 레이더 항적 조사를 통한 고의 침몰 여부 조사의 건	조사1과	2016.05.02
204	2016-65-다-105	해경의 잠수 수색 업무의 적정성에 관한 조사의 건	조사2과	2016.04.18
205	2016-65-라-14	세월호 선내에 생존자가 존재한다는 소문 유포에 대한 조사	조사3과	2016.05.02
206	2016-66-가-71	가. 우변침 및 좌현 횡경사가 물리적 자연법칙에 부합하는지 나. 8:49분 이후 1시간 40분간의 항적 정보 획득 및 분석에 관한 조사의 건	조사1과	2016.05.02
207	2016-66-다-106	참사 당일 세월호 항적자료 확보를 위한 서해청의 대응에 관한 조사의 건	조사2과	2016.05.02
208	2016-67-다-107	참사 초기 해경 구조대 관련 허위보고, 허위홍보에 관한 조사의 건	조사2과	2016.05.02
209	2016-68-다-108	전남 119 제출 참사 당일 신고 녹취록에 관한 조사의 건	조사2과	2016.05.02
210	2016-69-다-109	진도VTS의 참사당일 세월호에 대한 대응 및 사후 대처 과정의 적절성에 관한 조사의 건	조사2과	2016.05.02
211	2016-70-가-72	기상악화를 무시한 배의 출항과 교장의 관련성에 대한 조사의 건	조사1과	2016.04.18
212	2016-71-가-73	참사 당시 피해자들의 통화내역 및 SNS메세지 진위여부에 관한 조사의 건	조사1과	2016.04.18

- 9 -

연번	사건번호	사건명	담당부서	조사개시일
213	2016-72-다-110	검경이 123정장만 기소한 이유에 관한 조사의 건	조사2과	2016.05.02
214	2016-73-가-74	참사 당시 미국 군사위성의 세월호 촬영여부 조사	조사1과	2016.05.02
215	2016-74-가-75	국정원 지적사항에 관한 조사의 건	조사1과	2016.05.02
216	2016-75-가-76	000(국정원)와 000, 000(청해진 직원)과의 유착관계' 조사의 건	조사1과	2016.04.18
217	2016-76-가-77	000(전 청와대 비서실장)과 구원파 및 세월호(청해진해운)와의 관계에 대한 조사의 건	조사1과	2016.05.02
218	2016-77-가-78	맹골수로 해저지형 3D 정밀조사의 건	조사1과	2016.05.02
219	2016-78-나-11	산업은행의 청해진 해운에 대한 세월호 구입 자금 대출 원인	안전사회과	2016.04.18
220	2016-79-가-79	000(전 국무총리)이 국회에서 '국정원이 세월호 선원에게 직접 보고받았다'고 진술한 내용과 경위 조사의 건	조사1과	2016.05.02
221	2016-80-가-80	국정원과 세월호(청해진해운)의 관계에 대한 조사의 건	조사1과	2016.05.02
222	2016-81-다-111	참사 당시 해경TRS교신 녹취파일 및 진도VTS VHF교신 녹취파일의 조작 여부에 관한 조사의 건	조사2과	2016.05.02
223	2016-82-다-112	해경이 세월호 선장, 선원을 해경 직원의 집과 모텔에 투숙하게 한 이유 등에 관한 조사의 건	조사2과	2016.05.02
224	2016-83-가-81	2014.4.15. 세월호 출항 당시 세월호에 적재된 실제 평형수 양 및 출항 이후 평형수 주입 여부에 관한 조사의 건	조사1과	2016.04.18
225	2016-84-다-113	법무부와 검찰이 참사 원인규명 및 책임자 기소 등과 관련하여 엄정한 업무를 수행 하였는지에 관한 조사의 건	조사2과	2016.05.02
226	2016-85-다-114	감사원의 세월호참사 관련 감사에 관한 조사의 건	조사2과	2016.05.02
227	2016-86-다-115	합수부의 세월호 전체 촬영 등에 관한 조사의 건	조사2과	2016.05.02
228	2016-87-다-116	정부가 세월호 참사를 정치적으로 이용했는지 여부에 관한 조사	조사2과	2016.05.02
229	2016-88-다-117	희생자 정00의 발견 당시 상태와 해경의 조치 등에 관한 조사의 건	조사2과	2016.05.02

2] 직권사건 조사개시 현황[2건]

연번	사건번호	사건명	담당부서	조사개시일
1	2016-1-직바-1	공동모금의 배분현황과 배분기준, 배분과정에서 드러난 문제점 및 해결방안	피해자지원점검과	2016.02.22
2	2016-2-직바-2	진도어민에 대한 손실보장 현황 및 실태파악과 대안모색	피해자지원점검과	2016.02.22

부록 4. 「4 · 16세월호참사 특별조사위원회 운영에 관한 규칙」

4·16세월호참사 특별조사위원회 운영에 관한 규칙

[시행 2015. 6. 4.] [4·16세월호참사 특별조사위원회규칙 제3호, 2015. 6. 4., 제정]

4·16세월호참사 특별조사위원회, 02-6020-3839

제1장 총칙

제1조(목적) 이 규칙은 「4·16세월호참사 진상규명 및 안전사회 건설 등을 위한 특별법」(이하 "법"이라 한다) 제6조에 따른 상임위원의 업무 및 상임위원회의 설치 및 운영, 제14조제4항에 따른 의사의 공개, 제15조제2항에 따른 4·16세월호참사 특별조사위원회(이하 "위원회"라 한다)의 운영, 제16조제4항에 따른 소위원회의 조직 및 운영에 관하여 필요한 사항을 정함을 목적으로 한다.

제2조(적용범위) 위원회 의사의 운영 및 공개, 상임위원의 업무 및 상임위원회의 설치 및 운영, 소위원회의 조직 및 운영에 관하여는 법, 시행령 또는 다른 규칙에 특별한 규정이 있는 경우를 제외하고는 이 규칙이 정하는 바에 따른다.

제2장 위원회

제3조(위원회 구성) 위원회는 4·16세월호참사 특별조사위원회 위원장(이하 "위원장"이라 한다)등 상임위원 5명을 포함한 17명의 위원으로 구성한다.

제4조(정기회의와 임시회의) ① 위원회의 정기회의는 격주로 위원회가 미리 정한 날에 개최한다.

② 위원회의 임시회의는 위원장이 필요하다고 인정하거나 재적위원 1/3 이상의 요청이 있는 경우에 개최할 수 있다.

제5조(회의의 소집) ① 위원회는 위원장이 소집한다.

② 위원장이 회의를 소집하고자 하는 때에는 회의 개최 2일 전까지 회의의 일시·장소 및 의안을 각 위원에게 통지하여야 한다. 다만, 긴급을 요하거나 부득이한 사정이 있는 경우에는 그러하지 아니한다.

③ 제2항에 의한 통지방법은 위원장이 정한다.

④ 재적위원 1/3 이상의 임시회의 개최 요구가 있은 후 7일 이내에 위원장이 소집하지 아니한 경우, 법 제8조제2항의 직무 대행 순서에 따라 임시회의를 소집한다.

제6조(의안의 제출 및 상정 등) ① 의안은 심의·의결의안, 보고의안으로 구분하되, 해당 별지 제1호 서식, 별지 제2호 서식에 따라 작성한다.

② 위원회에 상정할 의안은 소관부서에서 작성하여 위원장의 최종 결재를 받은 후 회의 개최일 5일전까지 간사에게 제출하여야 한다. 다만, 긴급을 요하거나 부득이한 사정이 있는 경우에는 그러하지 아니한다.

---

③ 위원장은 단독으로 의안을 제출할 수 있고, 위원은 4인 이상의 동의를 얻어 회의 7일전에 의안을 의안 소관부서에 제출할 수 있다.

④ 제3항에 따라 다른 위원 4인 이상의 동의를 얻어 의안을 제출하는 경우에는 의안의 소관부서는 제2항의 절차에 따라 간사에게 제출하여야 한다.

⑤ 위원회의 의안 상정은 위원장이 한다.

⑥ 간사는 별지 제3호 서식의 의안대장을 작성·관리하여야 한다.

⑦ 간사는 의안의 형식 등을 검토하여 필요한 경우 의안 소관부서에 그 보완을 요구할 수 있다.

제7조(위원장의 직무대행) 법 제8조제2항 중 위원장이 미리 직무를 대행할 상임위원을 지명하지 아니한 경우에는 부위원장을 제외한 상임위원 중 재직기간이 오래된 순으로, 재직기간이 동일한 경우는 연장자 순으로 위원장의 직무를 대행한다.

제8조(회의 의사 및 의결정족수) 위원회 회의는 위원장이 주재하며, 재적 위원 과반수의 찬성으로 의결한다. 다만 위원이 신체 또는 정신상의 장애로 직무수행이 현저히 곤란하게 된 경우, 퇴직하게 하기 위해서는 재적위원 3분의 2 이상의 찬성으로 의결한다.

제9조(위원회의 심의·의결사항 등) 위원회는 다음 사항에 관하여 심의·의결한다.

1. 위원회 및 소위원회의 업무와 운영에 관한 기본 정책

2. 위원회 소관 법령 및 규칙의 제정·개정 또는 폐지에 관한 사항

3. 위원회의 예산과 결산에 관한 사항

4. 법 제8조제3항에 따른 대통령에게 제출할 의안에 관한 사항

5. 법 제12조제1항에 따른 위원의 제척 및 법 제12조제2항에 따른 위원의 기피 결정에 관한 사항

6. 법 제22조에 따라 신청이나 직권으로 진상규명조사를 할 경우, 조사개시 여부, 조사의 목적 및 취지 등에 관한 사항(다만, 긴급한 사유가 있는 경우에는 해당 소위원회에서 의결하여 조사에 착수한 후 위원회에 보고하여 사후 승인을 얻어야 한다.)

7. 법 제24조에 따른 조사신청의 각하 결정

8. 법 제28조제1항에 따른 고발 및 법 제28조제2항에 따른 수사요청에 관한 사항

9. 법 제30조제1항에 따른 감사원에 대한 감사요구에 관한 사항

10. 법 제31조제1항에 따른 청문회의 실시에 관한 사항

11. 법 제37조에 따른 4·16세월호참사 관련 특별검사 임명을 위한 국회 의결 요청

12. 법 제38조에 따른 특별검사와의 업무협조에 관한 사항

13. 법 제47조제1항에 따른 종합보고서 작성에 관한 사항

14. 법 제47조제2항에 따른 대통령에 대한 특별조사 보고에 관한 사항

15. 법 제17조제3항에 따른 자문위원 위촉 및 이 규칙 제30조에 따른 전문위원 등 위촉에 관한 사항

16. 상임위원회의 설치 및 운영에 관한 사항

17. 소위원회의 구성 및 운영, 소위원회 간 업무 조정, 소위원회 업무의 추진상황 점검에 관한 사항

18. 위원회에서 심의·의결하도록 위원회에서 의결한 사항, 상임위원회 또는 소위원회에서 위원회에 회부한 사항

19. 소위원회 심의·의결을 거칠 시간적 여유가 없는 긴급한 사항으로 위원장이 인정하는 사항

20. 법, 시행령 또는 위원회 규칙에서 위원회가 심의·의결하도록 정한 사항

21. 기타 위원장이 필요하다고 인정하여 부의하는 사항

제10조(위원회의 간사) ① 위원회의 회의 운영과 의사진행에 관한 사무를 처리하기 위하여 간사 1명을 둔다.

② 간사는 위원장이 지명한다.

③ 간사는 위원회의 의사진행을 보좌하고, 의사일정표를 작성하여 위원장의 결재를 받은 후 상임위원 5명을 포함한 17명의 위원 및 사무처 각 해당 부서에 배포한다.

제11조(회의의 공개) ① 위원회의 회의는 현장 공개를 원칙으로 한다. 다만, 의안이 법 제44조에 해당하는 경우에는 그 목적과 취지를 감안하여 비공개 여부를 결정하여야 하고, 그밖에 다음 각호의 어느 하나에 해당된다고 판단되는 경우에도 공개하지 아니할 수 있다.

1. 공개될 경우 국가의 안전보장을 해할 우려가 있는 사항

2. 법령에서 비밀로 분류하고 있거나 공개가 제한되어 있는 사항

3. 공개될 경우 개인의 명예가 훼손되거나 사생활이 침해될 우려가 있는 사항

4. 법인 또는 단체의 신용 또는 업무수행에 중대한 지장을 초래할 위험이 있는 사항

5. 의사결정과정 또는 내부검토 과정에 있는 사항 등으로서 공개될 경우 위원회의 공정한 의사결정 또는 업무수행에 현저한 지장을 초래할 우려가 있다고 인정되는 사항

6. 그 밖에 위원회에서 공익상 필요하다고 인정하여 비공개하기로 결정한 사항

② 위원장은 위원회 회의일시, 장소, 의안이 제1항의 단서에 의한 비공개 사항에 해당하는지 여부 등을 정하여 회의 개최 2일 전까지 위원회 홈페이지를 통해 공표한다. 다만, 긴급을 요하거나 부득이한 사유가 있는 경우에는 그러하지 아니하다.

③ 제2항에 따른 상정의안별 비공개 사항 해당 여부는 위원회 의결로 확정한다.

제12조(회의록의 작성 등) ① 간사는 위원회 회의에 관하여 다음 각 호의 사항을 기재한 회의록을 작성하여야 한다.

1. 회의명

2. 일시 및 장소

3. 출석한 위원 및 회의에 참석 또는 배석한 사람의 명단

4. 회의진행순서

5. 상정의안

6. 발언요지

7. 의결사항 및 표결방법과 표결내용

8. 주요 논의사항

9. 기타 필요한 사항

② 위원회는 회의록과 함께 속기록 또는 녹음기록을 생산하여야 하며, 녹음기록의 경우에는 녹취록을 함께 생산하여야 한다.

제13조(회의록 확인 등) ① 회의록은 다음 회의에 보고하여 확정한다. 다만, 회의록 작성에 시일이 소요되는 등 불가피한 경우에는 그러하지 아니한다.

② 위원이 회의록의 정정을 요청하는 경우 위원장은 상당한 사유가 있는지를 확인한 후 그 내용을 정정할 수 있다.

제14조(회의록 공개) ① 회의록은 위원회의 확인절차가 끝난 후 1개월 이내에 위원회 홈페이지에 게재하는 방식으로 공개한다.

② 제11조제1항 각 호에 해당하는 사항의 회의록 부분은 공개하지 아니한다. 다만, 위원회는 비공개사유가 소멸되었거나, 공익상 필요하다고 인정되는 경우에는 위원회의 의결을 거쳐 공개할 수 있다.

③ 국회·감사원·사법기관 등에서 관련 법률에 의한 적법한 절차를 통해 비공개 회의의 회의록과 속기록 또는 녹음기록을 요구하는 경우 위원회는 심의·의결을 통하여 제출 여부를 결정하여야 한다.

④ 제3항에 따라 회의록과 속기록 또는 녹음기록 제출을 의결할 때, 심의 중에 있거나 공익상 필요한 경우 위원회는 제출시기·방법 등의 단서를 부가할 수 있다.

제15조(회의의 방청) ① 공개되는 위원회 회의를 방청하고자 하는 사람은 회의 개최 1일전까지 별지 제4호 서식의 신청서를 제출하여야 한다. 다만, 정당한 이유가 있다고 위원장이 인정하는 경우에는 방청불허결정을 내릴 수 있다.

② 위원장은 회의의 질서유지를 위하여 필요하다고 인정되거나 방청석의 사정을 고려하여 방청인의 수와 방청의 방법을 제한할 수 있다.

③ 위원장은 회의장 및 방청석의 질서유지에 방해가 될 우려가 있는 자에 대해서는 방청을 허용하지 않을 수 있고, 회의의 원만한 진행을 방해하는 행위를 하는 방청인에 대하여는 퇴장을 명할 수 있다.

제16조(방송을 통한 중계) ① 언론보도를 목적으로 회의장 안에서 녹음·녹화·촬영·중계방송 등의 행위를 하고자 하는 사람은 회의시작 전에 별지 제5호 서식의 신청서를 작성하여 위원장의 허가를 받아야 한다.

② 중계는 위원회 회의, 청문회를 대상으로 한다.

③ 방송을 통한 중계를 할 경우 해당 방송국은 방송법 제6조제1항의 공정성과 객관성이 유지되도록 하여야 한다.

④ 제3항의 중계방송은 편집없는 생중계 또는 녹화중계로 한다. 다만, 방송시간의 제약 등 방송국의 특별한 사정으로 녹화된 자료를 편성·편집하여 방송하는 때에는 제3항 단서의 규정을 준용한다.

제17조(인터넷을 통한 중계) ① 위원장은 위원회의 회의를 인터넷을 통한 중계의 방식으로 위원회 홈페이지를 통해 공개할 수 있다.

② 중계의 대상은 제16조제2항의 규정을 준용한다.

제18조(의결서의 작성 및 경정) ① 위원회가 의결하는 경우에는 별지 제6호 서식에 의한 의결서를 작성하여야 하며, 의결에 참여한 위원은 그 의결서에 서명 또는 날인하여야 한다.

② 소관 부서는 위원회의 의결이 있은 후에라도 작성된 의결서에 명백히 잘못된 계산·표시, 그 밖에 이와 유사한 오류가 있는 것이 발견된 때에는 위원장의 확인을 거쳐 경정할 수 있다.

③ 간사는 제1항에 따라 의결서가 경정된 경우에는 의결서의 원본에 경정된 사항을 첨부하여야 한다.

제3장 상임위원회

제19조(상임위원회의 설치) 위원회는 위원회 업무를 효율적으로 수행하기 위하여 법 제6조의 상임위원 5인을 구성원으로 하여 상임위원회를 설치한다.

제20조(상임위원회) ① 상임위원회는 위원장이 주재한다.

② 상임위원회는 다음 사항에 관하여 심의한다.

1. 행정지원, 진상규명, 안전사회, 지원 업무에 대한 사항

2. 위원회 및 소위원회의 의결을 집행하기 위한 사항

3. 위원회 또는 소위원회에서 상임위원회에 회부한 사항

4. 긴급현안에 대한 의견표명

5. 위원회에 부의될 의안에 관한 사항

6. 위원회의 운영과 관련하여 위원장이 회부한 사항

③ 상임위원회는 주 1회 개최함을 원칙으로 하되, 상임위원 2인 이상의 요청이 있거나 위원장이 필요하다고 인정하는 경우에 수시로 개최한다.

④ 상임위원회에 상정된 사항 중 사안의 내용이 중대하거나 파급효과가 광범위할 것으로 예상되는 것이어서 위원회의 의결을 거치는 것이 타당하다고 판단되는 경우에는 그 의안을 작성하여 위원회에 회부한다.

⑤ 제2항의 안건과 관련하여 위원장, 부위원장, 상임위원이 필요하다고 인정하는 직원 및 보좌관은 상임위원회에 배석하고, 행정지원실 소속 직원은 회의록을 작성·관리한다.

제21조(상임위원 및 사무처의 업무 수행) ① 위원회의 업무 및 법 제16조 제1항에 따라 각 소위원회에 분담된 업무 수행을 지원하기 위하여, 위원장은 진상규명국 소속 직원은 진상규명 소위원회 위원장의 지시에 의하여, 안전사회과 소속 직원은 안전사회 소위원회 위원장의 지시에 의하여, 피해자지원점검과 소속 직원은 지원 소위원회 위원장의 지시에 의하여 각 업무를 수행하도록 사무처장에 대한 지휘권을 행사할 수 있다.

② 제1항의 지휘권 행사에 대하여 사무처장은 정당한 사유가 없는 한 이에 따라야 한다.

③ 위원회의 업무와 사무는 해당 실, 국, 과를 거쳐 해당 상임위원, 부위원장, 위원장의 결재를 받아 시행한다. 만일 사전 결재를 받을 시간이 없는 경우에는 최대한 신속하게 사후결재를 받아야 한다.

제4장 소위원회

제22조(소위원회의 구성) ① 위원회는 그 업무 중 일부를 분담하여 수행하게 하기 위하여 진상규명 소위원회·안전사회 소위원회·지원 소위원회를 둔다.

② 진상규명 소위원회는 소위원회 위원장(이하 "소위원장"이라 한다)을 포함한 7명의 위원으로, 안전사회 소위원회는 소위원장을 포함한 5명의 위원으로, 지원 소위원회는 소위원장을 포함한 3명의 위원으로 구성한다.

---

③ 소위원회별 위원 배정은 위원회에서 정한다.

④ 소위원장이 직무를 수행할 수 없게 된 경우에는 소위원장이 미리 지명하여둔 위원이 소위원장의 직무를 대행한다.

제23조(소위원회 회의 및 의안제출) ① 소위원회 회의는 소속 위원 3분의 1 이상의 요구가 있거나 위원장 또는 소위원장이 필요하다고 인정하는 경우 개최한다.

② 소위원회의 위원은 위원이 소속되어 있는 소위원회의 회의에 당해 소위원회 위원의 동의(진상규명 소위원회는 2명 이상, 안전사회 소위원회는 1명 이상)를 얻어 의안을 해당 소위원회의 의안 소관부서에 제출할 수 있다. 다만, 소위원장 및 지원 소위원회 위원은 단독으로 각 소위원회 의안 소관부서에 의안을 제출할 수 있다.

③ 소위원회 회의에서 부결된 안건은 소위원회의 재의결 없이 위원회에 직접 제출할 수 없다.

제24조(소위원회 간사) ① 소위원회 회의 운영과 의사진행에 관한 사무를 처리하기 위하여 소위원회에 간사 1인을 둔다.

② 소위원회 간사는 각 소위원회 소관 부서 직원 중에서 소위원회 위원장이 지명한다.

제25조(회의 의사 및 의결정족수) ① 소위원회 회의는 해당 소위원장이 주재한다.

② 재적 위원 과반수의 찬성으로 의결한다.

③ 위원장이나 부위원장, 또는 상정의안과 관련된 위원회 소속 직원은 소위원회 회의에 참석하여 소위원장의 허가를 받아 발언할 수 있다.

④ 소위원회는 상정된 심의·의결안건 중 사안의 내용이 중대하거나 파급효과가 광범위할 것으로 예상되는 것이어서 위원회의 의결을 거치는 것이 타당하다고 판단되는 경우, 소위원장 직권 또는 소위원회의 의결로 해당 의안을 위원회에 회부할 수 있다.

⑤ 소위원회가 소관업무에 관한 사항을 위원회에 회부하는 경우 소관부서는 그 사항을 위원장에게 보고하고, 위원회 간사에게 의안을 제출하여야 한다. 다만, 의안 제출자는 소위원장으로 한다.

⑥ 소위원회는 법, 시행령, 위원회규칙 및 위원회 의결의 범위 안에서 소위원회의 운영에 관한 사항을 자율적으로 정할 수 있다.

제26조(소위원회의 심의 및 의결사항) 진상규명 소위원회는 진상규명 관련 분야의 의안을, 안전사회 소위원회는 안전사회 관련 분야의 관련 의안을, 지원 소위원회는 피해자 지원대책의 점검 분야의 관련 의안을 각각 심의·의결한다.

제27조(준용규정) 의안의 제출 및 상정, 회의의 공개, 회의록의 작성, 회의록 확인, 회의록 공개, 회의의 방청, 의결서의 작성 및 경정 등에 대해서는 제6조, 제11조내지 제15조, 제18조를 준용한다. 이 경우 "위원회"를 "소위원회"로 "위원장"을 "소위원장"으로 본다.

제5장 보칙

제28조(수당 지급) 공무원이 아닌 위원에게는 예산의 범위 안에서 출석수당 및 안건검토수당 등을 지급할 수 있다.

제29조(소관사무의 일시조정) ① 소위원장 또는 국장은 특히 필요하다고 인정하는 때에 일시적으로 과장 사무의 일부를 다른 과장으로 하여금 처리하게 할 수 있다.

② 위원회 업무를 위해 필요한 경우 위원장의 지시나 소위원장 또는 국장간 협의에 따라 별도의 팀(T/F)을 한시적으로 둘 수 있다.

③ 제1항 및 제2항에 따라 소관사무를 일시조정하거나 별도의 팀을 구성하는 경우 상임위원들과의 협의를 거쳐야 한다.

제30조(전문위원 등) 위원장은 조사업무의 전문성과 공정성을 고려하여 필요한 때에는 예산의 범위 안에서 위원회에 전문위원과 보조인력을 둘 수 있다.

제31조(교육훈련 등) 위원회는 4·16세월호참사 조사에 관한 전문지식과 경험을 가진 국내외의 기관과 교류·협력하거나 필요한 경우에는 위원·직원 또는 전문가를 파견하여 4·16세월호참사 조사와 관련한 교육을 받게 할 수 있다.

제32조(소위원회 의결 공개에 관한 특칙) 각 소위원회가 위원회에 회부함이 없이 자체 처리한 의안에 대하여는 각 소위원회의 명의로 의결한 후 위원회 홈페이지를 통해 공개한다. 다만, 공개의 여부 및 범위에 관하여는 제11조 제1항을 준용한다.

제33조(운영세칙) 그밖에 위원회의 운영과 관련하여 필요한 사항은 위원장이 정한다.

부칙 <제3호,2015.6.4.>

제1조(시행일) 이 규칙은 공포한 날부터 시행한다.

제2조(경과조치) 이 규칙 시행 전 위원회의 회의 등의 행위는 이 규칙에 따른 위원회의 행위로 본다.

4 · 16세월호참사 초기 구조구난 작업의 적정성에 대한
진상규명 사건의 특별검사 수사를 위한 국회 의결 요청안

의 안 번 호	572

제출연월일 : 2016. 6. 30.

제 출 자 : 4 · 16세월호참사 특별조사위원회

주 문

「4 · 16세월호참사 진상규명 및 안전사회 건설 등을 위한 특별법」 제
37조 제1항 및 「특별검사의 임명 등에 관한 법률」 제2조 제1항 제1호에
따라 '4 · 16세월호참사 초기 구조구난 작업의 적정성에 대한 진상규명 사
건'에 관한 다음 사항에 대하여 특별검사의 수사를 요구한다.

1. 4 · 16세월호참사 관련 해양경찰 지휘부(해양경찰청장, 서해지방해양경
   찰청장, 목포해양경찰서장)의 업무상 과실치사상 사건

2. 제1호의 사건과 관련하여 수사과정에서 인지된 관련 사건

요청이유

가. 법적 근거

「4 · 16세월호참사 진상규명 및 안전사회 건설 등을 위한 특별법」 제
37조 및 「특별검사의 임명 등에 관한 법률」 제2조제1항제1호에 따른 특

별검사의 수사대상이 될 수 있도록 국회의 의결을 요청하는 것임.

　나. 사건명

사건명은 '4·16세월호참사 초기 구조구난 작업의 적정성에 대한 진상규명 사건'으로 함.

　다. 수사 대상

특별검사의 수사 대상은 아래에 기재된 사건 및 그와 관련된 사건에 한함.

　① 4·16세월호참사 관련 해양경찰 지휘부(해양경찰청장, 서해지방해양경찰청장, 목포해양경찰서장)의 업무상 과실치사상 사건

　② ①항의 사건과 관련하여 수사과정에서 인지된 관련 사건

　라. 범죄사실 요약

해양경찰청, 서해지방해양경찰청 및 목포해양경찰서 각 지휘부와 기타 해양경찰 관계자들은 특별검사 수사 대상과 밀접한 관계가 있는 자들로 참사 당시 「수난구호법」, 「해사안전법」, 「해상치안 상황실 운영규칙」, 「해상치안 상황처리 매뉴얼」, 「주변해역 대형해상사고 대응 매뉴얼」 및 「해상 수색구조 매뉴얼」 등 관계 법령 및 매뉴얼에 따라 각자의 위치에서 맡은 역할을 수행하여야 할 임무가 있으나 이에 따른 지휘·감독 업무 등 본연의 임무·역할을 소홀히 하거나 해태하여 승선객의 사망 또는 상해라는 결과가 발생한 바 업무상 과실치사상의 죄책을 지는 것임.

이들은 또한 자신이 맡은 각자의 임무와 역할을 충실히 이행하고 협력

- 2 -

하여 참사 당시 승선객 모두를 안전하게 구조하여야 할 주의의무가 있음. 다시 말해 이들 모두에게는 승선한 모든 승객들의 안전한 구조라는 공동의 목표와 의사연락이 있었다고 볼 수 있고, 이것이 합치되지 않으면, 승선객 전원의 안전을 보장할 수 없으리라는 점은 쉽게 예상할 수 있음. 따라서 위의 각 단계에 관여한 자는 전혀 과실이 없다거나, 과실이 있다고 하여도 승선객 구조의 원인이 되지 않았다는 등의 특별한 사정이 있는 경우를 제외하고는 승객 전원 구조의 실패에 대한 공동책임을 면할 수 없을 것임. 참사 당시 위 특별검사 수사 대상 관련자들에게는 승선객 전원을 안전하게 구조하여야 한다는 공동의 목표와 의사연락이 있었다고 보아야 하므로, 이들과 김경일 123정장 사이에는 업무상 과실치사상 등의 죄에 대하여 형법 제30조 소정의 공동정범 관계가 성립되어 업무상 과실치사상의 공동정범이라는 형사상 책임을 져야 할 것임.

  마. 기존 감사·조사 및 수사의 한계

  감사원의 감사는 전반적으로 다양하고 폭넓은 질문이 행하여졌으나, 의문점에 대한 해소를 목적으로 하였다기보다는 답변자들의 진술을 일방적으로 수용하는 방식으로 이루어진 것으로 실질적인 내용 파악 및 의문점 해소는 이루어지지 못한 것으로 판단됨. 또한, 감사원의 감사결과보고서에서는 "시간과 인력의 제약으로 세월호 사고와 직·간접적으로 관련된 범위에 한정하여 감사를 실시하였으며, 실지감사 종료 시까지 실종자 수색·구조활동이 계속되고 있어 수색·구조활동에 대하여는 감사를 실시하기 어려웠다"고 언급하여 충분한 감사를 실시하지 않은 것을 명시적으로 밝

- 3 -

히고 있음.

또한 각급 구조본부의 장 등 중요 임무를 띠고 있는 지휘부의 경우에는 한 두 차례의 검찰조사만을 받았고 그마저도 구조와 관련된 질문보다는 수색·인양 또는 언딘과 관련된 의혹에 대한 내용이 주를 이루었음. 또한 기술적인 부분과 의혹에 대해서는 철저한 검증 또는 진술을 이끌어내지 못했으며 대질신문 등의 방법을 적극적으로 활용하지 않는 등 형식적으로 만 수사가 진행되었다는 한계가 있는 것으로 파악되었음.

국정조사 및 기관보고를 통한 조사에서도 한정된 시간으로 인하여 충분 한 질의가 이루어지지 못하였고, 여야간 증인채택에 합의하지 못한 연유로 청문회라는 중요한 수단을 활용하지 못하는 등 충분하고 만족스러운 결과 를 내는데 성공하지 못한 것으로 판단됨.

이러한 기존 수사 등의 진행 후, 일례로 국민안전처 경찰공무원 중앙징 계위원회에서는 김수현 전 서해지방해양경찰청장에 대하여 감사원의 강등 요구에 해임으로 의결하면서 그 이유를 "세월호 참사 당시의 행위가 결코 용납될 수 없으며 유사사례의 재발방지와 근무기강 확립을 위해서라도 엄 히 그 책임을 묻는 것이 바람직하다"고 하여 엄중히 처벌하였음을 강조한 것을 보면 해양경찰청 내부에서도 이러한 지휘부의 책임이 결코 가볍지 않음을 시사하였음.

따라서, 기존에 수행되었던 감사원의 감사, 검찰의 수사, 국정조사 등 그 어떠한 기관에서도 세월호 참사 전반과 관련한 원인, 구조구난 및 정부대 응의 적정성에 대하여 내실있고 합리적인 결론을 도출하지 못하였다는 것

- 4 -

은 분명한 사실임.

바. 4·16세월호참사 특별조사위원회의 자체 조사

4·16세월호참사 특별조사위원회는 2015년 9월 14일부터 피해자를 통해 접수한 신청사건과 관련하여 자료조사 및 진술청취를 실시하였고, 2016년 12월 14일부터 16일까지 3일간 제1차 청문회를 실시하였음.

이를 통하여 기존의 의혹 및 문제점 일부를 밝혀낸 소기의 성과를 거두었고, 후속 보강조사를 통하여 계속적인 자료요청을 하고 있으며, 조사대상자 및 참고인에 대한 진술청취를 진행하고 있으나 임의절차를 수행할 수 있는 권한만을 보유하고 독립 수사권과 기소권을 갖고 있지 못한 한계로 인하여 4·16세월호참사 특별조사위원회가 진상규명을 하는 데 있어 어려움을 겪고 있는 실정임.

사. 특별검사 수사의 필요성

4·16세월호참사 진상규명 및 안전사회 건설 등을 위한 특별법에 따르면 4·16세월호참사 특별조사위원회는 조사 대상자 및 참고인에 대한 출석요구 및 진술청취가 가능하게 되어 있고 출석요구에 응하지 아니하는 때에는 동행명령장을 발부할 수 있으며, 조사의 일환으로 자료 또는 물건의 제출요구·사실조회 및 실지조사 등을 활용할 수 있음. 또한, 이에 불응 시 과태료를 부과할 수 있게 되어 있지만 이러한 조사는 수사에 미치지 못하는 수준으로 강제성이 보장되지 않는 바, 조사 대상자의 잦은 불출석으로 진술청취가 지연되고 있으며 자료제출을 요구한 기관은 필요한 자료를 제공하지 않거나 지연시키는 등 현실적으로는 조사의 진행이 어려운

상황임.

이와 같이 임의절차만이 보장되는 조사는 사실의 확인이 중심이 될 뿐, 범죄혐의를 뒷받침할 수 있는 증언 및 증거를 확보하는 데는 한계가 있기 때문에 범죄의 성립을 뒷받침하는 증거의 확보를 위해서는 필요한 대상과 장소 등에 대한 체포·구속 또는 압수수색 등의 대인·대물적 강제절차를 적극 활용할 수 있는 별도의 수사가 필요할 것임.

하지만 기존의 수사에서는 해양경찰 지휘부를 포함한 해양경찰 전반에 대하여 수사의 필요성을 인정하여 수사 대상으로 삼았다가, 김경일 전 123 정장을 제외하고는 특별한 사유 없이 수사 대상에서 전원 배제하여 수사를 진행하지 않는 등 정치적 중립성과 공정성에 있어 의문점이 존재하는 바, 범죄수사와 공소제기 등에 있어서 특정사건에 한정하여 독립적인 지위를 갖고 정치적 중립성과 공정성이 보장된 특별검사를 통하여 본 사건을 해결할 필요성이 있음.

아. 처벌 가능성 및 기소 여부

특별검사의 수사 대상과 관련이 있는 자들은 각종 법령 또는 매뉴얼에 따른 자신의 임무·역할을 소홀히 하거나 태만히 하여 승선객들의 전원구조에 실패하였을 뿐 아니라 수많은 희생자 및 피해자의 사망과 상해 발생의 원인이 된 바 업무상 과실에 대한 형사상 책임을 짐.

이와 동시에 이들에게는 각자의 임무와 역할을 충실히 이행하고 협력하여 승선객들을 안전하게 구조하여야 할 주의의무가 있으므로 이들과 김경일 전 123정장 사이에는 업무상 과실치사상 등의 죄에 대하여 공동정범

- 6 -

관계가 성립한다고 볼 수 있음.

또한, 4·16세월호참사 특별조사위원회의 보강조사를 통하여 123정의 승조원 중 일부는 구조된 인원 중 일부가 선원인 것을 구조작업 도중에 인지하였다는 진술을 하였음. 해양경찰 지휘부를 포함한 특별검사 수사 대상 관련자 중에서 이들이 선원인 것을 보고받았거나 다른 경로를 통하여 알고도 아무런 조치를 하지 아니한 것이 명백하다면, 123정 승조원들을 포함한 이들 모두에게는 업무상 과실치사상이라는 법조항의 적용뿐 아니라 이준석 선장의 경우와 같이 살인에 대한 미필적 고의를 인정하여 살인죄를 적용하는 동시에 선원들과 함께 살인죄의 공동정범의 죄책을 물어야 하는 것 또한 검토하여야 할 것임.

특별검사는 이와 같은 4·16세월호참사 특별조사위원회의 조사를 참고로, 범죄성립에 대한 독자적인 수사결과를 토대로 하여 특별검사 수사 대상자들에 대한 기소 여부를 최종적으로 판단할 필요가 있을 것임.

자. 결론

세월호 참사 이후 정부는 해양경찰의 해체라는 극단적인 조치를 취할 정도로 사태의 심각성을 보여준 반면, 실제로 참사의 원인을 제공한 해양경찰 지휘부 등 관련자들의 형사책임에 있어서는 소극적인 태도로 일관하여 현장책임자인 123정장에 대한 처벌 외에는 이루어진 것이 없음.

4·16세월호참사 특별조사위원회는 4·16세월호 참사 진상규명의 과제를 부여받고 있는데, 수사권과 기소권이 없는 한계 때문에 4·16세월호 참사 관련 책임자처벌에 대하여는 검찰고발이나 국회에 특별검사 의결을 요

청하는 방법을 통해서만 실현할 수 있음.

그런데 기존 검찰 수사는 세월호 승객 구조 과정에서의 책임자 처벌에 대하여 너무나 소극적이었을 뿐만 아니라 공정한 수사였는지 의문을 제기하는 사람들도 있는 현실을 고려할 때, 해양경찰 지휘부의 형사책임에 관하여는 기존 검찰 수사와 독립하여 광범위한 수사를 할 수 있도록 국회의 의결을 통한 특별검사의 수사가 적합함.

특별검사 수사를 통한 책임자 처벌은, 여야 합의에 근거한 국회 의결의 결과물이므로 그 자체로 정치적 중립성과 공정성을 확보할 수 있을 뿐만 아니라, 국회를 중심으로 4·16세월호 참사 극복을 위한 국가적 노력을 다함으로써 우리 사회가 안전한 사회로 나아갈 수 있다는 국민적 믿음을 회복하게 되는 역사적 계기가 될 것임. 끝.

세월호 참사 진상규명 조사활동 보장을 위한 세월호 특조위 단식농성 경과

□ 개요

○ 농성시작일시 : 2016년 7월 27일(수) 14:00
○ 이석태 위원장 단식농성기간 : 7월 27일(수) 14:00 ~ 8월 2일 (화) 21:00
○ 10월 5일 현재 단식농성 71일차
○ 지지방문자 수 : 연인원 3,425명
○ 지지방문자 시민간담회 : 1일 2회 개최 (11:00 및 15:00)
○ 시민 지지단식 시작 : 2016년 8월 1일(월)
○ 시민 지지단식자 수 : 연인원 1,938명

□ 주요 행사 경과

○ 국민과 세월호 특조위의 만남(1차)
 - 8월 2일(화) 19:30
 - 광화문 광장에서의 7일(이석태 위원장)
 - 세월호 특조위 현안 (권영빈 진상규명소위원장)
○ 토요촛불
 - 8월 6일(토) 19:00

- 1 -

- 특조위 활동 보장하라 (박종운 안전사회소위원장)
○ 국민과 세월호 특조위의 만남(2차)
  - 8월 10일(수) 19:30
  - 세월호 특조위가 광장으로 나온 이유 (김서중 위원)
  - 반민특위의 교훈과 세월호 특조위 (장완익 위원)
○ 토요촛불 8월 13일(토) 19:00
  - 김진 권영빈 위원 발언
○ 국민과 세월호 특조위의 만남(3차)
  - 8월 17일(수) 19:30
  - 특조위 조사관으로 살아온 1년 22일 (윤천우 조사2과장, 서희정 조사관)
○ 토요촛불 8월 20일(토) 19:00
  - 이호중 위원 발언
○ 국민과 세월호 특조위의 만남(4차)
  - 8월 24일(수) 19:30
  - 특조위 조사관을 만나다 (조환준, 김선애)
○ 토요촛불 8월 27일(토) 17:30
○ 토요촛불 9월 3일(토) 19:00
  - 특조위 3차 청문회, 국민보고대회 (박종운 소위원장, 김경민 조사관)
○ 한가위 프로그램 9월 18일(일) 16:16
  - 특강 (박종운 소위원장, 오지원 피해자지원점검과장)

- 2 -

□ 단식농성 참여자 명단

일	월	화	수	목	금	토
			7/27	7/28	7/29	7/30
			단식 이석태	단식 이석태	단식 이석태	단식 이석태
			주간 이호영	주간 이호영	주간 이호영	주간 이호영
			야간 황광석	야간 조환준	야간 홍석인	야간 김진형
7/31	8/1	8/2	8/3	8/4	8/5	8/6
단식 이석태	단식 이석태	단식 이석태	단식 권영빈	단식 권영빈	단식 권영빈	단식 박종운
주간 이호영	주간 박상은	주간 김선애	주간 이지나	주간 김진희	주간 서희정	주간 황광석
야간 이정규	야간 이호영	야간 장민근	야간 박태하	야간 김성주	야간 김진성	야간 박흥석
8/7	8/8	8/9	8/10	8/11	8/12	8/13
단식 박종운	단식 박종운	단식 김서중	단식 김서중	단식 장완익	단식 장완익	단식 김진
주간 신호준	주간 정예지	주간 김인희	주간 김정희	주간 김정희	주간 최현정	주간 조영신
야간 이의형	야간 김동환	야간 이탁연	야간 최명순	야간 노창명	야간 박용덕	야간 김진성
8/14	8/15	8/16	8/17	8/18	8/19	8/20
단식 김진	단식 신현호	단식 윤천우	단식 윤천우	단식 최일숙	단식 서희정	단식 이호중
주간 오지원	주간 유미선	주간 김정희	주간 김정희	주간 서희정	주간 김정희	주간
야간 박흥석	야간 송장건	야간 김성훈	야간 조환준	야간 김진형	야간 김진성	야간 이의형
8/21	8/22	8/23	8/24	8/25	8/26	8/27
단식 김진이	단식 김진이	단식 박종운	단식 김형욱	단식 이정규	단식 홍석인	단식 이호영
주간 김형욱	주간 유미선	주간 정예지	주간 김인희	주간 김정희	주간 정예지	주간
야간 이정규	야간 이의형	야간 이탁연	야간 김성주	야간 노창명	야간 김진성	야간 장민근
8/28	8/29	8/30	8/31	9/1	9/2	9/3
단식 이호영	단식 김형욱	단식 김형욱	단식 김진성	단식 심성보	단식 심성보	단식 김경민
주간 조아라	주간 송장건	주간 최현정	주간	주간 -	주간 -	주간 -
야간 이정규	야간 양호철	야간 우희곤	야간	야간 -	야간 -	야간 -
9/4	9/5	9/6	9/7	9/8	9/9	9/10
단식 김경민	단식 김선애	단식 김선애	단식 박흥석	단식 박흥석	단식 유미선	단식 윤천우
주간 -	주간 -	주간 박상은	주간 김정희	주간 -	주간 -	주간 -
야간 이정규	야간 김성훈	야간 -	야간 -	야간 김동환	야간 송장건	야간 -
9/11	9/12	9/13	9/14	9/15	9/16	9/17
단식 조환준	단식 오지원	단식 박상은	단식 박종운	단식 이석태	단식 권영빈	단식 서희정
주간 -	주간 -	주간 김진희	주간 -	주간 -	주간 -	주간
야간 이정규	야간 우희곤	야간 노창명	야간 김진형	야간 이호영	야간 -	야간 이의형
9/18	9/19	9/20	9/21	9/22	9/23	9/24
단식 조환준	단식 박흥석	단식 홍석인	단식 박상은	단식 김성훈	단식 박용덕	단식 유미선
9/25	9/26	9/27	9/28	9/29	9/30	10/1
단식 김형욱	단식 이탁연	단식 김성주	단식 오지원	단식 김선애	단식 김진희	단식 서희정
10/2	10/3	10/4	10/5			
단식 김경민	단식 박흥석	단식 오지원	단식 오지원	상시 현장지원 : 전수경, 김경민		

- 3 -

4·16세월호참사 진상규명 및 안전사회 건설 등을 위한 특별법
(약칭: 세월호진상규명법)

[시행 2015. 1. 1.] [법률 제12843호, 2014. 11. 19., 제정]

해양수산부 (세월호후속대책추진단) 044-200-6155

제1장 총칙

제1조(목적) 이 법은 2014년 4월 16일 전라남도 진도군 조도면 부근 해상에서 여객선 세월호가 침몰함에 따른 참사의 발생원인·수습과정·후속조치 등의 사실관계와 책임소재의 진상을 밝히고 피해자를 지원하며, 재해·재난의 예방과 대응방안을 수립하여 안전한 사회를 건설·확립하는 것을 목적으로 한다.

제2조(정의) 이 법에서 사용하는 용어의 뜻은 다음과 같다.
1. "4·16세월호참사"란 2014년 4월 16일 전라남도 진도군 조도면 부근 해상에서 여객선 세월호가 침몰하여 다수의 희생자와 피해자가 발생한 사건을 말한다.
2. "희생자"란 4·16세월호참사 당시 세월호에 승선하여 사망하거나 생사가 분명하지 아니한 사람을 말한다.
3. "피해자"란 다음 각 목의 어느 하나에 해당하는 사람을 말한다.
    가. 4·16세월호참사 당시 세월호에 승선한 사람 중 희생자 외의 사람(세월호의 선원으로서 여객의 구조에 필요한 조치를 하지 아니하고 탈출한 사람은 제외한다)
    나. 희생자의 배우자·직계존비속·형제자매
    다. 가목에 해당하는 사람의 배우자·직계존비속·형제자매

제2장 4·16세월호참사 특별조사위원회의 구성과 운영

제3조(4·16세월호참사 특별조사위원회의 설치) 4·16세월호참사의 진상을 규명하고 안전사회 건설과 관련된 제도를 개선하며 피해자 지원대책을 점검하는 업무 등을 수행하기 위하여 4·16세월호참사 특별조사위원회(이하 "위원회"라 한다)를 둔다.

제4조(위원회의 독립성) 위원회는 그 권한에 속하는 업무를 수행할 때 정치적 중립성을 지키고 업무의 독립성과 객관성을 유지하여야 한다.

제5조(위원회의 업무) 위원회는 다음 각 호의 업무를 수행한다.
1. 4·16세월호참사의 원인 규명에 관한 사항
2. 4·16세월호참사의 원인을 제공한 법령, 제도, 정책, 관행 등에 대한 개혁 및 대책 수립에 관한 사항
3. 4·16세월호참사와 관련한 구조구난 작업과 정부대응의 적정성에 대한 조사에 관한 사항
4. 4·16세월호참사와 관련한 언론 보도의 공정성·적정성과 정보통신망 게시물 등에 의한 피해자의 명예훼손 실태에 대한 조사에 관한 사항
5. 4·16세월호참사 관련 특별검사 임명을 위한 국회 의결 요청에 관한 사항
6. 재해·재난의 예방과 대응방안 마련 등 안전한 사회 건설을 위한 종합대책 수립에 관한 사항
7. 위원회 운영에 관한 규칙의 제정·개정에 관한 사항
8. 피해자 지원대책의 점검에 관한 사항
9. 그 밖에 이 법의 목적 실현을 위하여 위원회가 필요하다고 판단하는 사항

제6조(위원회의 구성 등) ① 위원회는 상임위원 5명을 포함한 17명의 위원으로 구성한다.

② 위원은 다음 각 호의 어느 하나에 해당하는 사람 중에서 국회가 선출하는 10명(상임위원 2명을 포함한다), 대법원장이 지명하는 2명(상임위원 1명을 포함한다), 대한변호사협회장이 지명하는 2명(상임위원 1명을 포함한다), 제50조제5항에 따라 희생자가족대표회의에서 선출하는 3명(상임위원 1명을 포함한다)을 대통령이 임명한다. 이 경우 국회가 선출하는 10명은 대통령이 소속되거나 소속되었던 정당의 교섭단체가 5명(상임위원 1명을 포함한다)을 추천하고, 그 외 교섭단체와 비교섭단체가 5명(상임위원 1명을 포함한다)을 추천한다.

1. 판사·검사·군법무관 또는 변호사의 직에 10년 이상 재직한 사람
2. 대학에서 해양·선박 관련 분야, 정치·행정·법 관련 분야 또는 사회복지 관련 분야 등의 교수·부교수 또는 조교수의 직에 10년 이상 재직한 사람
3. 정신과 전문의 또는 법의학 전공자로서 관련 업무에 10년 이상 종사한 사람
4. 재해·재난관리 및 안전관리 관련 분야 또는 긴급구조 관련 분야에 10년 이상 종사한 사람
5. 교육계·언론계 또는 문화예술계에 10년 이상 종사한 사람
③ 위원장 1명과 부위원장 1명은 상임위원 중에서 위원회의 의결로 선출한다.
④ 위원장과 부위원장을 포함한 상임위원은 정무직공무원으로 보한다.
⑤ 위원장과 부위원장 및 위원의 임기는 1년으로 한다. 다만, 위원회의 활동기간이 연장되는 경우 연장되는 활동기간만큼 그 임기가 연장되는 것으로 본다.
⑥ 임기 중 위원이 결원된 경우 해당 위원의 선출·지명권자는 결원된 날부터 30일 이내에 후임자를 선출·지명하여야 하고, 대통령은 선출 또는 지명된 사람을 즉시 임명하여야 한다.

제7조(위원회의 활동기간) ① 위원회는 그 구성을 마친 날부터 1년 이내에 활동을 완료하여야 한다. 다만, 이 기간 이내에 활동을 완료하기 어려운 경우에는 위원회의 의결로 한 차례만 활동기간을 6개월 이내에서 연장할 수 있다.
② 위원회는 제1항 단서에도 불구하고 조사활동 완료 후 제47조에 따른 종합보고서와 백서의 작성 및 발간을 위하여 필요한 경우 위원회의 의결로 한 차례만 활동기간을 추가로 3개월 이내에서 연장할 수 있다.

제8조(위원장의 직무) ① 위원장은 위원회를 대표하며 위원회의 업무를 총괄한다.
② 위원장이 부득이한 사유로 직무를 수행할 수 없는 때에는 부위원장, 위원장이 미리 지명한 상임위원의 순으로 그 직무를 대행한다.
③ 위원장은 그 소관 사무에 관하여 대통령에게 의안 제출을 건의할 수 있다.
④ 위원장은 위원회의 예산 관련 업무를 수행하는 경우 「국가재정법」 제6조에 따른 중앙관서의 장으로 본다.

제9조(위원의 직무상 독립과 신분보장) ① 위원은 외부의 어떠한 지시나 간섭을 받지 아니하고 독립하여 그 직무를 수행한다.
② 위원은 다음 각 호의 어느 하나에 해당하는 경우를 제외하고는 그 의사에 반하여 면직되지 아니한다.
1. 신체 또는 정신상의 장애로 직무수행이 현저히 곤란하게 된 경우
2. 금고 이상의 형의 선고가 확정된 경우
③ 제2항제1호의 경우에는 재적위원 3분의 2 이상의 찬성에 의한 의결로 퇴직하게 할 수 있다.

제10조(위원의 겸직금지 등) ① 상임위원은 재직 중 다음 각 호의 어느 하나에 해당하는 직을 겸하거나 업무를 할 수 없다.
1. 다른 국가기관 또는 지방자치단체의 공무원(교육공무원은 제외한다)
2. 그 밖에 위원회의 규칙으로 정하는 직 또는 업무
② 위원은 정치활동에 관여할 수 없다.

제11조(위원의 결격사유) ① 다음 각 호의 어느 하나에 해당하는 사람은 위원이 될 수 없다.
1. 「국가공무원법」 제33조 각 호의 어느 하나에 해당하는 사람

2. 정당의 당원

3. 「공직선거법」에 따라 실시하는 선거에 후보자(예비후보자를 포함한다)로 등록한 사람

4. 4·16세월호참사에 직·간접적인 원인을 제공한 사람으로 조사대상에 해당하는 사람

② 위원이 제1항 각 호의 어느 하나에 해당하게 된 때에는 당연히 퇴직한다.

제12조(위원의 제척·기피·회피) ① 위원은 본인 또는 그 배우자나 배우자이었던 자가 조사대상자와 친족(「민법」 제777조에 따른 친족을 말한다) 관계에 있거나 있었던 경우에는 조사대상자와 관련된 사항의 심의·의결에서 제척된다. 다만, 제2조제3호에 따른 피해자가 조사대상자인 경우는 그러하지 아니하다.

② 조사대상자는 위원에게 심의·의결의 공정성을 기대하기 어려운 사정이 있는 경우 위원회에 위원의 기피를 신청할 수 있다. 이 경우 위원회는 기피신청이 타당하다고 인정하는 때에는 기피의 결정을 한다.

③ 기피신청의 대상이 되는 위원은 제2항에 따른 결정에 관여하지 못한다.

④ 위원 본인은 제1항 또는 제2항의 사유에 해당한다고 판단하는 경우에는 스스로 위원회의 심의·의결을 회피할 수 있다.

제13조(회의 의사 및 의결정족수) 위원회의 회의는 위원장이 주재하며, 이 법에 특별한 규정이 없으면 재적위원 과반수의 찬성으로 의결한다.

제14조(의사의 공개) ① 위원회의 의사는 공개한다. 다만, 위원회는 필요하다고 인정하는 경우 의사를 공개하지 아니할 수 있다.

② 제1항에 따라 공개하는 경우에도 제44조에 따른 비공개사항을 공개하여서는 아니 된다.

③ 제1항에 따른 공개는 회의록 공개, 회의장 방청, 방송 또는 인터넷을 통한 중계 등의 방식으로 한다.

④ 의사의 공개에 필요한 사항은 위원회의 규칙으로 정한다.

제15조(위원회의 정원 등) ① 위원회에 두는 직원의 정원은 120명 이내에서 대통령령으로 정한다.

② 이 법에 규정된 사항 외에 위원회의 조직에 관하여 필요한 사항은 대통령령으로 정하고, 위원회의 운영에 필요한 사항은 위원회의 규칙으로 정한다.

제16조(소위원회의 설치) ① 위원회는 그 업무 중 일부를 분담하여 수행하게 하기 위하여 다음 각 호의 소위원회를 둔다.

1. 진상규명 소위원회

2. 안전사회 소위원회

3. 지원 소위원회

② 소위원회의 위원장은 상임위원 중에서 위원장이 지명한다.

③ 소위원회의 회의 의사 및 의결정족수에 관하여는 제13조를 준용한다.

④ 이 법에 규정된 사항 외에 소위원회의 조직 및 운영에 필요한 사항은 위원회의 규칙으로 정한다.

제17조(자문기구의 설치) ① 위원회는 그 업무수행에 필요한 사항의 자문을 위하여 자문기구를 둘 수 있다.

② 제16조제1항에 따른 소위원회는 그 업무수행에 필요한 사항의 자문을 위하여 자문기구를 둘 수 있다.

③ 제1항 및 제2항에 따른 자문기구의 구성원은 위원회의 의결을 거쳐 위원장이 위촉한다.

④ 이 법에 규정된 사항 외에 자문기구의 조직 및 운영에 필요한 사항은 위원회의 규칙으로 정한다.

제18조(사무처의 설치) ① 위원회의 사무를 처리하기 위하여 위원회에 사무처를 둔다.

② 사무처에는 사무처장 1명과 필요한 직원을 두며, 부위원장이 사무처장을 겸한다.

③ 사무처의 직원 중 3급 이상의 공무원 또는 고위공무원단에 속하는 공무원은 위원회의 심사를 거쳐 위원장의 제청으로 대통령이 임명하고, 4급 또는 5급 공무원은 위원회의 심사를 거쳐 위원장이 임명하며, 6급 이하의 공무원은 사무처장의 제청으로 위원장이 임명한다.

④ 사무처장은 위원장의 지휘를 받아 사무처의 사무를 관장하고 소속 직원을 지휘·감독한다.

⑤ 이 법에 규정된 사항 외에 사무처의 조직 및 운영에 필요한 사항은 위원회의 규칙으로 정한다.

제19조(직원의 신분보장 등) ① 위원회 직원은 형의 확정이나 징계처분에 의하지 아니하고는 그 의사에 반하여 퇴직·휴직·강임 또는 면직을 당하지 아니한다.

② 위원회 직원 중 파견공무원을 제외한 소속 직원은 위원회가 활동을 존속하는 기간 동안 「국가공무원법」에 따른 별정직공무원으로 본다.

제20조(징계위원회) ① 위원회 직원에 대한 징계처분을 의결하기 위하여 위원회에 징계위원회를 둔다.

② 징계위원회의 구성·권한·심의절차, 징계의 종류·효력, 그 밖에 징계에 필요한 사항은 위원회의 규칙으로 정한다.

제21조(공무원 등의 파견) ① 위원장은 위원회의 업무 수행을 위하여 필요하다고 인정하는 경우에는 국가기관, 지방자치단체,「공공기관의 운영에 관한 법률」제4조에 따른 공공기관(이하 "국가기관등"이라 한다)에 소속 공무원이나 직원의 파견근무 및 이에 필요한 지원을 요청할 수 있다. 이 경우 파견요청 등을 받은 국가기관등의 장은 업무수행에 중대한 장애가 있음을 소명하지 아니하는 한 신속하게 협조하여야 한다.

② 제1항에 따라 위원회에 파견된 공무원 또는 직원은 그 소속 국가기관등으로부터 독립하여 위원회의 업무를 수행한다.

③ 제1항에 따라 공무원이나 직원을 파견한 국가기관등은 그 공무원이나 직원에 대하여 인사상 불리한 조치를 하여서는 아니 된다.

제3장 4·16세월호참사 특별조사위원회의 진상규명조사 및 청문회
제1절 진상규명조사

제22조(진상규명조사) 위원회는 피해자의 신청이나 직권으로 제5조의 업무와 관련한 진상규명조사(이하 "조사"라 한다)를 할 수 있다.

제23조(조사신청) ① 제22조에 따른 신청(이하 "조사신청"이라 한다)은 다음 각 호의 사항을 기재한 문서로 하여야 한다. 다만, 문서에 의할 수 없는 특별한 사정이 있는 경우에는 구술로 할 수 있다.

1. 신청인의 성명과 주소
2. 신청 취지와 신청의 원인이 된 사실

② 조사신청의 절차와 방법 등에 필요한 사항은 위원회의 규칙으로 정한다.

제24조(각하결정) ① 위원회는 조사신청이 다음 각 호의 어느 하나에 해당하는 경우에는 해당 사안을 조사하지 아니하고 각하한다.

1. 조사신청이 위원회의 조사대상에 속하지 아니하는 경우
2. 조사신청 내용이 그 자체로서 명백히 거짓이거나 이유 없다고 인정되는 경우
3. 위원회가 각하한 조사신청과 동일한 사실에 관하여 조사신청한 경우. 다만, 신청인이 종전의 조사신청에서 제출되지 아니한 중대한 소명자료를 제출하는 경우에는 그러하지 아니하다.

② 위원회는 제25조제1항에 따른 조사개시 결정 후에도 조사신청이 제1항 각 호의 어느 하나에 해당하는 경우 조사신청을 각하한다.

제25조(조사의 개시) ① 위원회는 조사신청이 제24조제1항 각 호에 따른 각하 사유에 해당하지 아니하는 경우에는 조사개시 결정을 하고 지체 없이 그 내용에 관하여 필요한 조사를 하여야 한다.

② 위원회는 필요한 경우 조사개시 결정 전에 30일 이내의 범위에서 조사개시 결정을 위한 사전조사를 할 수 있다.

제26조(조사의 방법) ① 위원회는 조사의 방법으로 다음 각 호의 어느 하나에 해당하는 조치를 할 수 있다.
1. 조사대상자 및 참고인에 대한 진술서 제출 요구
2. 조사대상자 및 참고인에 대한 출석요구 및 진술청취
3. 조사대상자 및 참고인, 그 밖의 관계 기관·시설·단체 등에 대하여 4·16세월호참사와 관계가 있다고 인정되는 자료 또는 물건의 제출요구 및 제출된 자료 또는 물건의 보관
4. 관계 기관·시설·단체 등에 대한 사실조회
5. 감정인의 지정 및 감정의뢰
6. 4·16세월호참사와 관계가 있다고 인정되는 장소에 출입하여 장소, 시설, 자료나 물건에 대하여 실지조사
② 위원회는 제1항제6호에 따라 실지조사를 하는 경우 4·16세월호참사와 관계가 있다고 인정되는 자료 또는 물건을 제시할 것을 요구할 수 있다. 이 경우 자료 또는 물건의 제시를 요구받은 자는 지체 없이 이에 응하여야 한다.
③ 위원회가 제1항제2호에 따라 진술을 청취하는 경우 「형사소송법」제147조부터 제149조까지와 제244조의3을 준용한다.
④ 위원회가 제1항제3호에 따라 자료 또는 물건의 제출요구를 하는 경우 「형사소송법」제110조부터 제112조까지, 제129조부터 제131조까지와 제133조를 준용하되, 자료 또는 물건의 제출을 거부하는 경우 그 사유를 구체적으로 소명하여야 한다.
⑤ 위원회는 필요하다고 인정하는 경우 위원 또는 직원으로 하여금 제1항 각 호의 조치를 하게 할 수 있다.
⑥ 위원회가 제1항에 따른 권한을 행사하는 경우 그 권한을 행사하는 위원 또는 직원은 그 권한을 표시하는 증표를 지니고 이를 관계인에게 제시하여야 한다.

제27조(동행명령) ① 위원회는 제26조제1항제2호에 따른 출석요구를 받은 사람 중 위원회의 조사에 관한 결정적 증거자료를 보유하거나 정보를 가진 것으로 인정되는 사람(청문회의 증인·감정인·참고인을 포함하지 아니한다)이 정당한 사유 없이 2회 이상 출석요구에 응하지 아니하는 때에는 위원회의 의결로 동행할 것을 명령하는 동행명령장을 발부할 수 있다.
② 제1항에 따른 동행명령장에는 대상자의 성명·주거, 동행명령을 하는 이유, 동행할 장소, 발부연월일, 그 유효기간과 그 기간을 경과하면 집행하지 못하며 동행명령장을 반환하여야 한다는 취지와 동행명령을 받고 거부하면 과태료를 부과한다는 취지를 기재하고 위원장이 서명·날인하여야 한다. 대상자의 성명이 분명하지 아니한 때에는 인상, 체격, 그 밖에 대상자를 특정할 수 있는 사항으로 표시할 수 있으며 주거가 분명하지 아니하는 때에는 주거기재를 생략할 수 있다.
③ 동행명령장의 집행은 동행명령장을 대상자에게 제시함으로써 한다.
④ 동행명령장은 위원회의 직원으로 하여금 이를 집행하도록 한다.
⑤ 교도소 또는 구치소(군교도소 또는 군구치소를 포함한다)에 수감 중인 대상자에 대한 동행명령장의 집행은 위원회 직원의 위임에 의하여 교도관리가 행한다.
⑥ 현역 군인인 대상자가 영내에 있을 때에는 소속 부대장은 위원회 직원의 동행명령장 집행에 협력할 의무가 있다.

제28조(고발 및 수사요청) ① 위원회는 조사 결과 조사한 내용이 사실임이 확인되고 범죄혐의가 있다고 인정되는 경우 검찰총장에게 고발하여야 한다. 다만, 피고발인이 군인 또는 군무원인 경우에는 피고발인이 소속된 군 참모총장이나 국방부장관에게 고발하여야 한다.
② 위원회는 조사과정에서 범죄혐의에 대하여 상당한 개연성이 있다고 인정할 경우 수사기관에게 수사를 하도록 요청할 수 있다.
③ 검찰총장은 위원회로부터 고발받은 사건의 수사와 공소제기 및 공소유지를 담당할 검사를 지명하고, 그 검사가 공정하고 중립적으로 수사하는 데 필요한 조치를 취하여야 한다.

④ 위원회는 법무부장관에게 고발하거나 수사요청한 사람에 대하여 출국을 금지하거나 정지할 것을 요청할 수 있다.

제29조(수사 및 재판 기간 등) ① 위원회가 고발한 사건의 수사 및 재판은 다른 사건에 우선하여 신속히 하여야 한다. 위원회가 고발한 사건의 수사는 고발한 날부터 3개월 이내에 종결하여야 하고, 그 판결의 선고는 제1심에서는 공소제기일부터 6개월 이내에, 제2심 및 제3심은 전심의 판결선고일부터 각각 3개월 이내에 하여야 한다.

② 제1항의 경우 「형사소송법」 제361조, 제361조의3제1항·제3항, 제377조 및 제379조제1항·제4항의 기간은 각각 7일로 한다.

제30조(감사원에 대한 감사요구) ① 위원회는 조사 결과 「국가공무원법」과 그 밖의 법령에서 규정하고 있는 징계 사유가 있다고 인정하는 공무원에 대하여 위원회의 의결로 감사원에 감사를 요구할 수 있다. 이 경우 감사원은 감사요구를 받은 날부터 3개월 이내에 감사결과를 위원회에 통보하여야 한다.

② 감사원은 특별한 사유로 제1항의 기간 이내에 감사를 마치지 못하였을 때에는 위원회에 중간보고를 하고 감사기간의 연장을 요청할 수 있다. 이 경우 위원장은 2개월의 범위에서 감사기간의 연장에 동의할 수 있다.

제2절 청문회

제31조(청문회의 실시) ① 위원회는 그 업무를 수행하기 위하여 필요하다고 인정하는 경우 증인·감정인·참고인으로부터 증언·감정·진술을 청취하고 증거를 채택하기 위하여 위원회의 의결로 청문회를 실시할 수 있다.

② 청문회는 개인의 사생활을 침해하거나 계속 중인 재판 또는 수사 중인 사건의 소추에 관여할 목적으로 실시되어서는 아니 된다.

③ 청문회는 공개한다. 다만, 위원회의 의결로 청문회의 전부 또는 일부를 공개하지 아니할 수 있다.

④ 제1항에 따라 위원회가 실시하는 청문회의 절차와 방법에 관하여는 위원회의 규칙으로 정한다.

제32조(증인 출석 등의 요구) ① 위원회가 청문회와 관련하여 자료 또는 물건의 제출을 요구하거나 증인·감정인·참고인의 출석을 요구할 때에는 위원장이 해당하는 사람이나 해당하는 기관의 장에게 요구서를 발부한다.

② 제1항에 따라 자료의 제출을 요구하는 경우 위원장은 서면, 전자문서 또는 컴퓨터의 자기테이프·자기디스크, 그 밖에 이와 유사한 매체에 기록된 상태나 전산망에 입력된 상태로 제출할 것을 요구할 수 있다.

③ 제1항에 따른 요구서에는 자료 또는 물건을 제출하거나 증인·감정인·참고인이 출석할 일시와 장소 및 요구에 응하지 아니하는 경우의 법률상 제재에 관한 사항을 기재하여야 하고, 증인 또는 참고인의 경우 신문할 요지를 함께 기재하여야 한다.

④ 제1항에 따른 요구서는 자료 또는 물건의 제출일이나 증인·감정인·참고인의 출석일 7일 전까지 송달되어야 한다.

⑤ 제1항에 따른 요구서의 송달에 관하여는 「민사소송법」의 송달에 관한 규정을 준용한다.

⑥ 출석을 요구받은 증인 또는 참고인은 사전에 신문할 요지에 대한 답변서를 제출할 수 있다.

제33조(증인 출석 등의 의무) ① 위원회로부터 제32조제1항에 따라 자료 또는 물건의 제출이나 증인·감정인·참고인으로서의 출석을 요구받은 사람은 누구든지 다른 법률의 규정에도 불구하고 이 법에 규정된 경우를 제외하고는 이에 응하여야 한다.

② 위원회로부터 제32조제1항에 따라 자료 또는 물건의 제출이나 증인·감정인·참고인으로서의 출석을 요구받은 사람에 대하여는 「국회에서의 증언·감정 등에 관한 법률」 제3조 및 제4조제1항을 준용한다.

제34조(증인 등의 선서) ① 위원장은 청문회의 증인·감정인에게 증언·감정을 요구할 때에는 선서하게 하여야 한다.

② 청문회에 참고인으로 출석한 사람이 증인으로서 선서할 것을 승낙하는 경우 증인으로 신문할 수 있다.

③ 위원장은 선서하기 전에 선서의 취지를 명시하고 위증 또는 허위감정의 벌이 있음을 알려야 한다.

④ 제1항 및 제2항에 따라 증인으로 선서하는 경우 「형사소송법」 제157조를 준용한다.

⑤ 제1항에 따라 감정인이 선서하는 경우 「형사소송법」 제170조를 준용한다.

제35조(증인 등의 보호) ① 증인은 청문회에 변호사인 변호인을 대동하여 법률상 권리에 관하여 조언을 받을 수 있다. 이 경우 변호인은 변호사의 자격을 증명하는 서면을 제출하여야 한다.

② 증인·참고인이 방송이나 사진 보도 등에 응하지 아니한다는 의사를 표명하거나 특별한 이유를 들어 청문회의 비공개를 요구하는 경우 위원회는 위원회의 의결로 녹음·녹화 또는 방송이나 사진 보도를 금지시키거나 청문회의 전부 또는 일부를 비공개할 수 있다.

③ 증인·감정인·참고인은 청문회에서 한 증언·감정·진술로 인하여 이 법에서 정한 처벌 외에 다른 어떠한 불이익한 처분도 받지 아니한다.

제36조(검증) ① 위원회는 청문회를 위하여 필요한 경우 위원회의 의결로 4·16세월호참사와 관계가 있다고 인정되는 자료 또는 물건에 대한 검증을 할 수 있다.

② 제1항에 따라 검증을 하는 경우 위원장은 검증의 대상이 되는 자료 또는 물건의 관리자(국가기관등의 경우 그 기관의 장을 말한다)에게 검증실시통보서를 발부한다. 이 경우 검증실시통보서는 검증일 3일 전까지 송달되어야 한다.

③ 제2항에 따른 검증실시통보서에는 검증을 실시할 위원과 검증의 목적, 대상, 방법, 일시 및 장소, 그 밖에 검증에 필요한 사항을 기재하여야 한다.

④ 국가기관에 대하여는 「국회에서의 증언·감정 등에 관한 법률」 제4조제1항을 준용한다.

⑤ 제2항에 따른 검증실시통보서의 송달에 관하여는 「민사소송법」의 송달에 관한 규정을 준용한다.

제4장 보칙

제37조(특별검사 임명을 위한 국회 의결 요청) ① 위원회는 4·16세월호참사와 관련하여 특별검사의 수사가 필요하다고 인정하는 경우 「특별검사의 임명 등에 관한 법률」 제2조제1항제1호에 따른 특별검사의 수사대상이 될 수 있도록 국회에 의결을 요청할 수 있다.

② 제1항의 요청에 따른 특별검사의 수사기간이 만료된 때에도 위원회는 필요하다고 인정하는 경우 한 차례만 국회에 제1항에 따른 의결을 다시 요청할 수 있다.

제38조(위원회와 특별검사의 협조) ① 위원회는 조사과정에서 특별검사의 수사와 관련하여 필요하다고 인정하는 경우 특별검사에게 자료를 제출하거나 의견을 제시할 수 있다.

② 특별검사는 위원회의 요청이 있는 경우 특별검사보로 하여금 위원회에 의견진술 등 업무협조를 하게 할 수 있다.

제39조(국가기관등의 협조의무) 국가기관등은 위원회의 진상규명을 위한 업무수행에 적극 협조하여야 한다.

제40조(업무의 위임·위탁 등) ① 위원회는 필요하다고 인정하는 경우 그 업무 중 일부를 국가기관등과 전문가 또는 민간단체에게 위임·위탁하거나 공동으로 수행할 수 있다.

② 제1항에 따른 위임·위탁 및 공동수행에 필요한 사항은 위원회의 규칙으로 정한다.

제41조(비밀준수 의무) 위원회의 위원 또는 위원이었던 자, 위원회 직원 또는 직원이었던 자, 자문기구의 구성원 또는 구성원이었던 자, 감정인 또는 감정인이었던 자, 위원회의 위임·위탁 등에 따라 조사에 참여하거나 위원회의 업무를 수행한 전문가 또는 민간단체와 그 관계자는 위원회의 직무상 비밀을 누설하거나 위원회의 직무수행 이외의 목적을 위하여 이용하여서는 아니 된다.

제42조(자격사칭의 금지) 누구든지 위원회의 위원·직원 또는 자문기구의 구성원의 자격을 사칭하거나 위원회의 업무를 위임·위탁 및 공동수행한다고 사칭하여 위원회의 권한을 행사하여서는 아니 된다.

제43조(위원회 활동의 보호 등) ① 누구든지 직무를 집행하는 위원·직원 또는 자문기구의 구성원이나 감정인에 대하여 폭행 또는 협박하거나 위계로써 그 직무수행을 방해하여서는 아니 된다.

② 누구든지 조사와 관련하여 정보를 제공하였거나 제공하려 했다는 이유로 해고, 정직, 감봉, 전보 등 어떠한 불이익 처우도 받아서는 아니 된다.

③ 위원회는 증인·감정인·참고인을 보호하기 위한 대책과 관련 자료 또는 물건을 확보하고 그 인멸을 방지하기 위한 대책을 강구하여야 한다.

④ 위원회는 조사에 중요한 증언·진술을 하거나 자료 또는 물건을 제출한 사람에게 보상금 지급, 사면 건의 등의 방법으로 지원할 수 있다.

⑤ 제4항에 따른 지원의 내용과 절차, 그 밖의 필요한 사항은 위원회의 규칙으로 정한다.

제44조(조사대상자 등의 보호) ① 누구든지 조사대상자나 참고인의 신원 또는 조사내용을 신문·잡지·방송(인터넷 신문 및 방송을 포함한다), 그 밖의 출판물에 의하여 공개하여서는 아니 된다.

② 제1항에도 불구하고 위원회는 위원회의 의결로 조사내용을 공개할 수 있다. 다만, 「공공기관의 정보공개에 관한 법률」 등 다른 법률에 따라 공개가 제한되는 경우와 사생활의 비밀이 침해될 우려가 있는 경우에는 그러하지 아니하다.

제45조(운송비·여비 등) 이 법의 규정에 따라 자료 또는 물건을 제출하거나 증언·감정·진술 등을 하기 위하여 위원회나 그 밖의 장소에 출석한 사람에게 위원회의 규칙으로 정하는 바에 따라 운송비·여비·일당·숙박료 등 필요한 비용을 지급한다.

제46조(공개에 따른 책임면제) 위원 또는 직원은 이 법의 규정에 따라 위원회가 공개한 내용에 관하여 고의 또는 과실이 없으면 민사상 또는 형사상의 책임을 지지 아니한다.

제47조(종합보고서의 작성과 제출 등) ① 위원회는 이 법에 따른 조사를 종료한 후 3개월 이내에 종합보고서를 작성하여 국회와 대통령에게 보고하여야 한다.

② 위원회는 필요하다고 인정하는 경우 제1항에 따른 종합보고서 외에 대통령에게 특별조사보고를 할 수 있다.

③ 제1항에 따른 종합보고서는 다음 각 호에 관한 권고를 포함하여야 한다.

1. 4·16세월호참사의 원인을 제공한 법령, 제도, 정책, 관행 등에 대한 개혁 및 대책 수립 관련 조치
2. 4·16세월호참사에 대하여 책임 있는 국가기관등에 대한 시정 및 책임 있는 공무원에 대한 징계 등 조치
3. 재해·재난 관련 언론 보도의 공정성·적정성을 제고하기 위한 조치
4. 재해·재난 관련 피해자의 명예훼손을 방지하기 위한 조치
5. 재해·재난의 예방과 대응방안 마련 등 안전한 사회 건설을 위한 종합대책 수립을 위한 조치
6. 피해자 지원대책에 필요한 조치

④ 제3항 각 호에 따른 권고를 받은 국가기관등은 특별한 사유가 없으면 권고내용을 이행하여야 한다.

⑤ 제3항 각 호에 따른 권고를 받은 국가기관등은 제4항에 따른 권고내용의 이행내역과 불이행사유를 매년 국회에 보고하여야 한다.

⑥ 국회는 제5항에 따라 보고받은 이행내역이 미진하다고 판단하는 경우 국가기관등에게 개선을 요구하여야 한다.

⑦ 국가기관등이 정당한 사유 없이 제6항에 따른 개선요구에 응하지 아니하는 경우 국회는 책임있는 공무원에 대한 징계를 요구할 수 있다.

⑧ 국회는 관련 법률을 제정하거나 개정하는 경우 특별한 사정이 없으면 제1항에 따른 종합보고서의 취지를 반영하여야 한다.

⑨ 위원회는 사무처 내에 제1항에 따른 종합보고서 작성을 위한 종합보고서 작성기획단을 설치하여 운영할 수 있다.

⑩ 위원회는 제1항에 따른 종합보고서 작성을 위하여 실태조사 및 연구를 시행할 수 있다.

⑪ 위원회는 제1항에 따른 종합보고서와 위원회 활동내역을 정리한 백서를 각각 발간·공개하여야 한다. 다만, 「공공기관의 정보공개에 관한 법률」 등 다른 법률에 따라 공개가 제한되는 경우와 사생활의 비밀이 침해될 우려가 있는 사항은 공개하지 아니한다.

제48조(자료기록단의 설치) ① 위원회는 사무처 내에 4·16세월호참사와 관련한 자료를 수집하고 보존하기 위하여 자료기록단을 설치하여 운영할 수 있다.

② 자료기록단에서 수집한 자료는 추모 관련 시설에 보관·전시한다.

제49조(사무처의 존속기간) 사무처는 위원회의 잔존사무를 처리하기 위하여 위원회 활동종료 후 3개월간 존속한다.

제50조(희생자가족대표회의) ① 해양수산부장관은 제6조제2항에 따른 위원(상임위원을 포함한다) 선출을 위하여 희생자가족대표회의(이하 "대표회의"라 한다)를 소집한다.

② 각 희생자 1명에 대하여 다음 각 호의 어느 하나에 해당하는 사람 중 1명이 해양수산부장관에게 대표회의 참가신청을 할 수 있다.

1. 희생자의 배우자
2. 희생자의 직계존비속
3. 희생자의 형제자매

③ 각 희생자 1명에 대하여 제2항에 따른 대표회의 참가신청이 여러 건 있는 경우 제2항 각 호의 순으로 대표권을 인정한다.

④ 각 희생자 1명에 대하여 같은 순위의 참가신청이 여러 건 있는 때에는 참가신청을 한 사람 간 협의에 의하여 대표권을 행사할 1명을 정하여 해양수산부장관에게 신고한 경우에 한정하여 대표권을 인정한다.

⑤ 대표회의는 전체 대표권자 3분의 2의 출석과 출석 대표권자 3분의 2의 찬성으로 제6조제2항에 따른 위원(상임위원을 포함한다)을 선출한다.

⑥ 대표회의의 참가신청, 소집, 위원회 위원 선출절차 등에 필요한 사항은 해양수산부장관이 정한다.

제5장 벌칙

제51조(벌칙) ① 제43조제1항을 위반하여 위원회의 위원·직원 또는 자문기구의 구성원이나 감정인을 폭행 또는 협박하거나 위계로써 그 직무집행을 방해한 사람은 5년 이하의 징역 또는 5천만원 이하의 벌금에 처한다.

② 다음 각 호의 어느 하나에 해당하는 사람은 3년 이하의 징역 또는 3천만원 이하의 벌금에 처한다.

1. 제44조제1항을 위반하여 조사대상자 및 참고인의 신원이나 조사내용을 공개함으로써 사람 또는 사자(死者)의 명예를 훼손한 사람
2. 정당한 이유 없이 청문회에 자료 또는 물건의 제출을 하지 아니한 사람
3. 정당한 이유 없이 청문회에 출석하지 아니하거나 선서하지 아니하거나 증언하지 아니한 증인
4. 정당한 이유 없이 청문회에서 선서하지 아니하거나 감정하지 아니한 감정인
5. 청문회에서 허위로 증언하거나 감정한 증인·감정인
6. 증인·감정인·참고인의 청문회 출석을 방해하거나 검증을 방해한 자

③ 다음 각 호의 어느 하나에 해당하는 사람은 2년 이하의 징역 또는 2천만원 이하의 벌금에 처한다.

1. 제41조를 위반하여 위원회의 직무상 비밀을 누설하거나 위원회의 직무수행 이외의 목적을 위하여 이용한 사람
2. 제42조를 위반하여 위원회의 위원·직원 또는 자문기구의 구성원의 자격을 사칭하거나 위원회의 업무를 위임·위탁 및 공동수행한다고 사칭하여 위원회의 권한을 행사한 사람

제52조(고발) ① 위원회는 증인·감정인 등이 제51조제2항제2호부터 제6호까지의 죄를 범하였다고 인정하는 때에는 고발하여야 한다.

② 제1항에도 불구하고 범죄가 발각되기 전에 자백한 때에는 고발하지 아니할 수 있다.

③ 제1항의 고발이 있는 경우에는 검사는 고발장이 접수된 날부터 2개월 내에 수사를 종결하여야 하며, 검찰총장은 지체 없이 그 처분결과를 위원회에 통지하여야 한다.

제53조(과태료) ① 다음 각 호의 어느 하나에 해당하는 사람에게는 3천만원 이하의 과태료를 부과한다.

1. 정당한 이유 없이 제26조제1항제3호에 따른 자료 또는 물건의 제출 요구에 응하지 아니하거나 허위의 자료 또는 물건을 제출한 사람

2. 정당한 이유 없이 제26조제2항에 따른 자료 또는 물건의 제시 요구에 응하지 아니하거나 허위의 자료 또는 물건을 제시한 사람

② 다음 각 호의 어느 하나에 해당하는 사람에게는 1천만원 이하의 과태료를 부과한다.

1. 제26조제1항제4호에 따른 사실조회에 허위로 회신한 사람

2. 정당한 이유 없이 제26조제1항제6호에 따른 실지조사를 거부하거나 방해한 사람

3. 정당한 이유 없이 제27조에 따른 동행명령에 응하지 아니한 사람

4. 제43조제2항을 위반하여 불이익 처우를 한 자

③ 제1항 및 제2항에 따른 과태료는 대통령령으로 정하는 바에 따라 위원장이 부과·징수한다.

④ 제1항 및 제2항에 따른 과태료의 부과·징수, 재판 및 집행 등의 절차에 관한 사항은 「질서위반행위규제법」을 따른다. 과태료에 관하여는 위원장을 「질서위반행위규제법」 제2조제2호에 따른 행정청으로 본다.

부칙 <제12843호,2014. 11. 19.>

제1조(시행일) 이 법은 2015년 1월 1일부터 시행한다.

제2조(이 법의 시행을 위한 준비행위) 위원회의 위원·직원의 임명, 이 법의 시행에 관한 위원회 규칙의 제정·공포, 위원회의 설립준비 및 희생자가족대표회의 관련 준비는 이 법 시행 전에 할 수 있다.

제3조(위원회 위원의 임기개시에 관한 적용례) 이 법에 따라 최초로 임명된 위원회 위원의 임기는 이 법의 시행일부터 시작하는 것으로 본다.

권영빈 權寧彬

변호사. 서울대 법과대학을 졸업하고 사법시험(41회)에 합격,
의정부 · 논산 · 대구 · 광주 지방검찰청 검사를 거쳐 전관예우를 선택하지 않고
2008년부터 서울에 있는 법무법인(유한) 한결에서 변호사로 재직 중, 2014년 말부터
4 · 16세월호참사 특별조사위원회의 진상규명 소위원회 위원장으로, 2017년 초부터
세월호 선체조사위원회의 제1소위원회 위원장으로 활동했다. 대학 시절 불의에
항거하는 정신을 키웠고, 노동을 존중하며 사회적 약자들을 돕는 가슴 따뜻한 법률가를
지향한다.

머나먼 세월호 1: 세월호특조위와 함께한 시간

지은이 권영빈
펴낸곳 박종철출판사

주소 경기도 고양시 덕양구 화중로104번길 28 (화정동) 704호
전화 031.968.7635(편집) 031.969.7635(영업)
팩스 031.964.7635

초판 1쇄 2022년 8월 26일

값 20,000원

ISBN 978-89-85022-91-0 03330